智能风控实践指南
从模型、特征到决策

蒋宏◎主编
融360模型团队◎组编
马海彪　王欢　王超◎编著

人民邮电出版社
北京

图书在版编目（CIP）数据

智能风控实践指南：从模型、特征到决策 / 蒋宏主编；融360模型团队组编；马海彪，王欢，王超编著. -- 北京：人民邮电出版社，2022.6
（金融科技系列）
ISBN 978-7-115-57597-5

Ⅰ. ①智… Ⅱ. ①蒋… ②融… ③马… ④王… ⑤王… Ⅲ. ①金融风险-风险管理 Ⅳ. ①F830.9

中国版本图书馆CIP数据核字(2021)第204759号

内容提要

随着人工智能技术的进步和消费金融行业的快速发展，智能风控已经成为金融行业的刚性需求。本书围绕智能风控的关键环节——展开，同时结合具体的智能风控实例进行解析。

本书共6章，主要内容包括智能风控的发展，搭建智能风控模型体系，搭建风控特征画像体系，搭建智能风控策略体系，智能风控与人工的结合，以及智能风控管理。

本书适合银行、消费金融与保险等领域信贷风控模型开发人员、特征挖掘人员和策略分析人员，以及金融科技领域从业者、咨询行业从业者和其他对智能风控感兴趣的人阅读。

◆ 主　　编　蒋　宏
　组　　编　融360模型团队
　编　　著　马海彪　王　欢　王　超
　责任编辑　张　涛
　责任印制　王　郁　焦志炜

◆ 人民邮电出版社出版发行　北京市丰台区成寿寺路11号
邮编　100164　电子邮件　315@ptpress.com.cn
网址　https://www.ptpress.com.cn
涿州市般润文化传播有限公司印刷

◆ 开本：787×1092　1/16
印张：15　　　　　　　　2022年6月第1版
字数：393千字　　　　　　2025年3月河北第12次印刷

定价：89.90元

读者服务热线：(010)81055410　印装质量热线：(010)81055316
反盗版热线：(010)81055315

序 一

金融行业高度数据化，是人工智能和云计算等数据驱动技术非常好的应用场景。近年来，随着 5G、大数据和区块链等技术的发展与进步，金融科技向传统金融领域不断渗透，智能风控应运而生。

智能风控不仅保证了金融机构业务的效率和安全性，还具有自动化、规范化特点，这让整个风控管理流程变得高效、便捷。

融 360 作为国内领先的数字金融服务平台，已在智能科技领域深耕多年。随着技术的发展和更新迭代，未来的风险管理要能做到跨越周期和时空，打破学科的边界，持续推动金融服务行业的高质量发展。融 360 对科技的追求与锻造从未停止，我们希望通过科技来实现"让金融更简单，成为每个人的金融伙伴"的愿景。

在智能风控应用中，模型、特征和策略是极为关键的环节，本书围绕它们，采用理论与实践相结合的方法，讲解了金融科技的整个风控流程。本书内容均来自融 360 模型团队在智能风控中的实践和经验总结，有很好的借鉴和学习意义。我们希望通过这种方式，促进智能风控领域的行业技术交流，共同推动行业规范、健康发展。

——叶大清

融 360 联合创始人、董事长兼 CEO

序 二

人工智能技术在近些年飞速发展，得到了全社会的广泛关注，很多智能产品（如智能家居、智慧金融等）融入我们的生活当中。2021年，融360已成立10年，作为国内领先的移动金融智选平台，融360利用先进的人工智能技术为"普惠金融"赋能，在智能风控、搜索推荐、精准营销等领域取得了丰硕成果，积累了丰富的经验。作为纽约证券交易所上市公司之一，融360有能力也有责任分享成熟的经验，助力行业的发展。

本书以金融场景为依托，详细介绍了人工智能在风控领域中的应用。与市面上同领域的其他图书相比，本书的特点是"全面而不失细节"，从模型、特征到策略，以方法论为切入点，阐述了风控模型从构建到应用的基本流程，并提供了详细的实现代码和宝贵的实践经验。

本书以理论为基础，同时注重方法的应用和在项目中的落地，适合风控从业者全面掌握风控系统的核心知识点，并能带来启发。

——刘曹峰

融360联合创始人、CTO

序 三

作为从业二十余载的金融风控人,在判断一个风控人员或模型人员是否可靠,以及是否达到资深水平时,我首先观察两点:第一点,他有没有经历过一个完整的经济周期,是否能够在任何经济环境下都能通过行之有效的风控模型与策略持续、稳健地发展业务;第二点,他是否关注风控体系的建立,而不是单纯地搭建风控模型。

本书作者之一蒋宏即为以上两点兼备的智能风控专业人士,他在本书中列举的案例全部来自他及其团队过去6年在消费金融领域的实践。他所在的公司经过行业一轮轮"洗牌",仍然站稳市场。因此,本书对于相关从业人员具有很高的学习价值!

消费金融行业在从人工风控向智能风控转型的这十多年间,先后经历了从没有模型到片面地以模型为"王"。单独存在的模型仅仅是让数据"说话"的技术,只有存在于一个完整风控体系内的模型才是能够让智能创造价值的艺术!

——叶梦舟

融360旗下时光金科总裁

序 四

风险管理是金融机构运营管理中的重要环节。传统金融风控主要依靠人工审核，以主观经验分析央行征信资料和客户提交的资料，存在效率低下、精度不够的痛点。面对不断提高的监管标准，利用金融科技提升智能风控能力是金融机构的必然选择。

智能风控涉及大数据、人工智能、云计算等多项技术。智能风控需要将数据和算法作为技术核心应用于风险管理。随着多元化的消费需求不断涌现，以及消费金融行业的快速发展，智能风控人才缺口巨大，优秀人才更难寻。

这是一本手把手教你成为优秀的智能风控全栈专业人才的书！

本书结合智能风控一线从业人员的经验，全面解读了智能风控领域的三大核心组件——特征、模型和策略。对于每一部分，本书又从整体理论框架、智能方法和应用体系搭建3个方面进行了详细阐述。本书结构清晰、完整，内容翔实，具有理论与实践相结合的特点。

本书包含大量实用的示例代码，读者可以参考。作者对智能风控团队管理的思考值得读者借鉴。无论是智能风控方向的算法工程师、分析师，还是担负管理职责的经理人，都能从本书中获益。

——肖勇波

清华大学经济管理学院教授

序 五

风控是金融的核心，智能风控是前沿热点。智能风控的内涵是什么？本书鲜明地指出，智能风控不仅仅是一种技术，更是贯穿产品设计、数据、模型和决策，甚至制度的风险管理体系。

本书内容翔实，结构清晰，从业务全貌到技术落地，再延伸到业务决策，最终升华为文化制度。

在业务层面，本书对业务场景、风控流程体系的介绍相当完整，可拓宽模型人员的知识边界。

在技术层面，本书不仅介绍了标准、规范的建模流程，还剖析了机器学习、图网络等算法。同时，本书兼顾理论和实践，配备代码，适合读者实操。

本书是融360模型团队多年实践经验的系统总结，是一本相当不错的书，值得大家细读。

——冯海杰（知乎ID：求是汪在路上）

360数科高级模型算法工程师

序 六

现代社会的每一个市场主体都有可能存在资金需求，需要向金融机构借款，如个人消费、企业经营等场景。金融机构在授信放款之后将面临借款人违约带来的信用风险损失。如何量化评估信用风险成为每个金融机构需要解决的核心问题。信息不对称问题导致金融机构无法轻易了解借款人的全部实际情况，因而通过多个维度的数据，应用先进的机器学习算法，对借款人的违约概率进行量化评估就显得尤为重要。

随着移动互联网的成熟，用于评估违约风险的数据已经从传统的征信报告扩展到了各类征信替代数据，个人金融服务场景也从线下转移到线上，这些都促进了金融风险管理的快速发展。在这个背景下，融360模型团队基于其在消费信贷领域的经验，介绍了智能风控在业务落地过程中各个环节的方方面面，并结合实际案例进行了说明，编写了一本高质量的智能风控参考书。

我与本书作者之一蒋宏相识于2017年，当时他已经在国内头部风控咨询公司管理风控团队，从事信用评分和风险管理相关的咨询工作，拥有丰富的实践经验，相信读者能够通过本书了解智能风控在消费信贷领域的应用，从而在未来为风险管理的发展做出贡献。

——谢士晨

R包scorecard（Python版本scorecardpy）作者

对本书的赞誉

在数字化浪潮下,企业能力变革、风控转型为先。本书专业而不晦涩,以平实的笔触、精彩的案例,介绍了如何利用日趋完善的数据构建涵盖分析模型、特征画像、风控策略的智能化风控体系,称得上是数字化转型浪潮下风控领域同仁自我精进的"指南"。

——尤忠彬,德勤咨询-数据科学卓越中心主管合伙人

本书从智能风控技术起源到成熟的发展过程入手,系统地阐述了智能风控技术的原理、算法和优势,同时结合大量行业实战经验和教训,介绍了从理论到实践的整体框架内容。对于智能风控行业的入门者,本书是一本好的入门教材;对于智能风控行业的资深从业者,本书是一份好的进阶资料。

——段莹,百融云创合伙人、高级副总裁

金融科技的影响已经深入生活的方方面面,智能风控作为金融科技的细分领域,在这一系列变化的背后发挥了重要作用。本书作者之一蒋宏经历了从传统风控向智能风控转型的全过程,以自身实践为基础,系统地梳理了智能风控发展的脉络,从理论和实践的角度给出了有价值的洞见,为希望理解和实施智能风控的读者提供了学习路线图。

——季元,中国邮政储蓄银行风险管理部高级风险专家

随着信贷审核的线上化和自动化,风控审核的效率大幅提升,同时带来了新的技术挑战。本书系统地阐述了从传统风控到智能风控的演化,以及二者的差异,提供了风控模型的数据处理、特征设计和富有特色的建模方法,介绍了基于风控模型的智能风控策略的制订、实际效果的持续监控,以及模型策略的调整和迭代。本书涵盖智能风控技术的特征、模型、策略等方面,是金融科技在风控领域实践的经验总结。

——邹宇,携程大数据与人工智能应用研发部负责人、技术 VP

人工智能和金融风控的结合是当今信贷风险管理的主流方向。本书介绍了智能风控的发展历史,并围绕风控模型、特征画像、风控策略等核心环节,系统讲解了智能风控在信贷领域的应用。本书作者之一蒋宏结合自身多年的人工智能算法和信贷风控实践经验,从实际工作出发,结合融 360 模型团队的实战经验编写此书。本书具有很强的实操性,适合风险管理和金融科技相关从业人员参考与学习使用。

——郑宏洲,盛银消费金融首席风险官

本书介绍了智能风控的演变过程，内容覆盖了信贷风控的全生命周期，将理论框架与实践案例分析进行了有效结合，突出了智能风控应用的实操性。对于立志和已从事智能风控的人，本书内容精练、易懂，值得反复品味。

——辛园，神州信息金融科技首席风控官

搭建一个系统化的智能风控体系是成功建立一个互联网科技金融业务模式的必备要素。本书作者之一蒋宏有多年基于大数据进行风控建模和策略制订的经验，在他及其团队的努力下，本书系统地剖析了智能风控，在不脱离具体实操的基础上，给出了整体解决方案。如果有志于在智能风控领域精进的人想找一本书来学习，那么非此书莫属。

——朱涛，狮桥集团首席风控官

本书是一本实践指导意义非常强的书，凝聚了作者多年的一线建模、特征工程和策略实践经验。本书结构合理、内容丰富、讲解深入浅出，适合银行信贷风控相关人员阅读。

——李振，民生科技有限公司数据业务研发团队总监

本书讲解了智能风控的模型、特征、策略三大核心内容，帮助读者理解智能风控在业务场景中的应用过程。本书中有大量项目案例和代码示例，实操性很强。本书是一本不可多得的适合智能风控技术相关人员学习的图书！

——艾辉，融360技术总监、《机器学习测试入门与实践》《大数据测试技术与实践》作者

DataFun作为大数据与人工智能交流的社区，已邀请超过千位具有丰富数智化经验的专业人士来此分享技术与经验，本书作者之一蒋宏就是受邀的专业人士之一。本书梳理并总结了作者及其团队多年的实践经验，并以严谨、系统的方式进行呈现，相信能够让那些即将或已经从事智能风控的同行少走弯路。

——王大川，DataFun创办人

前　言

风险控制是消费信贷产业的核心。随着大数据、人工智能等技术的快速发展，智能风控技术应运而生。智能风控在传统风控技术的基础上大幅提升了风控效果，提高了风控效率。新兴的金融科技企业、创新的金融模式不断涌现。在金融监管趋紧的背景下，一些金融机构或企业逐步向持牌和纯技术赋能两个方向转型，行业变得越来越规范和健康。行业的蓬勃发展促进了智能风控技术的提升，使得智能风控技术得到实践的检验。智能风控逐渐成为金融机构风控的主流模式。

智能风控为信贷行业的发展带来了新动力，为利润的增加提供了新引擎。我们已经见证了风控审批耗时的大幅缩短，从数天到数秒；审核流程的极大简化，客户足不出户即可完成信用借款；金融机构风控能力得到提高，风险控制水平持续提升。眼光长远的金融机构不断加大在智能风控上的投入，持续提升智能风控能力。

作者从事风控、模型算法相关工作多年，曾在咨询公司为金融机构提供反欺诈和数据挖掘相关咨询服务，随后在互联网金融发展之初进入该领域，持续参与了智能风控的创新，并见证了其发展。本书对智能风控的核心环节——风控模型、特征画像、风控策略，进行了详细讲解和总结，形成了一套标准化的方法和算法体系，并结合实际工作中的案例进行详细说明。通过本书，作者对过去的工作进行了梳理、深度思考和复盘，并总结了不少宝贵的经验，希望它们能为读者提供参考。

目前，市面上的一些智能风控图书着眼于算法的介绍，讲述各类算法的原理，以理论为主，还有一些智能风控的图书则着重讲述某种技术及应用，如信用评分卡建模等具体技术及应用，以实践为主。本书将整个信贷风控体系与人工智能算法紧密结合，既有系统性的方法框架，又有实践应用的案例，内容丰富、实用。本书的特点如下。

- 本书囊括智能风控的模型、特征和策略三大块内容，构建了智能风控的完整决策链条。
- 本书以智能风控方法论为主线，紧密结合智能算法，并配有实践案例。相比单独的算法介绍或理论分析，本书内容更具实操性。
- 本书将金融科技领域先进的风控实践经验作为核心内容。相比传统的信贷风控方法，本书内容更具先进性。
- 本书以人工智能领域流行的 Python 语言实现实践案例，符合智能算法和编程语言未来的发展趋势。

基于以上特点，本书适合以下人员阅读。

- 银行、消费金融、小贷与保险等信贷风控模型开发人员、特征挖掘人员和策略分析人员，以及金融科技、咨询行业相关从业者。本书为入门者提供了系统化的知识地图，使他们能够结合实际案例进行实践；为资深从业者提供内容丰富的参考资料。
- 与信贷风控人员紧密配合的技术开发人员、产品经理、审批催收人员等。本书可以帮他们掌握智能风控的业务逻辑和常用方法，以更好地与风控团队开展合作。
- 其他对智能风控感兴趣的读者。

本书共 6 章，各章内容如下。

第 1 章介绍智能风控的发展历史，以及智能风控的相关概念与应用。

第 2 章介绍搭建智能风控模型的方法、智能算法、模型优化和模型体系等，并给出模型开发实践经验。

第 3 章介绍搭建风控特征画像体系的方法、智能算法、特征挖掘和特征画像体系等，并给出特征挖掘实践经验。

第 4 章介绍搭建智能风控策略的方法、智能算法、策略体系和策略监控等，并给出策略实践经验。

第 5 章介绍智能决策与人的结合，剖析智能风控的局限性和如何发挥人工的价值。

第 6 章介绍智能风控管理的相关经验，解读智能风控中的一系列管理原则。

第 2～4 章为本书的核心。本书采用从方法论到算法，再到实践案例的结构，其中方法论包含方法框架和整体流程，算法是整体流程中可以替换的关键组件，如同 CPU 之于计算机，方法和算法最终将应用于不同的业务场景。

本书内容涉及智能风控的模型、特征和策略，以及智能风控管理全流程，读者可以按章节顺序阅读，或者根据自身知识背景和需求有选择地阅读相应章节。本书需要读者有 Python 编程基础。本书部分代码输出结果为 Jupyter Notebook 显示风格。

由于作者水平有限，书中难免出现疏漏和不足之处，希望读者谅解并欢迎读者指正。

蒋宏

目 录

- **第 1 章 智能风控的发展 / 1**
  - 1.1 早期的风控技术 / 1
    - 1.1.1 基于人工经验的风控 / 1
    - 1.1.2 传统统计量化的风控 / 2
  - 1.2 初识智能风控 / 2
    - 1.2.1 智能风控的定义 / 3
    - 1.2.2 智能风控的发展 / 3
    - 1.2.3 与传统风控对比 / 4
  - 1.3 智能风控主要应用 / 5
    - 1.3.1 应用于营销环节 / 6
    - 1.3.2 应用于贷前环节 / 6
    - 1.3.3 应用于贷中环节 / 7
    - 1.3.4 应用于贷后环节 / 8
  - 1.4 本章小结 / 9

- **第 2 章 搭建智能风控模型体系 / 10**
  - 2.1 模型概述 / 11
  - 2.2 模型开发方法论——构建好样本 / 13
    - 2.2.1 问题定义 / 14
    - 2.2.2 样本的选择和划分 / 18
    - 2.2.3 模型架构设计 / 20
    - 2.2.4 数据准备和数据描述 / 21
    - 2.2.5 数据预处理 / 24
  - 2.3 模型开发方法论——构建好模型 / 33
    - 2.3.1 特征选择 / 33
    - 2.3.2 特征提取 / 44
    - 2.3.3 模型训练、概率转化和效果评估 / 46
    - 2.3.4 模型部署及上线验证 / 54
  - 2.4 常用风控建模智能算法 / 56
    - 2.4.1 基础学习算法 / 56
    - 2.4.2 集成学习算法 / 65
    - 2.4.3 深度学习算法 / 74
  - 2.5 模型迭代优化 / 81
    - 2.5.1 模型融合角度 / 82
    - 2.5.2 建模时效角度 / 85
    - 2.5.3 拒绝推断角度 / 86
  - 2.6 风控模型体系搭建 / 92
    - 2.6.1 营销阶段的模型 / 92
    - 2.6.2 贷前阶段的模型 / 93
    - 2.6.3 贷中阶段的模型 / 94
    - 2.6.4 贷后阶段的模型 / 95
  - 2.7 模型监控和异常处理 / 96
    - 2.7.1 模型监控和预警 / 96
    - 2.7.2 模型异常处理 / 100
  - 2.8 本章小结 / 100

- **第 3 章 搭建风控特征画像体系 / 102**
  - 3.1 特征挖掘概述 / 102
  - 3.2 特征挖掘方法论 / 103
    - 3.2.1 原始数据分析 / 103

3.2.2 数据清洗 / 104
3.2.3 中间数据集构建 / 109
3.2.4 特征的设计和生成 / 115
3.2.5 特征评估 / 124
3.2.6 特征上下线 / 126

3.3 特征挖掘智能算法 / 127
3.3.1 特征衍生 / 127
3.3.2 文本特征挖掘 / 132
3.3.3 图特征挖掘 / 142

3.4 风控特征画像体系的搭建 / 148
3.4.1 营销特征画像 / 148
3.4.2 贷前特征画像 / 149
3.4.3 贷中特征画像 / 153
3.4.4 贷后特征画像 / 155

3.5 特征监控和特征异常处理 / 155
3.5.1 特征监控 / 155
3.5.2 特征异常处理 / 156

3.6 本章小结 / 157

第 4 章 搭建智能风控策略体系 / 158

4.1 风控策略概述 / 158
4.2 风控策略方法论 / 159
4.2.1 规则分析方法 / 159
4.2.2 模型策略分析方法 / 169
4.2.3 额度策略分析方法 / 178
4.2.4 A/B 测试 / 183

4.3 风控策略智能算法 / 185
4.3.1 规则挖掘智能算法 / 185
4.3.2 决策优化智能算法 / 189

4.4 风控策略体系的搭建 / 195
4.4.1 营销策略 / 195
4.4.2 贷前策略 / 196
4.4.3 贷中策略 / 201
4.4.4 贷后策略 / 202

4.5 风控策略的监控、预警和异常处置 / 203
4.5.1 风控策略的监控与预警 / 203
4.5.2 风控策略异常处置 / 207

4.6 本章小结 / 208

第 5 章 智能风控与人工的结合 / 209

5.1 机器学习的局限性 / 209
5.1.1 数据不足 / 209
5.1.2 可解释性低 / 210
5.1.3 因果难区分 / 210
5.1.4 模型自身的风险 / 212

5.2 发挥人的价值 / 212
5.2.1 异常识别 / 212
5.2.2 案例研究 / 213
5.2.3 黑产对抗 / 213

5.3 决策方案的选择 / 214
5.3.1 完全智能决策 / 214
5.3.2 部分智能决策 / 215

5.4 本章小结 / 216

第 6 章 智能风控管理 / 217

6.1 建立持续复盘机制 / 217
6.2 制订风险预防和应对措施 / 218
6.3 制订存档管理措施 / 218
6.4 建立透明的沟通渠道 / 219
6.5 建立工作体系标准 / 220
6.6 应用团队协作工具 / 220
6.7 本章小结 / 222

参考文献 / 223

第 1 章 智能风控的发展

金融信贷行业是一个古老的行业。世界上已知最早的信贷法出自大约公元前 1776 年颁布的法律汇编《汉谟拉比法典》，它规范了贷款发放、还贷方式、担保模式、债权债务等业务流程和风险管理过程。风控技术经历了漫长的发展，逐渐从基于人工经验的方法，过渡到统计量化的方法。近些年，随着云计算、大数据、人工智能（AI）等技术的爆发式发展，风控已经进入全新的智能风控时代。

根据风控技术在各个阶段采用的主要方式和方法，作者将其大致总结为 3 个层次——基于人工经验的风控、传统统计量化的风控、智能风控。3 个层次分别对应着风控技术的 3 个发展阶段。

1.1 早期的风控技术

早期的风控技术主要是指基于人工经验的风控技术和传统统计量化的风控技术，这一时期的风控技术正处于从单纯的基于人工经验的风控逐步过渡到具备一定量化风控的阶段。

1.1.1 基于人工经验的风控

从最早的信贷活动开始，从业者就采用基于人工经验的方式来判断风险。经过多年的发展，人工经验的风控发展出了多种模式，比如信贷员模式、审贷会模式。信贷员模式比较简单，完全由信贷员发展客户，收集客户资料，对客户真实性和风险进行审核，负责客户的贷后跟进。随着小额信贷的进一步发展，审批机构中逐步引入了审贷会，信贷审批不再由一个信贷员单独决定，而是由专业化的审核员进行风险评估。

人工经验风控模式整体流程如图 1-1 所示，金融机构需要借款人提供各式各样的证件资料，资料审核人员对资料的真伪进行人工辨别，风控审核人员基于经验判断欺诈风险、还款意愿和还款能力等。客户通常还需要到信贷机构线下网点进行资质审核、合同签订等流程。对于更大额的贷款，风控审核人员需要到申请人的工作现场进行尽调，以评估借款风险。此时，风控审核人员是风控中非常重要的角色，掌握着借款申请是否通过的关键决策权。

图 1-1 人工经验风控模式整体流程

基于人工经验的风控具备非常好的灵活性，只要招募合适的风控审核人员，就能够快速建立风控团队并开展风险审核工作。但人工经验风控模式存在一系列弊端：风控审核人员的能力和经验有差异，审核质量、准确性无法保证；受限于审核人力瓶颈，效率低、成本高；人工经验，以及数据的收集和处理能力有限，难以评估信用资质欠缺的申请人；人工操作风险和道德风险难以避免。

1.1.2 传统统计量化的风控

随着 20 世纪 50 年代美国信用卡的快速发展，人工经验风控已经不能适应小额消费信贷发展的需求。此时，数据库技术、统计学、计算机的发展为量化风控奠定了基础。信贷活动中积累的大量数据能够反映客户的还款意愿和还款能力，以 TransUnion、Equifax 和 Experian 三大征信机构为代表的社会征信数据体系随之建立。利用统计量化的方法建立信用评分模型来进行风控逐渐成为主流。

传统统计量化的风控模式如图 1-2 所示，它为集中审核的模式。集中审核模式中所有的信贷申请都会统一流转到风控中心，审核过程中引入信用评分对客户风险进行分层，自动拒绝高风险客户，其他客户进入人工审核。风控中心还设立反欺诈人工调查等部门，对欺诈案件进行排查。

图1-2 传统统计量化的风控模式

其中，信用评分的发展经历了以下两个阶段，第一阶段是以客户分类为核心的信用分析，主要进行单个维度的统计分析，在此基础上，对客户进行分类处理；第二阶段是以预测模型为核心的信用评分模型，通过借款人自身属性信息和外部征信机构信息，提取特征，运用统计方法，预测借款人的风险水平，然后进行分级处理。信用评分模型中的典型技术是信用评分卡技术。信用评分卡基于逻辑斯谛回归模型建立，以信用分来表示风险高低，并将信贷借款人的各个特征维度以分数的方式量化，便于风控业务人员理解。

统计量化模型的应用为风控带来了诸多好处：①更加客观，避免了审核人员的偏见；②更加准确，以历史数据表现为决策依据；③更加稳定，基于客观数据决策，没有人为操作风险；④更加高效，可以达到部分自动实时决策。但是这个阶段的风控仍面临诸多挑战：①数据维度不够充足，主要还是依赖强征信数据，对征信数据较少或缺失的客户的识别不准确；②信用评分卡技术处理的数据维度有限，模型只用到几个到几十个数据维度；③虽然已经减少了人工操作，但是诸如电话审批这些环节依然依赖人工。

1.2 初识智能风控

智能风控是在传统统计量化的风控基础之上融入更多人工智能元素发展而来的。随着互联网金融的兴起，智能风控逐步成为风控的主角。智能风控发展的关键驱动因素包括：经济层面，金融机构住户消费贷款和互联网消费金融放贷规模快速增长，个人消费贷款额持续高速上涨，金融机构不良贷款率增加，急需更先进的风控技术；社会层面，我国人均可支配收入快速增长，消费结构从生存型向发展型升级转变，形成对消费金融的强需求；技术层面，大数据、人工智能、云计算等金融科技代表技术为智能风控的应用落地提供了强有力的技术支持。

1.2.1 智能风控的定义

智能风控是利用大数据、人工智能技术和科学决策方法，通过自动化预测、评级、决策等方式，替代风控中的人工操作，完成人工无法完成的任务，优化营销、风控、定价、放款和贷后管理等环节，提高决策精度和效率，降低成本，最终提高风控能力的综合体系。智能风控的整体框架如图1-3所示。

图1-3 智能风控的整体框架

智能风控是一个综合体系，并不是单一的某个算法或者技术。智能风控方法层面包含预测模型搭建方法、数据挖掘方法、风控策略制订方法等，通过一系列方法，可以构建智能风控的基本架构；工具层面包括机器学习、深度学习和关系网络等智能算法，这些智能算法是方法体系中的核心部件，也是智能风控得以展现智能的关键；实现方式是建立自动化体系，运用智能风控的方法论搭配智能算法构建智能决策的核心，结合工程技术实现自动化的风控决策和智能交互，自动进行模型迭代；应用环节包括风控流程的全过程，从信贷营销到贷前准入、定价，再到贷中额度调整，最后到贷后催收管理，都融入了智能风控的元素；从目标方面来讲，智能风控提高了风险控制的精准度和效率，将风险控制在目标范围内，最终提高企业的盈利能力。

1.2.2 智能风控的发展

智能风控伴随互联网金融的发展而发展，大致经历了萌芽期、发展期和成熟期3个阶段，如图1-4所示。

图1-4 智能风控发展历程

1. 2005~2012年：萌芽期

互联网金融产生，P2P模式兴起，网络金融突破了地域限制，此时，线下模式和线上模式同时发展，线上模式的规模效应明显，边际成本降低，发展速度较快。线上模式的互联网金融公司必须建立纯线上风控模式以适应新业态，它们开始寻找新的数据和技术来探索智能风控模式。

2．2013～2015年：发展期

在这个阶段，互联网金融高速发展。据网贷天眼统计，2014年，P2P行业整体交易规模突破2500亿元，比2013年上涨接近140%。人工智能技术（如机器学习、语音识别和图像识别）取得重大突破，互联网金融企业纷纷引入新技术，优化模型和系统，逐步搭建智能风控体系。

3．从2016年至今：成熟期

2016～2017年，趣店、拍拍贷、简普科技等平台在美国进行IPO，掀起互联网金融类公司上市的浪潮。上游征信和大数据、金融科技市场迎来爆发式增长，大数据+人工智能算法成为风控领域的主要工具，智能风控应用逐渐成熟，成为互联网金融企业的核心竞争力。

根据艾瑞咨询研究院对2018～2022年中国AI+金融相关市场规模的统计和预测（见图1-5），金融领域对整体信息化科技投入的总规模保持上升趋势，金融科技和金融场景AI投入遵循同样步调，其中AI投入在整体科技投入中的占比平稳上升，说明市场中的需求方肯定了AI技术的应用价值，并有计划地加大购买力度，也从数据上验证了智能风控应用比例的持续提升。

来源：艾瑞咨询研究院自主研究和绘制。

图1-5 中国AI+金融相关市场规模的统计和预测

随着互联网金融行业的发展，监管也逐步介入，开始清理行业中的乱象，违法违规企业被清退，平台逐步走向正规化，或者转型为纯金融科技平台，行业逐步走向健康、成熟，拥有先进智能风控技术的企业的行业竞争力进一步提高。

1.2.3 与传统风控对比

相较于传统风控，智能风控存在诸多优势，它在传统统计风控的基础上，引入更加多元的模型技术和更广泛的数据维度。智能风控与传统风控的对比如表1-1所示。

表1-1 智能风控与传统风控的对比

对比维度	基于人工经验的风控	传统统计量化的风控	智能风控
决策方法	人工决策	人工决策和模型自动决策并重	模型自动决策为主
风控模型	无	传统评分卡技术	机器学习（如XGBoost、LightGBM）、深度学习、自然语言处理、关系网络
特征维度	较少	几个到几十个维度	几千到几万个维度
数据来源	客户自填、线下资料收集	客户自填信息、征信信息	客户自填信息、征信信息、客户行为信息等

通过表1-1可知，相较于传统风控，智能风控在以下4个维度有明显优势。

- 在决策方法维度，智能风控以模型自动决策为主，相比传统方法，极大地提升了效率，节约了人力成本，信审人员转而进行个别欺诈案例分析和跟踪的工作，即弥补模型在无历史数据的情况下无法预测的不足。
- 在风控模型维度，智能风控以机器学习、深度学习、自然语言处理、关系网络等技术为主，相比传统方法，精确度更高，可以挖掘更高维度的数据，充分利用弱征信数据识别风险。
- 在特征维度，得益于新算法和大数据计算处理能力的提升，风控特征画像维度可以轻松达到几千维，甚至上万维。
- 在数据来源维度，智能风控将原来很少用于信用评估的行为类数据充分利用起来，相比传统的征信信息和客户提供的信息，数据维度更加多元、复杂，能够从多个角度反映客户的资质和潜在的风险。

1.3 智能风控主要应用

智能风控的应用可以覆盖包含信贷业务的营销、贷前、贷中、贷后等在内的业务全流程。依托智能风控技术，金融机构可以对客户进行及时有效的身份识别、欺诈识别、信用风险判断，同时实现全链条自动化决策。智能风控的应用可以分为图1-6所示的4个方面。

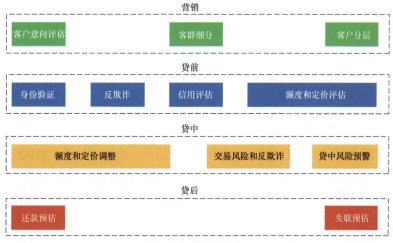

图1-6 智能风控的应用

下面分别对营销、贷前、贷中和贷后环节的智能风控应用进行介绍。

1.3.1 应用于营销环节

营销是信贷风控的第一个环节，营销环节决定了金融机构获得何种质量和偏好的客户。营销和风控的侧重点不同，营销端负责获取大量客户，风控端负责筛选出好客户。当前被认可的广义的风控是从营销入口开始的，这使得营销和风控在更高的层面上达成了一致。营销的目标是获取符合期望的目标客户，而不仅仅是获得一定数量的客户。营销环节的智能风控应用主要包括客户意向评估、客群细分和客群分层。

1. 客户意向评估

营销的第一个关键点是找到有需求且有意向购买信贷产品的客群，提升营销环节转化率，从而降低分摊到每个申请客户上的成本。

在智能风控中，我们利用从营销环节到申请环节可以获得的多维、异构化、高度分散的数据，进行整合分析，形成客户画像，同时利用机器学习技术建立营销响应模型。根据客户响应概率，客户可分为高响应客户、中响应客户和低响应客户。针对不同的响应级别，金融机构可以设置不同的营销策略，如对高响应客户采取主动营销策略（如电话营销），对低响应客户可暂时放弃，以降低营销成本。

2. 客群细分

不同类型的客户对信贷产品的需求不同，根据客户的不同需求，有针对性地营销产品，有利于提升申请转化率。当然，不同人的需求有很多共性，金融机构提供的产品是有限的，有效的做法是区别对待每一群人，为"相似"的人提供同一类产品。

在智能营销中，通过建立客户分群模型，可以将具有多个相似特征的客户划分到一个细分群体，进而分析细分客群的需求，提供相应的信贷产品。例如，在细分客户中，发现有车人群，可以设计针对车主的营销方案和定制产品。

3. 客群分层

客群分层是指将潜在的信贷申请客户预先进行风险等级评定，从而在营销之前将一些高风险客户排除在外，为低风险客户提供更有吸引力的金融产品。

在智能风控中，通过建立一系列客户筛选规则和预授信模型，对客户进行分层评估，从而有区别地进行营销。营销阶段的客群分层有利于降低整体客群的风险水平，提高转化率，降低营销成本。我们可以认为，客群分层是一种风控前置的方法。

1.3.2 应用于贷前环节

贷前风控是一个在客户申请和放款之间对申请人进行风险评估的风控环节。智能风控通过收集大量数据，运用机器学习模型，预测客户的风险概率，自动评估信贷申请人的身份真实性、信用等级和风险等级，并给予相应的信用额度和定价。我们可以通过数据和技术消除信息不对称性，降低不确定性；通过自动化决策，降低成本，提高效率。贷前风控主要包括身份验证、反欺诈、信用评估，以及额度和定价评估。

1. 身份验证

身份验证是为了确认信贷申请行为中实际操作人与信贷资料上显示的是否一致。

智能风控采用多种手段结合的方式进行身份验证，包括使用人脸识别，并与官方人脸信息库比对；使用活体检测技术，判断操作人是否为真人操作；利用官方身份信息库，校验身份证等证件信息的准确性。

2. 反欺诈

信贷欺诈是指在金融信贷各个环节中使用虚假身份、冒用他人身份或者伪造信息以骗取信贷的行为，其中以申请贷款中的欺诈为主要类型，即贷前申请欺诈。随着线上信贷业务的飞速发展，欺诈案件数量不断增加。

在智能风控中，我们已经通过身份认证技术解决了一部分身份欺诈问题，但是，还有更隐蔽的欺诈方式，需要借助多元化的工具解决。例如，我们从关系网络数据、设备信息等多种高维度数据中挖掘特征，构建一系列反欺诈规则和模型，提高欺诈案件识别率。

3. 信用评估

信用评估是为了确认借款人的还款可信度等级（即信用等级）。信用等级可以解构为两个维度：还款意愿和还款能力。还款意愿可以通过借款人的历史行为体现，如之前的借款是否按时偿还，还款能力可以从借款人的收入水平方面判断。

在智能风控中，我们通常借助多维度大数据建立信用风险模型，对借款人的信用等级进行评估。这些数据维度包括中国人民银行征信数据、客户社交、司法、行为、搜索、电商、线上线下消费等。由于还款意愿和还款能力很难绝对区分，因此，通常将体现还款意愿或者还款能力的各维度特征综合以作为模型的输入，通过模型学习，从历史有表现的数据中找到各个维度与信用等级的量化关系，从而进行综合信用等级评估。

4. 额度和定价评估

信贷产品的关键要素包括授信额度、利率、期限。额度和定价的设计实际上比大多数人考虑的要复杂得多。这些要素需要参考市场上其他竞争对手、监管限制，并结合自身客群的还款能力和风险水平来确定。然而，当我们改变额度和定价时，会反过来影响客户的借款意愿、还款能力和还款意愿，从而影响产品转化、风险水平，最终影响盈利。

在智能风控中，我们结合信用评估模型、还款能力预估模型，以及额度和定价对转化与风险的影响分析，综合确定额度和定价，并且采用大量 A/B 测试，采用最优化方法寻求合理的额度和定价策略。

1.3.3 应用于贷中环节

贷中环节是指贷款申请成功到贷款结清阶段，一旦客户逾期，就转入贷后环节。信贷产品一般分多期进行还款，有可能在贷款期间存在提额和提款需求，因此，贷中管理关系到还款质量、新需求是否满足和客户风险的变动。贷中风险控制主要包括额度和定价调整，交易风险和反欺诈，以及贷中风险预警。

1. 额度和定价调整

贷中额度和定价调整一般有两种情况：一是客户主动发起调整申请，二是金融机构为了满足客户潜在需求而主动调整。

在智能风控中，我们一般通过贷中风险模型对客户的信用等级进行重新评估，当客户信用等级比以前高（信用更好）时，给予更高的额度和更优惠的定价。金融机构可以主动、定期地运行贷中风险模型，对客户进行信用等级评估，从而给出更合理的产品方案，这将有利于留存客户，提升客户价值。

2. 交易风险和反欺诈

当客户获得授信额度后，真正的借款交易可能在贷中分多次进行。而客户的资质和风险是随着时间变化的，因此，在贷中，需要对在线交易进行仿冒和欺诈识别，对借款人的行为进行分析，有效防范和控制欺诈交易等贷中风险。

在智能风控中，我们通过关联各类数据，寻找新出现的欺诈模式，运用机器学习、深度学习、图谱学习等技术，构建贷中反欺诈规则和模型，对风险进行拦截。

3. 贷中风险预警

在客户借款之后，就可以通过客户的贷中行为对客户是否会入催进行预测，从而提前知道哪些客户有可能逾期。对于高风险客户，提前介入催收，往往会取得良好的效果，因为信贷借款人往往存在从多个金融机构借款的情况，而当客户还款资金有限时，更早介入的金融机构往往更有可能收回贷款。

在智能风控中，我们可以构建贷中风险预估模型和贷中逾期识别规则，提前预判入催可能性高的客户，并采取有效措施以降低借款人入催的比例，从而降低贷款逾期率，减少损失。

1.3.4 应用于贷后环节

贷后是指借款客户逾期至催回的完整阶段。贷后管理的精细程度对客户的还款质量有相当大的影响。利用机器学习，处理贷中和贷后行为数据，以及多维度内外部大数据，可以精准预估逾期客户的早期还款概率、晚期还款概率和失联概率等，从而对不同风险等级的客户采取不同的催收策略。贷后风险控制主要包括还款预估和失联预估等。

1. 还款预估

还款预估是指在借款人已经逾期的情况下，预测借款人还款的概率。针对不同还款概率的客户，采用不同的催收方式，提高还款可能性。按照逾期时间的长短，还款预估可以分为早期还款预估和晚期还款预估。早期逾期的客户很可能是由于遗忘或不方便还款而导致逾期，通过短信提醒等轻度催收方式即可回款。从策略上来讲，我们应该将催收的重点放在还款概率低的客户上。晚期逾期的客户则相反，这些逾期时间较长的客户在还款意愿或还款能力方面有问题，针对这些客户，我们应该关注其中还款可能性高的客户，对于还款可能性低的客户，可以暂时有选择性地进行放弃，或者委托第三方机构进行催收。

在智能风控中，我们可以建立各个阶段的催收模型，预估还款概率。我们通常可以将3类数据作为模型输入：第一类是客户的个人基本信息，包括年龄、性别、学历、职业、主要收入、家庭情况与住房情况等；第二类是信用历史数据，包括信用历史时间，逾期频率和严重性，以及内外部信用评分；第三类是催收信息记录，包括催收时间、催收通话时长、催收反馈等。

2. 失联预估

在催收的后期，经常出现无法联系到借款人的情况。失联对催收会产生非常大的阻碍，尽早了解客户是否失联对催收的价值很大，金融机构可以对失联概率高的客户尽早进行委外处理,或者尽早收集更多的联系人信息。

在智能风控中,我们可以通过建立失联预估模型,利用金融机构内部的客户信息、交易信息和催收信息,预测逾期客户失联的可能性,从而有针对性地采取预防措施。

上面简要介绍了智能风控在信贷各个环节的应用。事实上,智能风控体系的不同环节都有相似的底层逻辑,作者从风控的全流程中抽象出核心框架,后续章节通过模型、特征画像和策略 3 个维度对其进行介绍。

1.4 本章小结

本章主要介绍了智能风控的发展历程,从完全基于人工经验的风控发展到智能风控,越来越多的人工风控工作被智能技术替代。相比以往的风控手段,智能风控的高效率和良好效果已经得到充分验证,智能风控的应用已出现在信贷风控的全流程中。在第 2 章~第 4 章中,我们将详细介绍智能风控实践中的 3 个核心工作:搭建智能风控模型体系、搭建特征画像体系和搭建智能风控策略体系。

第 2 章 搭建智能风控模型体系

风控模型是风控系统的核心,应用模型进行风险决策是识别风险的主要途径,也是控制风险的重要手段。本章主要介绍搭建智能风控模型的全流程,包括方法论、智能算法、模型迭代优化、监控和模型体系搭建等。其中,2.1 节介绍模型基础知识,2.2 节和 2.3 节介绍模型开发的方法论,2.4 节介绍常用的模型开发智能算法,2.5 节介绍模型优化方法,2.6 节介绍金融信贷领域不同阶段模型的搭建方法,2.7 节介绍模型监控和异常处理方法。

名词定义

1. 样本、特征、标签

构建机器学习模型时需要一个数据集。德国信用卡数据集是信贷领域的一个经典数据集,在统计学习和机器学习领域,它经常被用作示例。该数据集共有 1000 条数据,这样一个特定的数据集称为样本集。样本集中的第一行是名称,其余每一行为一个样本(或称为一条记录、一个观测)。

特征是用来表征我们关注对象的特点或属性的一系列数据。德国信用卡数据集中有 20 个特征,包括账户状态(status.of.existing.checking.account)、信贷期限(duration.in.month)、历史支付状态(credit.history)和贷款用途(purpose)等,用于反映客户的不同属性。

标签是机器学习模型将要学习和预测的目标。德国信用卡数据集中每个样本都有标签字段——信用(creditability)。在建模过程中,通常需要将特征和标签中的文本替换为数值。有了包含特征和标签的样本集,我们就可以构建机器学习模型了。例如,基于德国信用卡数据集构建模型后,对于样本集之外的新客户,我们可以通过 20 个特征预测新客户的信用等级。

scorecardpy 库是信贷建模时常用的轻量级 Python 库,其中内置了德国信用卡数据集。获取该数据集部分数据的参考代码如下所示。

```
1. import scorecardpy as sc
2. # 加载数据集
3. german_credit_data = sc.germancredit()
4. # 打印前5行中的前4列和最后一列
5. print(german_credit_data.iloc[:5,list(range(-1,4))])
```

运行结果如图 2-1 所示,其中第一列为标签,取值为"good"或"bad",分别表示客户信用良好或信用较差,后 4 列为部分特征。

	creditability	status.of.existing.checking.account	duration.in.month	credit.history	purpose
0	good	... < 0 DM	6	critical account/ other credits existing (not ...	radio/television
1	bad	0 <= ... < 200 DM	48	existing credits paid back duly till now	radio/television
2	good	no checking account	12	critical account/ other credits existing (not ...	education
3	good	... < 0 DM	42	existing credits paid back duly till now	furniture/equipment
4	bad	... < 0 DM	24	delay in paying off in the past	car (new)

图 2-1 德国信用卡数据集中的部分数据

2. 账龄

账龄（Month on Book，MOB）是指多期信贷产品从首次放款起所经历的月数。类似于人出生后便有了年龄，申贷订单成功放款后，也便拥有了账龄和生命周期。通常用 $MOBn$ 表示账龄，以月末时间点来看，放款日后经历 n 个完整的月数，具体如下所示。

- MOB0：放款日至当月月底，观察时间点为放款当月月末。
- MOB1：放款后第二个月，观察时间点为第二个月月末。
- MOB2：放款后第三个月，观察时间点为第三个月月末。

依此类推，MOB 的最大值取决于信贷产品期限。如果是 12 期产品，那么该资产的生命周期是 12 期，MOB 最大到 MOB12。例如，2020 年 8 月 9 日放款的订单，8 月 9 日至 8 月末即为 MOB0，9 月为 MOB1，10 月为 MOB2。

3. 逾期

逾期的概念有以下 4 种。

- **逾期天数**（Days Past Due，DPD）：实际还款日与应还款日的相差天数。例如，每月 9 日为还款日，那么 10 日为逾期 1 天，11 日为逾期 2 天。若客户在 15 日还款，则逾期天数为 6，记为 DPD6。
- **首期逾期天数**（First Payment Deliquency，FPD）：分期产品中第一期实际还款日与应还款日的相差天数。例如，2020 年 8 月 9 日放款的订单，共 12 期，第一期还款时间为 9 月 9 日，若实际还款时间为 9 月 10 日，则首期逾期天数为 1，记为 FPD1。
- **逾期期数**：贷款产品中客户的逾期期数，也指将逾期天数按区间划分后的逾期状态。通常以 30 天为区间划分，用英文字母 M 表示，具体如下所示。
  - M0：当前未逾期。
  - M1：逾期 1 期，或逾期 1～30 日。
  - M2：逾期 2 期，或逾期 31～60 日。
  - M3：逾期 3 期，或逾期 61～90 日。

  依此类推，M3+ 表示逾期 3 期以上，或逾期天数为 91 天及以上，和 DPD90+ 含义一致。需要注意的是，M0 有时也会表示为 C0（取单词 Current 的首字母），表示当前未逾期状态。
- **逾期率**：分为订单逾期率和金额逾期率。订单逾期率是指逾期订单数与总放款订单数的比值。例如，M1 逾期率表示逾期 1 期的订单数与总订单数的比值，DPD30+ 逾期率表示逾期 30 天以上的订单数与总订单数的比值。金额逾期率是指逾期金额与总放款金额的比值。

2.1 模型概述

在不同的语境下，"模型"有不同的含义。在信贷风控领域，"模型"主要是指预测风险的具体方法，通常以数学公式或函数的方式存在。"模型"和"算法"不可混为一谈，在信贷风控、机器学习语境下，算法通常是指各种数学、统计或人工智能方法，而模型是指基于这些方法得到的具体实例，因此，我们可以说使用了某种算法（如逻辑斯谛回归），构建了多个风险模型，比如可以说：基于线性回归算法建模的结果是一个由具有特定值的稀疏向量组成的模型；基于决策树算法建模的结果是一个由具有特定值的 if-then 语句树组成的模型。对计算机编程熟悉的读者很容易将算法比作"类"，将模型比作"对象"。

构建风控模型并不是必须使用机器学习方法，如风控人员很早基于人工经验和一些简单的统计分析，设计了各类风险评估指标，赋予各类风险评估指标一个分数，汇总之后，就可以得到一个人工评分卡模型，如表 2-1 所示。然而，这种方法无法处理更多维度的数据，也很难充分挖掘数据之间的关联信息，风险评估准确性较低，局限性很大。随着机器学习技术、大数据的发展，机器学习方法逐渐成为主要的建模方法。

表2-1 一个对信用卡申请人进行风险评估的简单人工模型

评价维度	分组	取值结果	分数
居住状态	1	自置有抵押	60
居住状态	2	自置无抵押	90
居住状态	3	与父母同住	20
居住状态	4	租用及其他	15
教育程度	1	研究生	70
教育程度	2	大学本科	40
教育程度	3	大专	30
教育程度	4	中专、高中和其他	20
婚姻状态	1	已婚有子女	60
婚姻状态	2	已婚无子女	50
婚姻状态	3	独身	20

机器学习（Machine Learning，ML）被大众广泛接受的定义是 Tom Mitchell 在 1997 年提出的"ETP 定义"——"A computer program is said to learn from experience E with respect to some task T and some performance measure P, if its performance on T, as measured by P, improves with experience E."（对于某类任务 T 和性能度量 P，一个计算机程序被认为可以从经验 E 中学习是指，通过经验 E 改进后，它在任务 T 上由性能度量 P 衡量的性能有所提升。）简而言之，机器学习算法是一种从历史数据中学习潜在规律，用来预测未来行为的方法。其核心三要素包括数据、模型和算法。数据和算法是搭建机器学习模型的必要条件，每种算法都包含多个待定的参数或结构，模型是算法在数据上运算得到特定的参数或结构的结果。数据、模型和算法的关系如图 2-2 所示。

根据是否已知样本标签，机器学习任务分为**有监督学习**（supervised learning）和**无监督学习**（unsupervised learning）。有监督学习是指从有标签的训练数据中学习。有标签的训练数据是指每个训练样本都包括输入和期望的输出。例如，在预测信用卡客户是否逾期的问题中，训练数据中已经标记了每个客户是否逾期的真实状态，这是典型的有监督学习任务。无监督学习是指从无标签的训练数据中学习。例如，在不知道客户购买意向的情况下，对客户进行聚类分群，使有相似属性的客户聚合在一个群体中，这是典型的无监督学习任务。有监督学习在信贷风控领域占据主导地位，因此，后续使用的模型开发方法将以有监督学习方法为主。

深度学习（Deep Learning，DL）是由机器学习延伸出来的新领域，是一种复杂的机器学习算法。它主要应用于图像识别、语音识别、文本处理等方面。

人工智能（Artificial Intelligence，AI）是指机器学习之上的一个更大的概念。人工智能是一种研究、开发用于模拟、延伸与扩展人的智能的理论、方法、技术和应用系统的新学科。机器学习是实现人工智能的方法之一，深度学习是实现机器学习的方法之一，三者的关系可以用图2-3描述。

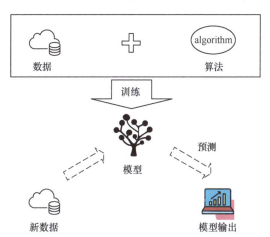

图2-2　数据、模型和算法的关系

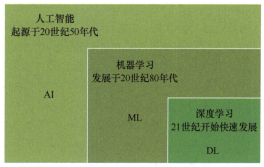

图2-3　深度学习、机器学习和人工智能的关系

我们可以采用多种机器学习算法搭建风控模型，它们的主要步骤是相同的，一般包括问题定义，样本的选择与划分，模型架构设计，数据准备与描述分析，数据清洗，特征选择，模型训练与效果评估，部署上线，模型监控，以及模型调优10个步骤。其中第1～3步属于模型立项分析阶段，第4～7步属于模型训练开发阶段，第8～10步属于模型上线和维护阶段，如图2-4所示。

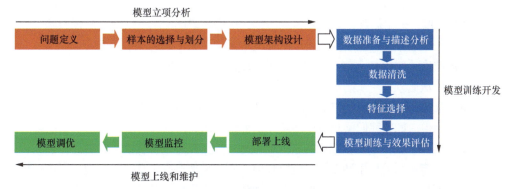

图2-4　模型开发的一般流程

下面章节将以信贷风控模型为例，详细介绍模型开发的各个步骤，以及需要关注的重点内容。

2.2　模型开发方法论——构建好样本

构建好样本是开发好模型的基础。构建好样本是指从项目需求中定义问题，定义标签，选择合适的建模数据集,以及对数据进行分析和预处理的过程。

2.2.1 问题定义

问题定义旨在明确项目的背景和目标,根据背景和目标将业务问题转化为机器学习建模问题,包括定义预测目标、设计模型方案等。常见的机器学习建模比赛项目通常给出了建模可用的数据集,并定义了标签和评估样本集。但在实际业务中,我们通常需要仔细斟酌,否则基于错误的问题定义,模型训练越好,结果可能越糟糕。作者认为,准确的问题定义是项目成功的一半。

明确问题的定义,如信贷申请环节的风险预测问题可以描述为:预测一笔信贷借款的申请,在放款后 3 个月内逾期超过 30 天的概率。这看起来容易,但这样一个描述存在诸多问题。在解答这些问题之前,我们并不能准确地准备一个样本用于建模。这些问题如下。

(1)是预测一笔借款,还是预测一个申请人的未来风险?显然,在某些产品方案中,一个申请人可以多次借款,每次借款都可能有不同的风险表现。在建模样本中,一个申请人的多次借款行为是作为一个样本还是作为多个不同的样本?

(2)为什么是预测未来 3 个月的风险,而不是 4 个月或 6 个月?

(3)为什么预测的是逾期超过 30 天的概率,而不是 60 天?如果客户逾期超过 30 天但截至我们统计时已经还款,那么如何处理?

(4)是否需要划分不同的客群并分开建模?

想要回答上述问题,我们需要先了解预测对象粒度、标签定义和细分客群。

1. 预测对象粒度

在实际业务中,我们可能面对的是不同层次的问题,如一个客户有多笔借款,那么一个客户和一个借款就分属不同的层次。基于不同的层次,我们需要将预测对象定义为不同的粒度。

- **渠道粒度:** 在某些场景下,借款申请人来自同一个来源渠道,我们可以预测渠道的风险,一个渠道是一条记录。
- **客户粒度:** 一个借款人可能有多笔借款,从借款申请人的层次角度考虑风险,只要其任何一笔借款出现逾期,即表示出现风险事件,一个人是一条记录。
- **借款粒度:** 对借款人的一次借款申请考虑风险,该笔借款逾期,即表示出现风险事件,一次借款是一条记录。
- **还款粒度:** 每个借款人的每次借款都可能分为不同的还款期,如 12 期借款将有 12 个还款事件。如果我们预测每一期还款是否出现违约,那么一次还款是一条记录。

在实际业务中,我们需要根据业务模式和模型应用策略来选择合适的粒度进行建模,如一次性借款产品的申请风险模型通常选择借款粒度;循环额度产品选择客户粒度;催收还款预估时通常选用还款粒度。预测对象的粒度决定了标签定义和特征计算的粒度。

2. 标签定义

风控模型用来预测未来的风险,是典型的有监督学习方式,因此需要定义样本标签。标签是模型所要预测的结果,它可以是二元分类结果,如好/坏、响应/不响应等;也可以是连续变量,如收益、损失等。风险评估模型通常用来预测未来的表现是好还是坏。标签定义需要明确的是在什么时间点预测未来多久发生的什么事件。我们考虑在什么时间点进行预测,这个时间点即观测点。观测点前后分别是观察窗口和表现窗口。

- **观察窗口**（observation window）：用来观察客户行为的时间区间。在设计特征变量时，我们一般需要考虑不同的观察窗口，如最近 3、6、9 或 12 个月内在其他机构申请的次数，最近 3、6、9 或 12 个月内借款的总金额等。观察窗口也称为观察期。图 2-5 所示的观察窗口为 1 年。
- **表现窗口**（performance window）：用来考察客户的表现，从而确定标签定义（逾期客户、响应客户等）的时间区间。表现窗口也称为表现期。图 2-5 所示的表现窗口为 6 个月。

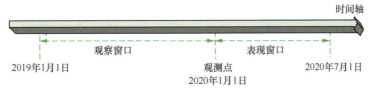

图2-5　观察窗口和表现窗口

在风险标签定义中，对于如何确定好坏程度和表现窗口的长度，我们需要结合**滚动率分析**（roll rate analysis）和**账龄分析**（vintage analysis）。

1）滚动率分析

我们可以通过滚动率分析来确定客户的"好坏"程度。滚动率是指客户从某个观测点之前的一段时间的逾期状态向观测点之后的一段时间的逾期状态转化的比例。例如，我们以 2020 年 7 月 1 日为观测点，选取 1 万名客户，统计这部分客户在上个月的逾期状态，对比他们在当月的逾期状态的转化比例。图 2-6 为某信贷产品的滚动率数据统计结果。

当月 上个月	M0	M1	M2	M3	M4	M4+	总计	好转率 （Rollback）	保持率 （Keep）	恶化率 （RollForward）
M0	97.0%	3.0%					100.0%	—	97.0%	3.0%
M1	82.0%	12.0%	6.0%				100.0%	82.0%	12.0%	6.0%
M2	54.0%	21.0%	15.0%	10.0%			100.0%	75.0%	15.0%	10.0%
M3	12.0%	5.0%	7.0%	11.0%	65.0%		100.0%	24.0%	11.0%	65.0%
M4	5.0%	4.0%	5.0%	5.0%	9.0%	72.0%	100.0%	19.0%	9.0%	72.0%
M4+	3.0%	2.0%	4.0%	3.0%	2.0%	86.0%	100.0%	14.0%	86.0%	—

图2-6　某信贷产品的滚动率数据

对图 2-6 中的数据进行分析，结论如下。

（1）上个月逾期状态为 M0 的客户，当月有其中 97% 的客户会继续保持正常状态，保持率为 97%，其他 3% 的客户会恶化为 M1，恶化率为 3%。

（2）上个月逾期状态为 M1 的客户，当月有其中 82% 的客户会回到 M0 状态，即好转率为 82%，保持率为 12%，恶化率为 6%。

（3）上个月逾期状态为 M2 的客户，好转率为 75%，恶化率为 10%。

（4）上个月逾期状态为 M3 的客户，好转率仅为 24%，恶化率为 65%。

（5）上个月逾期状态为 M4 的客户，好转率仅为 19%，恶化率为 72%。

上个月逾期状态为 M3 及 M3+ 的客户，好转率已经比较低了，因此，我们可以认为逾期状态为 M2+ 的客户已经足够"坏"，用 M2+（逾期天数大于 60）来定义"坏"客户较为合适。

2）账龄分析

信贷行业经常使用 Vintage 曲线分析账户的成熟期、变化规律等。例如，对于一个分为

12 期还款的信贷产品,理论上,只有客户经历 12 期还款后,我们才能准确定义客户的"好坏";否则,我们只能判断目前为止客户是"好"还是"坏",并不能知道未来几期客户会不会逾期。因此,对于该产品,完整的表现期是 12 个月。12 个月的表现期是否合适?能否根据客户 6 个月时的表现来定义其"好坏"呢?其实,表现期越长,信用风险的暴露越彻底,但这意味着观测点距离当前时间越远,满足条件的样本数量越少,数据越陈旧,建模样本和未来样本的差异越大。若表现期较短,则风险还未完全暴露,但好处是能用到离现在更近的样本。因此,我们需要进行权衡,选择一个合适的表现期,以便模型能够更好地进行预测。

Vintage 曲线是根据账龄绘制的不同时间放款样本的逾期率变化曲线。逾期率有金额逾期率和账单逾期率两种口径。图 2-7 为某个 12 期信贷产品的账单逾期率数据。

放款月份 \ 账龄(MOB) M2+逾期率	1	2	3	4	5	6	7	8	9	10	11	12
2019年1月	0.00%	0.00%	0.93%	1.63%	2.14%	2.66%	2.77%	2.88%	2.95%	2.99%	3.01%	3.02%
2019年2月	0.00%	0.00%	0.84%	1.42%	1.78%	2.42%	2.55%	2.69%	2.74%	2.79%	2.82%	2.83%
2019年3月	0.00%	0.00%	0.64%	1.16%	1.58%	2.12%	2.35%	2.46%	2.58%	2.66%	2.69%	2.71%
2019年4月	0.00%	0.00%	0.44%	1.02%	1.34%	1.89%	2.11%	2.23%	2.38%	2.41%		
2019年5月	0.00%	0.00%	0.41%	1.01%	1.32%	1.58%	1.88%	1.99%	2.13%			
2019年6月	0.00%	0.00%	0.39%	0.98%	1.28%	1.51%	1.72%	1.84%	2.01%			

图2-7 某个12期信贷产品的账单逾期率数据

图 2-8 展示了该信贷产品对应的 Vintage 曲线,横轴表示账龄,纵轴表示 M2+ 逾期率,图中各条线分别表示不同放款时间对应的账龄的逾期率变化趋势。

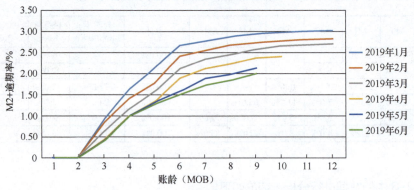

图2-8 某个12期信贷产品的Vintage曲线

对图 2-8 进行分析,我们可以得到如下信息。

(1)在相同 MOB 的情况下,每个放款月份对应的逾期率逐渐降低,说明客群质量提升,可能是因为金融机构收紧了风险敞口,或者使用了效果更好的预测模型或反欺诈规则。

(2)不同月份放款的逾期率在经过 MOB6 后,上升趋势开始平缓。我们以 2019 年 1 月为例,设定表现期为 6 个月,即可覆盖 90% 的"坏"客户。

因此,通过分析 Vintage 曲线,我们可以寻找逾期率开始趋于稳定的时间点,辅助确定表现期长度。

综上所述,滚动率分析用于定义客户的"好坏"程度,账龄分析用于确定合适的表现期,二者结合,可以尽可能多地覆盖"坏"客户。在上面的示例中,样本标签可以定义如下。

- 客户经过 6 期及 6 期以下，历史逾期状态为 M2+（逾期超过 60 天），定义为"坏"客户，此时，标签 Y 的值设为 1。
- 客户经过 6 期，历史未逾期，此时，标签 Y 的值设为 0。
- 客户经过 6 期，历史逾期未达到 M2+ 状态（逾期不超过 60 天），此样本属于灰度样本（经过表现期后，已逾期但逾期程度未达到"坏"标准的样本）。
- 客户未达到 6 期且未逾期，则无法定义好坏，属于不定样本，一般不应该将其纳入建模样本中。

对于灰度样本，通常有两种处理方法：第一种方法是直接摒弃灰度样本，建模中不予考虑；第二种方法是将其加入"好"客户样本中，这样可以增加样本量。在灰度样本较少时，我们一般采用第一种方法。如果灰度样本较多，那么作者建议读者尝试上述两种方法，以最终模型预测效果作为选择依据。

在确定样本标签时，严格按照 6 个月表现期取样本属于"硬表现窗口"取样。在实际业务中，有些客户已经有超过 6 个月的表现期，而逾期发生在 6 个月表现期之后，我们也可以将这种样本加入建模样本中，这属于"软表现窗口"取样。此时的预测结果的含义有所不同，我们已经不能再将其严格理解为"预测客户未来 6 个月内的风险"，但实践中，我们更关心模型的预测排序能力，如果这样能够补充更多坏样本并使模型效果提升，那么也无妨。

需要注意的是，标签定义需要结合实际的业务场景，必须和业务目标保持一致。例如，有些业务历史较短，"坏"客户样本量较少，可能需要缩短表现期，这有利于提高样本的充分性。一种有用的尝试是通过在建模样本中选择不同的逾期状态，尽可能多地覆盖"坏"客户，这样可以兼容样本总量和"坏"客户样本量，特别适用于业务开展早期样本少的情况。

另外，标签定义并非只能采取一种。作者所在的团队经常会基于同一个业务问题，设定多种标签定义并进行建模，最后将模型进行融合，这也是一种重要的模型优化方法。当然，在最后评价模型效果时，我们还是需要基于业务选择特定的标签作为主要评价标准。

3. 细分客群

在建模任务中，如果我们面对的客群的差异较大，那么一般需要细分客群建模。我们可以根据不同产品拆分客群。对于同类产品，我们可以根据不同的进件渠道、借款期数、区域和借款金额等划分客群。除此之外，我们还可以采用聚类等无监督学习方法划分客群。

细分客群建模还需要满足下列条件。
（1）细分客群之间的风险水平差异较大。
（2）细分客群可以获得的特征维度不同。
（3）每个细分客群的样本足够多。

通过细分客群建模，我们可以使模型更专注于细分客群风险模式的学习，从而提高模型效果。同时，在策略应用方面，有更多的模型可供选择，更加灵活。但细分客群建模也存在下列弊端：第一，细分客群建模会导致模型数量增多，需要投入的时间和资源势必增加，维护成本提高；第二，细分客群建模将总样本分散到各个客群中，相比总样本量，各客群的样本量会减少很多，特别是某些客群的"坏"样本数据不够多，反而降低了模型的预测能力。在实践中，我们通常首先基于全客群建立通用模型，然后，在条件允许的情况下，考虑建立细分客群模型。通过在细分客群上评估效果，我们可以判断最终应用的是细分客群模型还是全客群模型。

2.2.2 样本的选择和划分

1. 样本选择

样本选择是指从业务数据中选择部分合适的样本进行模型开发。在业务开展较长时间后，数据量可能变得很大，此时，我们一般不会使用全体历史样本，而是选择能够代表总体的部分样本建模。风控模型是一种预测模型，保证预测模型良好效果的前提是客户未来的行为和过去相似，这样才可以从过去的数据中学到规律并预测未来的表现。因此，选取的建模样本能否有效代表总体，建模样本中提取的信息（一般指特征的预测能力）能否延伸到未来，将在很大程度上决定最终模型的效果。样本选取需要把握的重要原则是**"建模样本必须能够代表总体，与未来模型使用场景下的样本差异尽可能小"**，具体体现为以下 4 点。

1）代表性

代表性主要是指客群的代表性。由于不同客群间客户行为具有差异，为了使建模样本能够代表总体，选取的建模样本需要能够反映未来使用场景的客群性质。例如，历史上有多种期限的产品，而未来主要以某一种期限的产品为主，那么我们最好选取未来期限的产品样本来建模。对于有多个子类别的客群，为了保持代表性，可采用分层采样方式，保证每个重要类别的对象都在样本中拥有足够的比例。

2）充分性

充分性主要是指样本的充分性。样本太少，可能无法反映客户群体携带的内在信息，无法满足统计的显著性要求。风控建模时，要求坏样本数不能太少，至少上千条，否则模型效果难以保证。当坏样本占比较小时，我们可以考虑通过上采样方式扩充坏样本数。在信贷风控领域，如果建立信用评分模型，那么数万条样本已经可以做出比较可靠的模型。更大的样本量一般能够提升模型的效果和稳定性。但是，样本量并非越大越好，因为当样本量达到一定程度，已经可以从样本中充分提炼出具有代表性的数理关系时，若再增加样本量，那么对模型效果的提升微乎其微，反而消耗更多的资源。

3）时效性

在已满足建模样本的充分性要求后，我们应尽量选取近期样本，即样本的产生时间越近越好。时间越久远，数据越陈旧，可能造成与未来使用场景下的样本的差异较大。对于银行等客群相对稳定的机构，长久之前的样本对时效性的影响不大。但是，对于客群变化较大的信贷平台，我们就需要对时效性的影响进行重点关注。

4）排除性

建模样本除需要满足客群的代表性，以及样本的充分性和时效性以外，还应在选取样本时排除某些因政策调整、不可控因素导致的客群质量异常样本。例如，某工厂在 3 月因某种原因停产，导致这段时间在某信贷产品上的逾期率显著升高，到了 4 月，该工厂恢复生产，逾期率也恢复到了正常水平。因此，在选取建模样本时，我们应将排除 3 月的样本作为一种实验方案，因为这段时间客户逾期行为受某种因素的影响较大。

需要注意的是，我们是在放款样本上选取的建模样本，而未来模型的使用场景会在全量申请样本上，因此，存在"部分样本估计总体"问题，对全量申请客户的风险估计就不准确。解决这一问题的方法可以是**拒绝推断**（reject inference），2.5.3 节中会详细介绍。

作者强调一点，多进行对比实验。尽管我们给出了样本选择的一般性原则，但在实践中，我们建议，在有条件的情况下，对不同的样本组合进行尝试，原理上最优并不代表实际上最优。我们经常面临**样本量和样本质量的权衡与取舍**，它们之间的平衡点在哪里，除非将各种组合都尝试一遍，否则无法知晓。

2. 样本集划分

数据是模型搭建的基础。在模型开发过程中，我们通常会划分一部分数据用于训练模型，并将另一部分数据用来验证模型效果。

B. D. Ripley 在其著作 *Pattern Recognition and Neural Networks* 中给出了 training set（训练集）、validation set（验证集）和 test set（测试集）的定义。

训练集用来训练模型，验证集用来模型调参、训练过程中的参数选择或者模型选择，测试集用来验证模型最终表现。在风控模型中，我们通常将靠近当前时间段的样本作为测试集，特别地称为 OOT 样本（Out of Time sample，时间外样本），以确保建模和验证数据时间不重叠，准确地衡量模型预测能力。训练集和验证集的样本时间范围是对齐的。OOT 样本的划分比例根据样本总量、业务需求确定，一般为 10%～20%。同时，需要确保 OOT 样本量不能太小，应该特别关注"坏样本"的数量，其最好大于 100 个，否则无法准确评估模型效果。然后，可将其余样本作为建模样本，划分为训练集和验证集。典型的训练样本、验证样本、OOT 样本划分比例是 7∶2∶1，如图 2-9 所示。

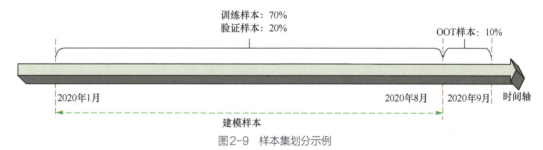

图 2-9 样本集划分示例

特别地，在样本较少的情况下，为了让更多的样本参与模型训练，可以将验证样本取消，保留训练样本和 OOT 样本，建模时，训练样本上采用交叉验证的方式进行模型参数选择。在样本更少的极端情况下，先用上述方法获得初代模型，再用相同的模型参数在合并的训练样本和 OOT 样本上重新训练最终模型，当然，这种方法已经较难准确评估模型效果了。但是，这是在特殊情况下获得一个更好的模型的备选方法，至少可以作为"陪跑"（不参与决策）模型上线试一试。

我们以德国信用卡数据集为例，说明代码实现过程。由于德国信用卡数据集没有时间列，因此，我们随机添加表示时间的列"month"，产生包含月份列的数据。参考代码如下。

```python
import scorecardpy as sc
def get_data():
    # 导入原始数据集
    german_credit_data = sc.germancredit()
    german_credit_data[label] = np.where(
        german_credit_data[label] == 'bad', 1, 0)
    # 设置随机数种子，确保结果可复现
    np.random.seed(0)
    month_list = ['2020-01', '2020-02', '2020-03', '2020-04', '2020-05']
    # 随机分配月份
    german_credit_data['month'] = np.random.choice(
        month_list, len(german_credit_data))
    return german_credit_data
```

上述代码首先从 scorecardpy 包中导入原始数据集，然后设置随机数种子，确保每次运行代码的结果相同，最后利用 NumPy 库中的 random.choice() 函数从 month_list 列表内给每个样本随机赋值，产生"month"列。我们可将上述功能封装在函数 get_data() 中，然后将其存储在代码库的 utils 文件夹的 prepare_data.py 脚本内，方便后续调用。

我们将 2020 年 5 月份样本作为 OOT 样本，将 1~4 月份样本作为训练样本和验证样本，并按照 7∶3 的比例划分训练集和验证集，参考代码如下。

```
1.  from utils import data_utils
2.  from sklearn.model_selection import train_test_split
3.
4.  # 导入添加month列的数据
5.  model_data = data_utils.get_data()
6.  # 选取OOT样本
7.  oot_set = model_data[model_data['month'] == '2020-05']
8.  # 划分训练集和验证集
9.  train_valid_set = model_data[model_data['month'] != '2020-05']
10. X = train_valid_set[data_utils.x_cols]
11. Y = train_valid_set['creditability']
12. X_train, X_valid, Y_train, Y_valid = train_test_split(X, Y, test_size=0.3,
13. random_state=88)
14. model_data.loc[oot_set.index, 'sample_set'] = 'oot'
15. model_data.loc[X_train.index, 'sample_set'] = 'train'
16. model_data.loc[X_valid.index, 'sample_set'] = 'valid'
```

2.2.3 模型架构设计

在明确问题定义，确定样本的选择和划分后，基本任务已经定义清晰。对于如何更好地预测任务目标，我们需要先从宏观上考虑模型的架构。

从数据源维度考虑，模型架构分为单一模型架构和多子模型融合架构（见图 2-10）。单一模型架构是指不区分数据源，将所有数据源特征放在一起进行建模，输出最终模型；多子模型融合架构是指将不同维度的数据源划分为若干集合，先建立子模型，再将子模型进行二次融合，生成最终模型。

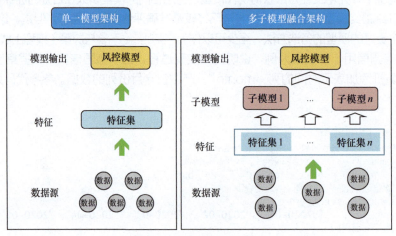

图 2-10　不同模型架构示例

模型架构除可以从数据源维度进行划分以外，还可以：

（1）从目标逾期标签定义或表现期长短的角度，分别建立DPD10逾期模型、DPD60逾期模型、长表现期子模型和短表现期子模型等；

（2）结合客群细分，建立基于不同细分客群的子模型，再进行二次融合；

（3）采用不同算法建立不同子模型，再进行二次融合。

哪种模型架构最优？在一些实验条件下，虽然某种方案看似比其他方案更好，但作者并不认为在实际业务中会有同样的结果。在业务场景中，我们面对的可变条件太多，数据量的大小、模型调参方法的差异和特征维度的差异都可能导致实验结果出现偏差。在同等条件下，作者奉行奥卡姆剃刀原则——"如无必要，勿增实体"，即采用简单的方案。

当然，作者建议根据不同的业务条件选择合适的方案。例如，由于数据源收集起始时间不同，造成特征时间范围本身无法对齐，因此，采用分数据源建模的方案就值得我们尝试。当然，在有资源的情况下，作者依然建议对多种可能方案进行尝试，选择最优结果。

2.2.4 数据准备和数据描述

1. 数据准备

数据准备是指构造完整的建模数据集，数据集的每一列为一个特征。风控模型中的特征是根据预测目标的粒度，基于底层的原始数据，通过汇总等方式加工而成的，具体方式在第3章中介绍。由于底层数据的不同，特征一般会分为不同的模块，每个特征模块包含若干特征。

在数据准备阶段，我们需要将可用的特征模块逐一按照样本选择的范围和每个样本的观测点计算出对应的特征。通常，我们将事后再计算以前某个时间点的特征的行为称为"回溯"。特别地，我们需要确保特征数据是观测点时刻可以获取的当时状态，这样才能确保模型在将来应用时也能获取同样的特征。当原始数据已经被更改，无法追溯到当时的状态时，特征就不能"回溯"，也就无法使用这类特征。例如，客户申请了多次，但是只保存最新的收入数据，这样就无法获取前几次申请时的收入数据，因此，前几次的收入数据无法回溯。如果遇到这种情况，那么我们只能在线上实时地计算特征并保存，待积累到足够的量之后，在后续建模过程中再使用。

特征无法"回溯"而造成特征值中蕴含观测点之后的信息，这称为"特征穿越"或"信息泄露"。这种问题导致的后果通常是特征效果和模型效果异常好，但真实应用后并不能得到相同的效果。"特征穿越"问题应该在数据准备阶段尽力排除。

排查"特征穿越"问题有以下3种方法。

（1）回溯数据与线上实时计算数据的一致性检查。

（2）单个变量与预测标签的效果指标分析。例如，申请评分模型中的IV>0.5，通常比较可疑，很可能有"特征穿越"问题。

（3）单个样本特征计算逻辑分析。

2. 数据描述

数据描述即探索性数据分析（Exploratory Data Analysis，EDA），是指对特征进行统计分析，统计每个特征的缺失率、唯一值个数、最大值、最小值、平均值和趋势性变化等指标，使模型开发人员对数据集有清晰、细致的了解。在分析这些统计指标时，模型开发人员应结合实际业务背景，多问几个"为什么"，确认特征分布的合理性，排除数据质量问题。数据描述的目的是**了解特征分布，确认数据质量**。在得到所有特征的统计指标后，我们首先需要确认数据质量，分析每个指标值是否合理，而非直接进行数据清洗。例如，我们需要判断各特征的缺失率是否正常、各特征值分布是否符合预期。

数据问题通常包括两类。一类是由于非正常因素导致的异常，如系统故障导致的数据缺失。例如，在某次建模数据统计描述过程中，发现设备指纹信息中字段 A 的缺失率为 78%，而正常情况下的缺失率应为 40% ~ 50%。通过进一步分析，我们发现，某时间点之后的字段 A 全部缺失，原因是系统升级后产生了故障。另一类是业务调整导致的异常。业务调整对某些特征是有影响的，会造成特征分布偏移。例如，埋点数据和产品的业务逻辑息息相关，产品改版升级时，可能会删除某些埋点，导致依赖该埋点的特征出现异常。对于这类特征，我们需要时刻关注业务调整和产品变动带来的影响。上述示例提醒我们，在进行数据分析时，要多问几个"为什么"，而不是直接进行缺失值填充等数据预处理。

数据描述特征统计指标可以借助 toad 库中的函数 detector.detect() 实现，我们以德国信用卡数据集为例，参考代码如下。

```
1.  import toad
2.  from utils import data_utils
3.
4.  # 加载数据集
5.  german_credit_data = data_utils.get_data()
6.  detect_res = toad.detector.detect(german_credit_data)
7.  # 打印前 5 行中的前 4 列内容
8.  detect_res.iloc[:5, :4]
9.  # 打印前 5 行中的第 5 ~ 9 列内容
10. detect_res.iloc[:5, 4:9]
11. # 打印前 5 行中的第 10 ~ 14 列内容
12. detect_res.iloc[:5, 9:]
```

运行上面的代码，可以得到特征的部分统计指标，分别如图 2-11 ~ 图 2-13 所示。除特征英文名所在的索引列以外，总共有 14 列，各列的含义如下。

- 第 1 列：type，变量属性。
- 第 2 列：size，变量的非空值样本个数。
- 第 3 列：missing，变量的缺失率。
- 第 4 列：unique，变量的唯一值个数。
- 第 5~14 列：对于数值型变量，分别表示均值、标准差、最小值、分位数（1%、10%、50%、75%、90%、99%）和最大值；对于类别型变量，分别表示变量值中占比排名前 5 位的取值及其比例，以及占比排名后 5 位的取值及其比例。

	type	size	missing	unique
status.of.existing.checking.account	category	1000	0.00%	4
duration.in.month	int64	1000	0.00%	33
credit.history	category	1000	0.00%	5
purpose	object	1000	0.00%	10
credit.amount	int64	1000	0.00%	921

图 2-11 运行结果的前 4 列

2.2 模型开发方法论——构建好样本

	mean_or_top1	std_or_top2	min_or_top3	1%_or_top4	10%_or_top5
status.of.existing.checking.account	no checking account:39.40%	... < 0 DM:27.40%	0 <= ... < 200 DM:26.90%	>= 200 DM / salary assignments for at leas...	None
duration.in.month	20.903	12.0588	4	6	9
credit.history	existing credits paid back duly till now:53.00%	critical account/ other credits existing (not ...	delay in paying off in the past:8.80%	all credits at this bank paid back duly:4.90%	no credits taken/ all credits paid back duly:4...
purpose	radio/television:28.00%	car (new):23.40%	furniture/equipment:18.10%	car (used):10.30%	business:9.70%
credit.amount	3271.26	2822.74	250	425.83	932

图 2-12 运行结果的第 5 ~ 9 列

	50%_or_bottom5	75%_or_bottom4	90%_or_bottom3	99%_or_bottom2	max_or_bottom1
status.of.existing.checking.account	None	no checking account:39.40%	... < 0 DM:27.40%	0 <= ... < 200 DM:26.90%	>= 200 DM / salary assignments for at leas...
duration.in.month	18	24	36	60	72
credit.history	existing credits paid back duly till now:53.00%	critical account/ other credits existing (not ...	delay in paying off in the past:8.80%	all credits at this bank paid back duly:4.90%	no credits taken/ all credits paid back duly:4...
purpose	education:5.00%	repairs:2.20%	others:1.20%	domestic appliances:1.20%	retraining:0.90%
credit.amount	2319.5	3972.25	7179.4	14180.4	18424

图 2-13 运行结果的第 10 ~ 14 列

除统计上述基本指标以外,我们还可按月统计特征缺失率,计算缺失率的标准差,表示缺失率变化程度。以某个包含月份("month"列)的数据集为例,参考代码如下。

```
1.  def missrate_by_month(x_with_month, month_col, x_cols):
2.      """
3.      按月统计特征缺失率
4.      :param x_cols: x变量列名
5.      :param month_col: 月份时间列名
6.      :param x_with_month: DataFrame
7.      :return:
8.      """
9.      df = x_with_month.groupby(month_col)[x_cols].apply(
10.         (lambda x: x.isna().sum() / len(x))
11.     df = df.T
12.     df['miss_rate_std'] = df.std(axis=1)
13.     return df
```

运行上述代码,按月统计特征缺失率,结果如图 2-14 所示,第 1 列为特征名,第 2 ~ 7 列分别为按月统计的特征缺失率,最后 1 列为特征缺失率按月统计的标准差。可以看出,特征 ft197、ft198 在 3 月的缺失率明显提高,ft194、ft195 和 ft196 在 3 月的缺失率也有异常。经过检查,这些特征都是与 A 数据相关的特征,由于 A 数据在 3 月的某段时间异常,因此导致特征缺失率异常。

	2020-01	2020-02	2020-03	2020-04	2020-05	2020-06	miss_rate_std
ft1	0.22%	0.44%	0.00%	0.00%	0.00%	0.00%	0.002
ft2	0.22%	0.44%	0.00%	0.00%	0.00%	0.00%	0.002
ft3	0.22%	0.44%	0.00%	0.00%	0.00%	0.00%	0.002
ft4	0.22%	0.44%	0.00%	0.00%	0.00%	0.00%	0.002
ft5	0.22%	0.44%	0.00%	0.00%	0.00%	0.00%	0.002
ft6	0.22%	0.44%	0.00%	0.00%	0.00%	0.00%	0.002
...	...	...	...	...	...	...	...
ft194	1.11%	1.03%	6.65%	1.59%	3.01%	0.00%	0.024
ft195	1.11%	1.03%	6.65%	1.59%	3.01%	0.00%	0.024
ft196	1.11%	1.03%	6.65%	1.59%	3.01%	0.00%	0.024
ft197	40.58%	44.76%	77.99%	39.94%	47.60%	50.10%	0.142
ft198	40.58%	44.76%	77.99%	39.94%	47.60%	50.10%	0.142
ft199	15.96%	11.87%	36.56%	12.34%	19.37%	15.00%	0.092
ft200	0.15%	0.07%	0.00%	0.00%	0.09%	0.00%	0.001

图 2-14 按月统计的特征缺失率

2.2.5 数据预处理

通过EDA，我们了解了数据特征的基本情况，排除了一部分潜在问题。在进行特征选择和建模之前，我们需要对数据进行预处理，使得数据能够全面地反映全体样本信息，以适用于机器学习模型。数据预处理包含异常值处理、特征缺失值处理、特征无量纲化、连续特征离散化、类别特征数值化和特征交叉组合。本节将详细介绍数据预处理中经常使用的方法和思想。

1. 异常值处理

在实际业务中，由于种种因素，我们经常会得到异常值。如果不筛选出这些异常值，那么会导致后续数据分析和模型训练出现严重偏差。本节将从异常值检测和异常值处理两个方面详细说明异常值处理过程。

1）异常值检测

异常值检测主要有下列3种方法。

（1）基于统计的方法。基于统计的方法一般会构建一个概率分布模型，并计算对象符合该模型的概率，把具有低概率的对象视为异常点。基于统计的方法的代表是z-score检测方法，其原理：根据正态分布，一个标准差内的数据占总体的68%，两个标准差内的数据占总体的95%，3个标准差内的数据占总体的99.7%，因此，3个标准差外的特征值就可以被认定为异常值。z-score检测方法假设特征符合正态分布，然而，在实际风控业务中，很少有特征符合正态分布，因此，使用它时应格外注意。

（2）基于聚类的方法。基于聚类的方法可以用聚类算法（如K-means、DBSCAN等）将训练样本分成若干类，如果某一个类中的样本数很少，而且类中心和其他所有类的距离都很远，那么这个类中的样本极有可能是异常特征样本。

（3）专门的异常点检测算法。孤立森林（Isolation Forest）是一种应用广泛的异常点检测算法。在孤立森林中，异常被定义为"容易被孤立的离群点"（more likely to be separated），我们可以将其理解为分布稀疏且与密度高的群体较远的点。在特征空间中，分布稀疏的区域表示事件发生在该区域的概率很低，因而我们可以认为落在这些区域里的数据是异常的。

2）异常值处理

在检测出异常值后，一般处理方式有以下两种。

（1）直接删除包含异常特征值的样本。

（2）结合特征含义选择置空异常值，或者填充为其他值。

注意，还有两种"异常"是无法通过技术手段检测出来的，我们需要结合具体业务含义识别。

（1）周期性变化的特征。这类特征会严重影响模型的稳定性，应予以剔除。

（2）具有明显缺陷的特征，如有些埋点后续不会再有，相关特征应予以剔除。

需要强调的是，处理异常值必须谨慎。通过算法筛选出的异常值是否真正异常，需要从业务含义角度再次确认，避免将正常数据过滤掉。尤其在风控业务中，检测出的异常值可能是某种欺诈行为产生的，直接抛弃是不妥的，我们应深入分析，修复风控体系中的漏洞。

2. 特征缺失值处理

在处理特征缺失值之前,我们先要探究缺失的原因。根据业务经验,缺失的原因有以下两类。

(1)非正常缺失。非正常缺失通常是指由于原始数据存储、数据接口出现异常而导致的回溯的特征缺失。在出现非正常缺失时,我们要和相关业务部门沟通,如果数据可修复,则需要在修复数据后重新回溯特征;如果数据不可修复,那么,在条件允许的情况下,需要重新选择建模样本,避免使用这部分数据异常的样本。折中方案是将特征值标记为特定值,如-9999、-8888,表明其具有特殊含义。

(2)正常缺失。例如,对于需要客户选择授权的数据,部分客户拒绝授权,导致数据缺失,从而产生特征值缺失。特殊的特征计算逻辑也会造成特征值缺失。正常缺失的特征值是否需要填充,我们需要结合具体业务场景和后续建模算法确定。在使用线性回归算法建模时,如果特征缺失值需要填充,那么我们一般根据特征含义选择使用均值、众数和中位数等填充;在使用逻辑斯谛回归建立传统评分卡模型时,由于模型训练前通常会对特征进行分箱处理,因此一般会将特征缺失值单独作为一箱;在使用决策树建模时,如 XGBoost,算法会自动处理特征缺失值(2.4 节会详细介绍其原理),因此,也不需要进行填充。总而言之,特征缺失值是否需要填充,我们需要结合建模时采用的算法综合考虑。

值得注意的是,实际业务中经常出现非正常缺失和正常缺失同时存在的情况。例如,在某段时间,数据接口出现异常,导致这段时间内的特征缺失值,我们首先考虑将这部分样本剔除。若这部分样本的量较大,那么不宜直接剔除,可以考虑将异常时间段的特征标记为特定值,再根据建模算法确定其他时间段正常缺失的特征值的填充方案。不同类型的特征缺失值的处理方案如图 2-15 所示。

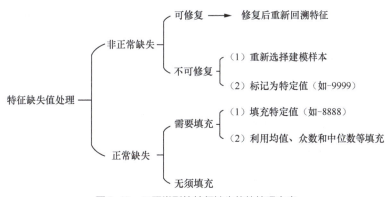

图 2-15 不同类型的特征缺失值的处理方案

在 sklearn 中,我们使用 SimpleImputer 类对数据集中的缺失值进行处理,参考代码如下。

```
1. from sklearn.impute import SimpleImputer
2. imp = SimpleImputer(missing_values=np.nan, strategy='mean')
3. imp.fit_transform(X)
```

上述代码使用数据集 X 训练一个 SimpleImputer 类,然后用该类的对象处理数据集 X 中的缺失值,处理方式是使用数据集 X 中的均值替代缺失值。

3. 特征无量纲化

特征无量纲化主要是通过特征的标准化将特征值"缩小"到同一量纲。对于其他无量纲方法，本书从略。对于建模特征，如果特征的单位或大小相差较大，或者某特征的方差比其他特征高几个数量级，就容易影响目标结果，使得线性模型无法学习其他特征，此时，有必要进行特征标准化处理。常用的标准化方法有以下两种。

1) max-min 标准化

max-min 标准化，也称为"归一化"，是通过对原始特征进行变换，把特征值映射到 [0,1]。这种方法可以将不同量纲的特征"缩小"到相同范围，变换公式如式（2-1）所示，其中，x_{max} 表示特征最大值，x_{min} 表示特征最小值，x 表示原始特征值。

$$x' = \frac{x - x_{min}}{x_{max} - x_{min}} \tag{2-1}$$

参考代码如下。

```
from utils import data_utils
from sklearn.preprocessing import MinMaxScaler

# 导入数值型样例数据
data = data_utils.get_data()
# max-min标准化
X_MinMaxScaler = MinMaxScaler().fit_transform(data[data_utils.numeric_cols])
```

2) z-score 标准化

z-score 标准化是常见的特征预处理方式，线性模型在训练数据之前基本都会进行 z-score 标准化。对原始特征进行变换可以把特征分布变换到均值为 0，标准差为 1，变换公式如式（2-2）所示，其中，μ 为特征均值，σ 为特征标准差。

$$x' = \frac{x - \mu}{\sigma} \tag{2-2}$$

参考代码如下。

```
from sklearn.preprocessing import StandardScaler
# z-score标准化
X_StandardScaler = StandardScaler().fit_transform(data[data_utils.numeric_cols])
```

在使用 max-min 标准化时，如果测试集里的特征有小于 x_{min} 或大于 x_{max} 的值，那么会导致 x_{min} 和 x_{max} 发生变化。因此，在实际算法中，除非特征的取值有上下限，否则 max-min 标准化没有 z-score 标准化好用。此外，如果出现异常点，影响了最大值和最小值，那么 max-min 标准化的结果势必受到影响。而对于 z-score 标准化，如果出现少量异常点，对均值和方差的影响并不大，那么对结果的影响较小。

4. 连续特征离散化

连续特征离散化，也称特征分箱，是指将连续属性的特征进行分段，使其变成一个个离散的区间。在使用逻辑斯谛回归建立风控评分卡模型时，我们通常会对连续特征进行离散化分箱。离散化后的特征对异常值有很强的鲁棒性，降低了模型过拟合的风险，模型会更稳定。此外，单个特征离散化为多个分箱后，再对分箱进行数值转换（如 WOE 转换），这个过程实际上可以对原本非线性的关系进行线性转化，能够提高线性模型的表达能力。当建模样本量小时，离散化就显得更加重要，经过离散化，丢弃了数据的细节信息，可以有效降低过拟合风险。常见的特征分箱方法有等频分箱、等距分箱、卡方分箱和决策树分箱。

1）等频分箱

等频分箱是指分箱后，每个箱内的样本量相等。等频分箱能够确保每箱有足够的样本量，更有统计意义，在实际业务中的应用较为广泛。pandas 包中的 qcut() 方法可以进行等频分箱。

2）等距分箱

等距分箱是指按照相同宽度将特征值分为若干等份，各箱的特征值跨度相同。等距分箱的缺点是受到异常值的影响比较大，各箱之间的样本不均衡，甚至出现有些箱的样本数为 0 的情况。pandas 包中的 cut() 方法可以进行等距分箱。

3）卡方分箱

卡方分箱是依赖于卡方检验的分箱方法，其基本思想是判断相邻的两个区间是否有分布差异，基于卡方统计量的结果进行自下而上的合并，直到满足分箱的终止条件为止。终止条件包括分箱个数和卡方阈值。

4）决策树分箱

决策树分箱是指利用决策树算法，根据树节点的分割点，将特征划分为不同的分箱区间，属于有监督的分箱方法。以 CART 树为例，实现方法是首先将特征的所有取值从小到大排序，然后取两两的均值，计算该点作为切分点时的基尼不纯度（Gini Impurity）较切分前的基尼不纯度的下降程度，每次切分时，将基尼不纯度下降最大的点作为最优切分点，再将切分后的数据集按照同样的原则继续切分，直到满足终止条件为止。我们可以把叶子节点的最小样本数作为阈值来设定终止条件，如果小于该阈值，则不进行切分，否则继续切分。最终将所有切分点记录下来，作为特征分箱边界。

值得注意的是，特征是否需要分箱和建模算法有关。风控评分卡模型需要很强的业务可解释性，因此，在使用逻辑斯谛回归建模时，通常需要分箱处理。然而，在使用 XGBoost、LightGBM 等机器学习算法时，通常不需要分箱。

toad 库中的 transform.Combiner 类提供了 5 种分箱方法。下面以等频分箱为例，对德国信用卡数据集中的特征 "age.in.years" 进行分箱处理。

```
1.  import toad
2.  from toad.plot import bin_plot
3.  from utils import data_utils
4.
5.  # 加载数据集
6.  german_credit_data = data_utils.get_data()
7.  # 利用toad库进行等频分箱
8.  # 初始化分箱对象
9.  c = toad.transform.Combiner()
10. c.fit(german_credit_data[data_utils.x_cols],
11.       y=german_credit_data[data_utils.label], n_bins=6, method='quantile',
12.       empty_separate=True)
13. # 绘制特征age.in.years的分箱结果
14. data_binned = c.transform(german_credit_data, labels=True)
15. bin_plot(data_binned, x='age.in.years', target=data_utils.label)
```

上述代码首先初始化 Combiner 类，然后利用 method='quantile' 方法（即等频分箱）进行分箱，其中，method 参数可设置分箱方法，支持 chi（卡方分箱）、dt（决策树分箱）、kmean（聚类分箱）、quantile（等频分箱）和 step（等距分箱），n_bins=6 表示设置的分箱数，

empty_separate=True 表示将缺失值单独作为一箱。在分箱完毕后，我们利用 bin_plot() 输出特征"age.in.years"的分箱结果，如图 2-16 所示。

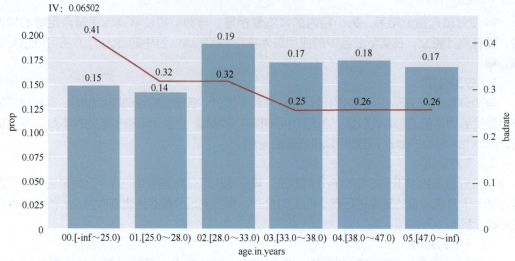

图 2-16　利用 toad 库对特征 age.in.years 进行等频分箱的结果

5. 类别特征数值化

逻辑斯谛回归和支持向量机等算法要求所有特征是数值型变量，但在实际业务中，我们会遇到很多类别型变量，如性别、身份和职业等。类别型变量可以分为两种，一种是没有任何先后顺序或等级关系的标称类别型变量（nominal category variable），如性别、省份等；另一种是有先后顺序或等级关系的有序类别型变量（ordinal category variable），如学历、满意程度等。在我们得到的特征数据中，有些特征虽然是数值型的，但其业务含义是类别型的，可能是在特征挖掘时对字符型特征值进行了数值映射，这类特征可进行再处理。

处理类别特征时通常采用的方式是编码。编码分为两种：一种是无监督编码方式，代表有序数编码和 one-hot 编码；另一种是有监督编码方式，代表有目标编码和 WOE 编码。除此之外，还有 Binary 编码、Hashing 编码和 CatBoost 编码等。当特征类别取值较多时，通常先进行分箱（常使用决策树分箱），合并一些类别后，再对分箱进行编码处理。本节主要介绍无监督编码方式中常用的序数编码和 one-hot 编码，以及有监督编码方式中常用的目标编码和 WOE 编码。

1）序数编码

序数编码（ordinal encoding）是一种简单的编码方式，直接对特征中的每个类别设置一个标号，将非数值特征转化为数值特征。一个有 N 种类别的特征可以与 $[0, N-1]$ 中的整数一一对应。例如性别，可以用 0 表示男性，1 表示女性。

sklearn 库的 preprocessing 包中提供了两个类：LabelEncoder 和 OrdinalEncoder，它们都可以将类别型变量转换为数值型索引变量。它们的区别是 LabelEncoder 类每次只能处理一维数组，适用于处理标签 Y；OrdinalEncoder 类可以同时处理多维数组，适用于特征。category_encoders 库是专门处理类别特征的库，封装了十几种应用于类别特征的编码方法，其中，OrdinalEncoder 类用来实现序数编码，并且可以处理训练样本中未出现的类别。

参考代码（使用 sklearn 库）如下。

```
1.  import pandas as pd
2.  from sklearn.preprocessing import OrdinalEncoder
3.
4.  def ordinal_encode(x):
5.      """
6.      将原始类别型变量数值化
7.
8.      :param str x: 需要数值化的原始变量
9.      :returns: x_encoded 数值化后的变量
10.     """
11.
12.     enc = OrdinalEncoder()
13.     x_encoded = enc.fit_transform(x.astype(str))
14.     return pd.DataFrame(x_encoded).values
```

上段代码将类别特征数组 *x* 中的每一列进行数值化，并返回数值化后的结果。

使用 category_encoders 库的参考代码如下。

```
1.  from category_encoders.ordinal import OrdinalEncoder
2.  from utils import data_utils
3.
4.  # 加载数据
5.  german_credit_data = data_utils.get_data()
6.  # 初始化OrdinalEncoder类
7.  encoder = OrdinalEncoder(cols=['purpose', 'personal.status.and.sex'],
8.                           handle_unknown='value',
9.                           handle_missing='value')
10. # 转换数据集
11. result = encoder.fit_transform(german_credit_data)
```

上段代码在初始化 OrdinalEncoder 类时，指定需要处理的类别特征名："purpose"和 "personal.status.and.sex"。在参数 handle_unknown 设为 "value" 时，待转换的数据集中的未知类别值将被标记为 −1；在参数 handle_missing 设为 "value" 时，待转换的数据集中的缺失值将被标记为 −2。上面两个参数还可以设置为 "error" "return_nan" 等，具体可参考相关接口文档。

需要注意的是，序数编码只是将类别型变量换了一种表达方式，本质上还是离散的，数值化后的大小关系是没有实际意义的。此外，对于标称类别型变量，如省份、城市等，根据作者经验，可以在特征挖掘时加入一些排序属性（如省份的 GDP 排名），生成有序的特征类别，这样数值化后的大小关系是有实际意义的。

2）one-hot 编码

one-hot 编码（one-hot encoding），也称"独热"编码，是指对每一种分类单独创建一个列，用 0 或 1 填充。例如，在某样本中，特征"颜色"有 3 种取值，分别为红、黄和蓝，则进行 one-hot 编码后的结果如图 2-17 所示。显然，在经过 one-hot 编码后，原来的一维特征变成了三维特征，特征更加稀疏。

图 2-17　one-hot 编码示例

我们可以使用 sklearn 库的 preprocessing 包中的 OneHotEncoder 类来实现 one-hot 编码，但需要先将特征数值化，即先进行序数编码操作。参考代码如下。

```python
1.  import pandas as pd
2.  from sklearn.preprocessing import OrdinalEncoder
3.  from sklearn.preprocessing import OneHotEncoder
4.  from utils import data_utils
5.
6.
7.  def one_hot_encode(x):
8.      """
9.      将原始类别型变量进行one-hot编码
10.
11.     :param str x: 需要编码的原始变量
12.     :returns: x_oht one-hot编码后的变量
13.     """
14.     # 先将类别型变量数值化
15.     re = OrdinalEncoder()
16.     x_encoded = re.fit_transform(x.astype(str))
17.     x_encoded = pd.DataFrame(x_encoded).values
18.     # 再对数值化后的类别型变量进行one-hot编码
19.     ohe = OneHotEncoder(handle_unknown='ignore')
20.     x_oht = ohe.fit_transform(x_encoded).toarray()
21.     return x_oht
22.
23.
24. # 加载数据
25. german_credit_data = data_utils.get_data()
26. # 以特征purpose为例，进行one-hot编码
27. label_encode_x = one_hot_encode(german_credit_data[['purpose']])
28.     print(label_encode_x)
```

上段代码首先将类别特征 x 的取值映射为数值类型，然后对数值化后的类别型变量进行 one-hot 编码。

除 sklearn 库以外，我们还可以使用 category_encoders 库中的 OneHotEncoder 类，其功能更加强大，不但支持直接处理字符串特征值，而且支持对缺失值和未知类别的处理。以德国信用卡数据集为例，参考代码如下。

```python
1.  from category_encoders.one_hot import OneHotEncoder
2.  from utils import data_utils
3.
4.  # 加载数据
5.  german_credit_data = data_utils.get_data()
6.  # 初始化OneHotEncoder类
7.  encoder = OneHotEncoder(cols=['purpose', 'personal.status.and.sex'],
8.                          handle_unknown='indicator',
9.                          handle_missing='indicator',
10.                         use_cat_names=True)
11. # 转换数据集
12. result = encoder.fit_transform(german_credit_data)
```

上段代码在初始化 OneHotEncoder 类时，指定了处理的类别特征名："purpose"和"personal.status.and.sex"，并将参数 handle_unknown 和 handle_missing 设置为"indicator"，表示新增一列来指示缺失值和未知类别。

需要注意的是，对于类别特别多的类别型变量，如城市、街道等，直接进行 one-hot 编码会造成特征维度激增，特征更加稀疏，影响模型效果。此时，我们一般通过其他编码方式处

理，如 WOE 编码。

3）目标编码

目标编码（target encoding），也称均值编码，是一种有效表示类别型变量的方法。该方法将类别型变量的值映射为和标签 Y 相关的统计指标，属于有监督编码方式。具体地，将特征中的每个值替换为该类别的标签 Y 的均值。该方法严重依赖因变量的分布，这大大减少了生成编码后特征的数量。

在分类模型中，标签 Y 的取值一般只有 0 和 1 两种，目标编码公式如式（2-3）所示。

$$x' = p(Y = 1 | x = x_{\text{target}}) \tag{2-3}$$

式（2-3）计算特征值等于类别 x_{target} 时，$Y = 1$ 的概率。

在回归模型中，标签 Y 是连续数值，目标编码公式如式（2-4）所示。

$$x' = \frac{sum(Y | x = x_{\text{target}})}{sum(x = x_{\text{target}})} \tag{2-4}$$

式（2-4）中，$Y | x = x_{\text{target}}$ 表示特征值等于类别 x_{target} 时 Y 的取值。

目标编码可以利用 category_encoders 库中的 TargetEncoder 类实现。在利用 TargetEncoder 类进行编码时，我们考虑了计算类别平均值时的最小样本数和平滑系数，用以控制过拟合，可以通过相关参数设置。

以德国信用卡数据集为例，参考代码如下。

```
1.  from category_encoders.target_encoder import TargetEncoder
2.  from utils import data_utils
3.
4.  # 加载数据
5.  german_credit_data = data_utils.get_data()
6.  y = german_credit_data['creditability']
7.  x = german_credit_data[['purpose', 'personal.status.and.sex']]
8.  # 目标编码
9.  enc = TargetEncoder(cols=x.columns)
10. result = enc.fit_transform(x, y)
```

上述代码在初始化 TargetEncoder 类时，指定了处理的类别特征名 "purpose" 和 "personal.status.and.sex"，然后进行目标编码。

4）WOE 编码

WOE（Weight of Evidence，证据权重）是针对对原始特征的一种编码形式。WOE 编码（WOE encoding）适用于二分类问题的特征预处理。具体做法是，使用特征中每种类别 $Y=1$ 的概率与 $Y=0$ 的概率的比值的对数替代每种类别的特征值。计算公式如式（2-5）所示。

$$\begin{aligned} \text{WOE}_i &= \ln \frac{p(\text{Bad}_i)}{p(\text{Good}_i)} \\ &= \ln \frac{\text{Bad}_i / \text{Bad}_T}{\text{Good}_i / \text{Good}_T} \\ &= \ln \frac{\text{Bad}_i}{\text{Bad}_T} - \ln \frac{\text{Good}_i}{\text{Good}_T} \end{aligned} \tag{2-5}$$

其中，Bad_i 为类别 i 中标签为 1 的样本数，Good_i 为类别 i 中标签为 0 的样本数，Bad_T 为

所有样本中标签为 1 的样本数，$Good_T$ 为所有样本中标签为 0 的样本数。由式（2-5）可知，WOE 表示"当前类别中坏样本占所有坏样本的比例"和"当前类别中好样本占所有好样本的比例"的差异。

WOE 编码将特征值规范到相近的尺度（大小范围）上，同时使得特征值具有业务含义。但是，仔细观察式（2-5），我们可以发现，WOE 编码需要每个特征类别中同时拥有标签为 1 和标签为 0 的样本，否则会计算得到无穷大或无穷小。如果某种类别缺少标签为 1 或标签为 0 的样本，那么计算 WOE 时需要做修正处理，即在分子部分加上一个固定值，如 0.01。修正后的公式如式（2-6）所示。

$$WOE_i = \ln \frac{Bad_i + 0.01}{Bad_T} - \ln \frac{Good_i + 0.01}{Good_T} \tag{2-6}$$

在实际业务中进行 WOE 编码时，如果某种类别的样本数量小于阈值，那么我们会对其进行分箱合并。

以德国信用卡数据集为例，参考代码如下。

```python
from category_encoders.woe import WOEEncoder
from utils import data_utils

# 加载数据
german_credit_data = data_utils.get_data()
y = german_credit_data['creditability']
x = german_credit_data[['purpose', 'personal.status.and.sex']]

# WOE编码
encoder = WOEEncoder(cols=x.columns)
result = encoder.fit_transform(x, y)
```

上述代码在初始化 WOEEncoder 类时，指定了处理的类别特征名："purpose" 和 "personal.status.and.sex"，然后进行 WOE 编码。

值得注意的是，WOE 编码不仅可以处理类别特征，也可以处理连续特征。尤其在评分卡模型中，使用逻辑斯谛回归算法拟合特征与逾期率的关系，首先会对连续特征进行分箱，然后利用各箱的 WOE 值代替特征值。以年龄为例，通常情况下，年龄和逾期率存在非线性关系。为了解决这个非线性问题，我们用 WOE 代替年龄段。根据 WOE 的计算过程，我们可以知道，WOE 值越高的分类，违约率越高，这样就可以把非线性关系映射为线性关系。

6. 特征交叉组合

特征交叉组合是数据特征的一种处理方式，该方式增加特征的维度，组合的特征能够反映更多的非线性关系。在实践中，我们通常会对类别特征进行组合。对于连续特征，可先进行离散化分箱，再进行组合，也可直接进行特征交叉衍生。

1）离散特征分类组合

例如，对于以下两个特征："country" 和 "language"，国家取值类别为 [USA,France,Canada]，语言取值类别为 [English,Spanish]，对每个特征进行 one-hot 编码，会生成下列 5 个具有二元取值的特征。

- 特征 1: country= USA
- 特征 2: country= France

- 特征 3: country= Canada
- 特征 4: language = English
- 特征 5: language = Spanish

然而，上述处理方式无法体现"国家"和"语言"的联系。我们通过笛卡儿积的方式进行特征组合，可以重新得到下列 6 个组合特征。

- 组合特征 1: country= USA，language = English
- 组合特征 2: country= USA，language = Spanish
- 组合特征 3: country= France，language = English
- 组合特征 4: country= France，language = Spanish
- 组合特征 5: country= Canada，language = English
- 组合特征 6: country= Canada，language = Spanish

对于连续特征，如年龄和收入，我们可以将年龄划分为年龄段，将收入划分为"高收入""中收入"和"低收入"，然后通过组合得到反映"不同年龄段的收入水平"的特征。

2）连续特征交叉衍生

特征交叉衍生的方法有多种，常用的方法包括：利用数值型特征之间的加、减、乘、除操作得到新特征；对已选定特征进行奇异值分解（SVD），将奇异值作为新特征；根据已选特征进行聚类，将所在类别的平均目标值或出现最多的值作为新特征，或者将所在类别与其他类别的距离作为新特征等。此外，可利用深度学习技术衍生新特征，如深度神经网络（DNN）和卷积神经网络（CNN）。其实，将神经网络中某层的值作为新特征也是一种新思路。

我们不难发现，特征交叉组合会导致特征维度激增，组合后的特征有可能很稀疏。因此，在实践中，我们通常需要结合特征含义，组合出有业务含义的特征。

2.3　模型开发方法论——构建好模型

基于好样本构建出好模型是我们的目标。构建好模型是指在经过预处理的数据中进行特征选择、特征提取、模型训练、分数转化和效果评估等。

2.3.1　特征选择

特征选择（feature selection）是指选择能够使模型获得最佳性能的特征子集。特征选择的必要性包括：其一，特征池中的特征并非都对模型有益，如果选取不稳定的特征训练模型，那么最终生成的模型的稳定性较差；其二，线性模型要求特征间不能多重共线性，因此，我们需要选择无严重多重共线性的特征建模；其三，选取可能对模型有增益的特征，剔除无用特征，从而降低特征维度，可以缩短模型训练时间和减少对机器资源的消耗。特征选择一般需要反复迭代、验证，并且和模型训练过程循环进行，最终训练得到性能优异的模型。

特征选择有包裹法、过滤法和嵌入法。

- **包裹法**（wrapper）：从初始特征集合中不断选择特征子集，训练学习器（算法在工程中的具体实现对象），根据学习器的性能对子集进行评价，直到选出最佳子集。包裹法为每个特征子集训练一个新模型，计算量很大，不过，它往往能为特定类型的模型找到性能较好的特征子集。逐步回归和递归特征消除是常见的两种基于包裹法的特征选择方式。

- **过滤法**（filter）：首先设定阈值或待选特征个数，然后根据特征统计指标选择特征。在风控模型的建模过程中，通常根据 IV、PSI 和相关性等指标进行特征筛选。过滤法的计算量一般比包裹法小，但这类方法找到的特征子集不能被特定类型的预测模型调校。由于缺少调校，因此过滤法选取的特征子集比包裹法选取的特征子集通用，但这往往导致过滤法的预测能力比包裹法低。
- **嵌入法**（embedded）：先使用某些机器学习算法和模型进行训练，得到特征系数或特征重要度，再根据特征重要度选择特征。嵌入法类似于过滤法，但嵌入法是通过模型训练确定特征优劣的。利用树模型筛选特征是常见的基于嵌入法的特征选择方式。

包裹法和嵌入法均涉及模型训练，并且根据模型结果评价特征，最终选择特征子集。需要注意的是，此过程中的模型训练仅以选择特征为目的，不同的模型参数设置对选择的特征会有较大影响。因此，我们建议尝试多组参数并取结果的并集。

上述 3 种方法是通用的特征选择方法，它们主要从模型预测效果的角度来评价特征选择的好坏。站在风险控制角度，我们除关注准确性以外，还格外关注稳定性。特征的稳定性在很大程度上决定了模型的稳定性，因此，选择稳定的特征进行建模尤为重要。本节将站在风控业务角度从基于特征属性选择、基于特征效果选择和基于特征稳定性选择 3 个方面介绍特征选择，并将通用特征选择方法融入其中，如图 2-18 所示。

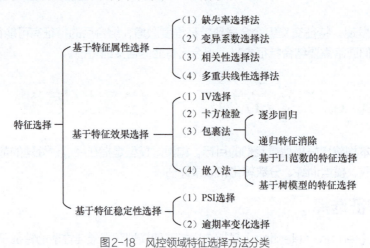

图 2-18　风控领域特征选择方法分类

1. 基于特征属性选择

基于特征属性选择特征，不需要任何标签信息，直接根据特征值分布或特征之间的关系进行选择，计算速度快，一般用于特征初筛。主要方法有缺失率选择法、变异系数选择法、相关性选择法和多重共线性选择法。

1）缺失率选择法

在 2.2.5 节中，我们介绍了缺失值处理方法。一般情况下，当特征缺失率超过 95% 时，就不再适合参与建模，首先要做的是剔除特征；而当特征缺失率不超过 95% 时，可以采用 2.2.5 节介绍的缺失值处理方法进行处理。对于缺失率阈值，我们可根据具体业务场景灵活调整。

2）变异系数选择法

变异系数（coefficient of variation），又称"离散系数"，是概率分布离散程度的一个归一化量度，其定义为标准差与均值之比。变异系数反映了特征分布的离散程度。相比方差，变异系数是一个无量纲量，因此，在比较两组量纲不同或均值不同的数据时，应该用变异系数而不是标准差。如果某个特征的变异系数很小，就表示样本在这个特征上基本没有差异，可能特征中的大多数值都一样，甚至整个特征的取值都相同。特征选择过程中会首先过滤变异系数为 0 的特征。

在 Python 中，我们可以利用 SciPy 库中的 variation() 方法计算变异系数，通过参数 nan_policy 指定缺失值处理方法，该参数设为"omit"时，忽略缺失值，设为"raise"时，抛出异常，设为"propagate"时，返回 NaN。参考代码如下。

```
from scipy.stats import variation
train_x_var = variation(train_x, nan_policy='omit')
```

3）相关性选择法

相关性是衡量两个特征间依赖关系的指标。逻辑斯谛回归等算法要求特征之间不能具有很强的相关性。如果使用相关性很高的特征，那么可能无法用特征系数解释最终模型的入模特征（即模型使用的特征）与目标变量之间的关系。因此，在使用广义线性模型时，需要进行特征相关性筛选。而对于树模型，特征相关性影响不大，可以不进行相关性筛选。度量特征相关性的指标有很多，常见的有 **Pearson 相关系数**、**Spearman 相关系数和 Kendall 相关系数**等。

- Pearson 相关系数用来度量特征的线性相关性，取值范围为 [-1,1]，大于 0 表示两个特征正相关，小于 0 表示两个特征负相关，等于 0 表示两个特征非线性相关。
- Spearman 相关系数用来度量特征单调相关性，取值范围为 [-1,1]，大于 0 表示两个特征正相关，小于 0 表示两个特征负相关，等于 0 表示两个特征非单调相关。
- Kendall 相关系数用来度量有序分类特征相关性，取值范围为 [-1,1]，大于 0 表示两个特征正相关，小于 0 表示两个特征负相关，等于 0 表示两个特征排名独立。

在 Python 中，我们可以利用 pandas 库中的 corr() 方法计算特征的相关系数，该方法中的 method 参数可指定度量方法，参考代码如下。

```
# 利用pandas库计算相关系数
pearson_corr = X_train.corr(method='pearson')   # Pearson相关系数
spearman_corr = X_train.corr(method='spearman') # Spearman相关系数
kendall_corr = X_train.corr(method='kendall')   # Kendall相关系数
```

除此之外，SciPy 库中的 pearsonr() 方法能够同时计算相关系数和 p 值，p 值能够反映两个特征的显著水平。如果不显著，那么相关系数再高，也无参考价值，可能是由偶然因素引起的。通常情况下，当 p 值小于 0.05 时，我们就认为统计量是显著的。参考代码如下。

```
# 利用SciPy库计算相关系数
from scipy.stats import pearsonr
r, p_value = pearsonr(x1, x2)
```

需要注意的是，Pearson 相关系数易于计算且计算速度快，但它只对线性关系敏感。如果关系是非线性的，那么，即便两个变量具有一一对应的关系，Pearson 相关系数也可能接近 0。对于相关性大的两个特征,我们通常保留其中区分性好、稳定性强的一个,具体方法可参照本节后续介绍的 IV 选择和 PSI 选择。

4)多重共线性选择法

多重共线性描述的是一个自变量与其他自变量(可以是多个)之间的完全线性关系。在使用逻辑斯谛回归算法时,我们要避免特征之间存在较强的共线性。**方差膨胀系数**(Variance Inflation Factor,VIF)是一种衡量共线性程度的常用指标,它表示回归系数估计量的方差与假设特征间不线性相关时的方差的比值。VIF 计算公式如式(2-7)所示。

$$\text{VIF} = \frac{1}{1-R^2} \tag{2-7}$$

式(2-7)中,R^2 是某个特征对其余特征做回归分析的复相关系数。VIF 越大,该特征与其他特征的关系越复杂,多重共线性越严重。我们通常将 10 作为判断边界,若 VIF<10,则认为不存在多重共线性;若 10 ≤ VIF<100,则认为存在较强的多重共线性;若 VIF ≥ 100,则认为存在严重的多重共线性。

在 Python 中,我们可以利用 statsmodels 库中的 variance_inflation_factor() 函数计算 VIF,参考代码如下。

```
1.  import numpy as np
2.  from statsmodels.stats.outliers_influence import variance_inflation_factor
3.  vif = [variance_inflation_factor(x_train.values, ix) for ix in range
4.  (x_train.shape[1])]
```

对于共线性强的特征,我们可通过本节后续介绍的"逐步回归"特征选择方法进行筛选。

2. 基于特征效果选择

1)IV 选择

IV(Information Value,信息价值)是衡量特征预测能力的关键指标。我们在 2.2.5 节介绍了 WOE 的概念及计算方法。IV 和 WOE 的关系可以表述为:WOE 描述了特征和目标变量之间的关系,IV 用于衡量这种关系的强弱程度。

WOE 分析了特征各个分箱对于目标变量的预测能力,IV 用来反映特征的总体预测能力。IV 的计算公式如式(2-8)所示,即在第 i 箱 WOE 的基础上乘以系数,该系数表示这个分箱坏样本比例和好样本比例的差。

$$\begin{aligned} \text{IV} &= \sum_{i=1}^{n}(p(\text{Bad}_i) - p(\text{Good}_i)) \times \text{WOE}_i \\ &= \sum_{i=1}^{n}\left(\frac{\text{Bad}_i}{\text{Bad}_T} - \frac{\text{Good}_i}{\text{Good}_T}\right) \times \ln\left(\frac{\text{Bad}_i/\text{Bad}_T}{\text{Good}_i/\text{Good}_T}\right) \end{aligned} \tag{2-8}$$

在风控模型中,我们一般认为贷前特征 IV 小于 0.02 表示该特征几乎无预测能力;当 IV 处于 [0.02,0.1) 区间时,我们认为特征预测能力弱;当 IV 处于 [0.1,0.3) 区间时,我们认为特征预测能力中等;当 IV 处于 [0.3,0.5) 区间时,我们认为特征预测能力强;当 IV 大于或等于 0.5 时,我们认为特征预测能力太强,需要确认特征逻辑是否正常,以及是否存在"穿越"情况,如表 2-2 所示。

2.3 模型开发方法论——构建好模型

表2-2 特征IV范围对应的预测能力

IV范围	预测能力
IV < 0.02	几乎没有
[0.02,0.1)	弱
[0.1,0.3)	中等
[0.3,0.5)	强
IV ≥ 0.5	太强，需要确认

我们以德国信用卡数据的部分特征为例，利用 toad 库中的 quality() 方法计算特征 IV 的参考代码如下。

```
1.  # 计算IV
2.  import toad
3.  from utils import data_utils
4.
5.  # 导入数值型样例数据
6.  all_x_y = data_utils.get_all_x_y()
7.  # 利用toad库中的quality()方法计算IV
8.  var_iv = toad.quality(all_x_y,
9.                       target='creditability',
10.                      method='quantile',
11.                      n_bins=6,
12.                      iv_only=True)
13.
14. selected_cols = var_iv[var_iv.iv > 0.1].index.tolist()
15. print(f"selected {len(selected_cols)} columns:")
16. print(selected_cols)
```

上述代码利用 toad 库中的 quality() 方法计算特征 IV，参数 target 用于指定标签列；参数 method 用于指定分箱方法，此处采用等频分箱；参数 n_bins 用于指定最大分箱数；参数 iv_only 用于指定是否只计算 IV，此处设置为 True，表示不计算基尼不纯度和信息熵指标。上述代码执行结果如图 2-19 所示。

	iv	gini	entropy	unique
duration.in.month	0.265263	NaN	NaN	33.0
credit.amount	0.082114	NaN	NaN	921.0
age.in.years	0.065025	NaN	NaN	53.0

图 2-19 利用toad库中的quality()方法计算特征IV的结果

2）卡方检验

卡方检验是一种以卡方分布为基础的检验方法，主要用于类别变量，根据样本数据推断总体分布与期望分布是否有显著差异，或者推断两个类别变量是否相关或相互独立。其原假设为：观察频数与期望频数没有差别。

sklearn 库的 feature_selection 包中的 chi2() 方法可以用来计算卡方值，结合 SelectKBest 类，可以选择较好的 k 个特征，参考代码如下。

```
1.  # 卡方检验
2.  from utils import data_utils
3.  from sklearn.feature_selection import SelectKBest
4.  from sklearn.feature_selection import chi2
5.
6.  # 导入数值型样例数据
7.  all_x_y = data_utils.get_all_x_y()
8.  y = all_x_y.pop(data_utils.label)
9.  # 选择k个较好的特征，并返回选择特征后的数据
10. fs_chi = SelectKBest(chi2, k=5)
11. fs_chi.fit(all_x_y, y)
12. x_new = fs_chi.transform(all_x_y)
13.
14. selected_cols = all_x_y.columns[fs_chi.get_support()].tolist()
15. print(f"selected {len(selected_cols)} columns:")
```

3）包裹法

（1）逐步回归。

逐步回归（stepwise regression）是一种筛选并剔除引起多重共线性变量的方法，在逻辑斯谛回归模型中应用广泛。它的基本思想是将解释变量逐个引入模型，每引入一个解释变量，都进行统计性假设检验，当原来引入的解释变量由于后面解释变量的引入变得不再显著时，则将其删除，以确保每次引入新变量之前，回归方程中只包含显著性变量。这是一个反复的过程，直到既没有显著的解释变量选入回归方程，又没有不显著的解释变量从回归方程中剔除为止。逐步回归共有3种方式：前向逐步回归、后向逐步回归和双向逐步回归。前向逐步回归是将特征逐步加入；后向逐步回归是从所有特征集中将特征逐步剔除；双向逐步回归是指前向加入与后向剔除同时进行，即在每次加入新特征的同时，将显著性水平低于阈值的特征剔除。在一般情况下，双向逐步回归的效果比前向逐步回归和后向逐步回归好。

利用toad库进行逐步回归特征选择的参考代码如下。

```
1.  # 利用toad库中的stepwise()方法进行逐步回归特征选择
2.  import toad
3.  from utils import data_utils
4.
5.  # 导入数值型样例数据
6.  all_x_y = data_utils.get_all_x_y()
7.
8.  final_data = toad.selection.stepwise(all_x_y,
9.                                       target=data_utils.label,
10.                                      estimator='lr',
11.                                      direction='both',
12.                                      criterion='aic',
13.                                      return_drop=False)
14.
15. selected_cols = final_data.columns
16. print(f"selected {len(selected_cols)} columns:")
```

上述代码利用toad库中的stepwise()方法进行逐步回归特征选择，参数target用于指定标签列；参数estimator用于指定模型；参数direction用于指定方向，可选值为"both""forward"和"backward"；参数criterion用于指定评判标准；参数return_drop用于指定是否返回被剔除列的列名。

（2）递归特征消除。

递归特征消除（Recursive Feature Elimination，RFE）也是常用的包裹式特征选

择方法，其基本思想是使用一个基模型进行多轮训练，每轮训练后，消除若干重要性低的特征（线性模型特征归一化后使用特征系数衡量其重要性），再基于新特征集进行下一轮训练。

使用 sklearn 库进行递归特征消除的参考代码如下。

```
1.  # 根据RFE进行特征选择
2.  from sklearn.feature_selection import RFE
3.  from sklearn.linear_model import LogisticRegression
4.  from utils import data_utils
5.
6.  # 导入数值型样例数据
7.  all_x_y = data_utils.get_all_x_y()
8.  y = all_x_y.pop(data_utils.label)
9.  x = all_x_y
10. # 使用递归特征消除方法，返回特征选择后的数据
11. # 参数estimator可设置基模型
12. # 参数n_features_to_select可设置选择的特征个数
13. rfe = RFE(estimator=LogisticRegression(), n_features_to_select=10)
14. x_new = rfe.fit_transform(x, y)
15.
16. selected_cols = x.columns[rfe.get_support()].tolist()
17. print(f"selected {len(selected_cols)} columns:")
```

上述代码利用 sklearn 库中的 RFE 类进行特征递归消除，参数 estimator 用于指定模型类型，本例中使用逻辑斯谛回归；参数 n_features_to_select 用于指定选择的特征个数，本例选择排在前 10 位的特征系数对应的特征。

4）嵌入法

（1）基于 L1 范数的特征选择。

线性模型可以被看作多项式模型，其中每一项的系数可以表征这一维特征的重要程度，越重要的特征在模型中对应的系数越大，而与输出变量相关性越小的特征，对应的系数越接近于 0。L1 正则化将系数的 L1 范数作为"惩罚"项加到损失函数中，由于正则项非零，"迫使"那些不重要的特征系数变为 0，因此，使用 L1 正则化的模型往往稀疏，这使得 L1 正则化成为很好的特征选择方法。

使用 sklearn 库进行基于 L1 范数的特征选择的参考代码如下。

```
1.  # 基于L1范数的特征选择
2.  from sklearn.feature_selection import SelectFromModel
3.  from sklearn.linear_model import LogisticRegression
4.  from utils import data_utils
5.
6.  # 导入数值型样例数据
7.  all_x_y = data_utils.get_all_x_y()
8.  y = all_x_y.pop(data_utils.label)
9.  x = all_x_y
10. # 带L1惩罚项的逻辑斯谛回归作为基模型的特征选择
11. LR = LogisticRegression(penalty='l1', C=0.1, solver='liblinear')
12. sf = SelectFromModel(LR)
13. x_new = sf.fit_transform(x, y)
14.
15. selected_cols = x.columns[sf.get_support()].tolist()
16. print(f"selected {len(selected_cols)} columns:")
17. print(selected_cols)
```

需要注意的是，在特征中存在严重的多重共线性时，线性模型中的特征系数可能不准确。因此，在使用线性模型进行 L1 正则化特征选择时，应先消除多重共线性。

（2）基于树模型的特征选择。

树模型的建立就是一个特征选择的过程。基于树模型的特征选择会根据信息增益或基尼不纯度的准则来选择特征进行建模，输出各个特征的重要度，依此进行特征筛选。

使用 sklearn 库进行基于树模型的特征选择的参考代码如下。

```
# 基于树模型的特征选择
from sklearn.feature_selection import SelectFromModel
from sklearn.ensemble import GradientBoostingClassifier
from utils import data_utils

# 导入数值型样例数据
all_x_y = data_utils.get_all_x_y()
y = all_x_y.pop(data_utils.label)
x = all_x_y
# GBDT作为基模型的特征选择
sf = SelectFromModel(GradientBoostingClassifier())
x_new = sf.fit_transform(x, y)

selected_cols = x.columns[sf.get_support()].tolist()
print(f"selected {len(selected_cols)} columns:")
print(selected_cols)
```

上述代码使用 GBDT（梯度提升树）作为基模型训练，最终选择特征重要度大于 0 的特征。

除使用单一模型的特征重要度进行选择以外，作者常用的方法是依据多个模型的特征重要度综合排序进行特征选择，如先分别采用随机森林和 XGBoost 训练模型，再根据两个模型的特征重要度加权得到综合排序，最终依据综合排序选择特征。

3. 基于特征稳定性选择

1）PSI 选择

通过分析特征的稳定性指标 PSI（Population Stability Index），识别分布变化大的特征，充分了解特征分布变化背后的原因，判断是否可接受。一般情况下，并非所有分布变化大的特征都不可用，避免使用"一刀切"的方式进行处理，而应以分布变化的原因作为判断依据。稳定性是有参照的，因此需要有两个分布——预期分布（expected distribution）和实际分布（actual distribution）。在建模时，我们通常将训练样本的分布作为预期分布，将 OOT 样本的分布作为实际分布。

类似 IV，在计算 PSI 时，我们需要先将特征值分箱。PSI 计算公式如式（2-9）所示。

$$\begin{aligned}\text{PSI} &= \sum_{i=1}^{n}(p(\text{Actual}_i) - p(\text{Expected}_i)) \times \ln\frac{p(\text{Actual}_i)}{p(\text{Expected}_i)} \\ &= \sum_{i=1}^{n}\left(\frac{\text{Actual}_i}{\text{Actual}_T} - \frac{\text{Expected}_i}{\text{Expected}_T}\right) \times \ln\frac{\text{Actual}_i/\text{Actual}_T}{\text{Expected}_i/\text{Expected}_T}\end{aligned} \quad (2\text{-}9)$$

其中，Actual_i 为第 i 个分箱实际样本个数，Expected_i 为第 i 个分箱期望样本个数，Actual_T 为实际样本总数，Expected_T 为期望样本总数。由式（2-9）可知，PSI 表示实际样本分布和期望样本分布的差异。表 2-3 为 PSI 范围与稳定性的关系。

表2-3 PSI范围与稳定性的关系

PSI范围	稳定性
小于0.1	变化不太显著
0.1~0.25	表示有比较显著的变化
大于0.25	表示变化剧烈，需要特殊关注

利用 toad 库计算 PSI 的参考代码如下。

```
1.  # 计算PSI参考代码
2.  import toad
3.  from utils import data_utils
4.
5.  # 加载数据
6.  all_x_y = data_utils.get_all_x_y()
7.  # 定义分箱方法
8.  Combiner = toad.transform.Combiner()
9.  Combiner.fit(all_x_y,
10.              y=data_utils.label,
11.              n_bins=6,
12.              method='quantile',
13.              empty_separate=True)
14. # 计算PSI
15. var_psi = toad.metrics.PSI(all_x_y.iloc[:500, :],
16.                            all_x_y.iloc[500:, :],
17.                            combiner=Combiner)
18. var_psi_df = var_psi.to_frame(name='psi')
19.
20. selected_cols = var_psi[var_psi_df.psi < 0.1].index.tolist()
21. print(f"selected {len(selected_cols)} columns:")
22. print(selected_cols)
```

上述代码首先加载德国信用卡数据集，并进行数据处理；然后定义变量分箱方法，采用等频 6 分箱，基于分箱结果计算选定特征在前 500 个样本和后 500 个样本的 PSI，输出结果如图 2-20 所示。

图2-20 利用toad库计算PSI的结果

通过对比 PSI 和 IV 的计算公式，我们发现，二者形式一致，也就是式 (2-10) 所示的形式。

$$\text{index} = \sum_{i=1}^{n}(p(x_i) - q(x_i)) \times \ln \frac{p(x_i)}{q(x_i)} \qquad (2\text{-}10)$$

我们可以从相对熵的角度分析这一现象。信息熵（information entropy）是信息论中一个用于度量信息量的指标。对于变量 X，其信息熵计算公式如式（2-11）所示。

$$H(X) = -\sum_{i=1}^{n} p(x_i) \log p(x_i) \tag{2-11}$$

注意，log 的底数没有严格限制，除非特殊说明，否则本书以 e 为底。其中，$p(x_i)$ 表示随机变量 X 不同取值的概率。

相对熵（relative entropy），又称为 KL 散度（Kullback-Leibler divergence）或信息散度（information divergence），是两个概率分布间差异的非对称性度量。在信息论中，相对熵等价于两个概率分布的信息熵的差值，若其中一个概率分布为真实分布，另一个为预期分布，则此时相对熵等于交叉熵与真实分布的信息熵之差，表示使用预期分布拟合真实分布时产生的信息损耗。相对熵可以衡量两个随机分布之间的距离，当两个随机分布相同时，它们的相对熵为零；当两个随机分布的差别增大时，它们的相对熵也会增大。

相对熵定义如式（2-12）所示。

$$D_{KL}(p \| q) = \sum_{i=1}^{n} p(x_i) \log \frac{p(x_i)}{q(x_i)} \tag{2-12}$$

其中，$p(x_i)$ 表示数据的真实分布，而 $q(x_i)$ 表示数据的预期分布。我们可以将 $D_{KL}(p \| q)$ 理解为用预期分布 $q(x_i)$ 来拟合真实分布 $p(x_i)$ 时的差距。因此，$D_{KL}(p \| q)$ 相对熵是单向描述 $q(x_i)$ 拟合 $p(x_i)$ 信息熵差异。同样，用 $p(x_i)$ 拟合 $q(x_i)$ 的相对熵如式（2-13）所示。

$$D_{KL}(q \| p) = \sum_{i=1}^{n} q(x_i) \log \frac{q(x_i)}{p(x_i)} \tag{2-13}$$

我们对 PSI 和 IV 的计算公式进行如式（2-14）所示的变换。

$$\begin{aligned}
\text{index} &= \sum_{i=1}^{n} \left(p(x_i) - q(x_i) \right) \times \ln \frac{p(x_i)}{q(x_i)} \\
&= \sum_{i=1}^{n} p(x_i) \times \ln \frac{p(x_i)}{q(x_i)} - \sum_{i=1}^{n} q(x_i) \times \ln \frac{p(x_i)}{q(x_i)} \\
&= \sum_{i=1}^{n} p(x_i) \times \ln \frac{p(x_i)}{q(x_i)} + \sum_{i=1}^{n} q(x_i) \times \ln \frac{q(x_i)}{p(x_i)} \\
&= D_{KL}(p \| q) + D_{KL}(q \| p)
\end{aligned} \tag{2-14}$$

可见，PSI 本质上是实际分布与预期分布的 KL 散度的一个对称化操作。其双向计算相对熵，并把两部分相对熵相加，从而全面地描述两个分布的差异。IV 则是坏样本分布与好样本分布的 KL 散度的一个对称化操作。总而言之，PSI 反映了同一特征在所有分箱上不同样本集间（或时间段）的分布差异，IV 反映了同一特征在所有分箱上的好样本和坏样本间的分布差异，二者都描述了两种分布之间的差异。

2）逾期率变化选择

在风控业务中，有些特征的不稳定表现在对逾期率排序的衰减上，随着时间变化，特征对预测变量的排序发生颠倒，我们称之为"倒箱"。如图 2-21 所示，某特征在某段时间的表现趋势是"特征值越大，客户的逾期率越高"，而在另一段时间的表现趋势是"特征值越大，客户的逾期率越低"，这种现象就是明显的"倒箱"，建模中应剔除这部分特征，否则会对模型的预测能力和稳定性带来严重影响。前文介绍的 PSI 反映的是特征分布的不稳定性，而"倒箱"体现了特征对预测变量区分能力的不稳定性。

2.3 模型开发方法论——构建好模型

feature_name	分箱	2020年1月逾期率	2020年2月逾期率	2020年3月逾期率
ft_xx	nan	10.2%	9.8%	9.9%
ft_xx	(-8887.0, 0.0]	2.3%	4.2%	8.2%
ft_xx	(0.0, 0.2]	3.1%	5.3%	7.3%
ft_xx	(0.2, 0.5]	4.0%	4.5%	6.5%
ft_xx	(0.5, 0.7]	5.6%	4.8%	5.4%
ft_xx	(0.7, 0.903]	7.0%	6.1%	5.1%
ft_xx	(0.903, inf]	9.3%	7.2%	4.5%

图2-21 "倒箱"示例

我们通过统计特征逾期率随时间的变化来检测特征对预测变量的稳定性。利用 toad 库计算特征逾期率随月份的变化的参考代码如下。

```python
# 按月进行逾期率统计
import toad
import pandas as pd
from utils import data_utils

# 导入month列数据
model_data = data_utils.get_data()

x = model_data[data_utils.x_cols]
y = model_data[data_utils.label]

# 分箱
Combiner = toad.transform.Combiner()
x_cat = Combiner.fit_transform(x, y, n_bins=6, method='quantile',
    empty_separate=True)
# 合并标签和month
x_cat_with_month = x_cat.merge(model_data[['month', 'creditability']],
    left_index=True, right_index=True)
# 单个特征不同月份逾期率的对比
feature_col = 'age.in.years'
x_cat_one = x_cat_with_month[[feature_col, 'month', 'creditability']]
feature_var = x_cat_one.pivot_table(index=feature_col,
                                    columns='month',
                                    values='creditability',
                                    aggfunc=['mean'])
print(feature_var)
```

上述代码首先定义变量分箱方法，采用等频 6 分箱，利用分箱值替换原始特征值，然后以"age.in.years"特征为例，按月统计每个分箱的逾期率，最终结果如图 2-22 所示。

			mean			
month	2020-01	2020-02	2020-03	2020-04	2020-05
age.in.years					
00.[-inf ~ 25.0)	0.407407	0.304348	0.352941	0.439024	0.541667
01.[25.0 ~ 28.0)	0.393939	0.314286	0.407407	0.210526	0.250000
02.[28.0 ~ 33.0)	0.394737	0.218750	0.307692	0.350000	0.302326
03.[33.0 ~ 38.0)	0.250000	0.232558	0.285714	0.216216	0.300000
04.[38.0 ~ 47.0)	0.166667	0.266667	0.280000	0.311111	0.250000
05.[47.0 ~ inf)	0.297297	0.352941	0.218750	0.230769	0.153846

图2-22 按月统计每个分箱的逾期率结果

进一步，可以批量计算特征每个分箱的逾期率随时间变化的波动值，以此来选择特征，波动值越小，说明特征对逾期率的排序性越稳定。具体地，通过特征每个分箱的逾期率在各月排名的方差的平均值来衡量波动性，设定阈值以选择波动值较小的特征。

```python
# 计算特征每个分箱的逾期率按月变化的波动值
def variation_by_month(df, time_col, columns, label_col):
    variation_dict = {}
    for col in columns:
        feature_v = df.pivot_table(
            index=col, columns=time_col, values=label_col, aggfunc=['mean'])
        variation_dict[col] = feature_v.rank().std(axis=1).mean()

    return pd.DataFrame([variation_dict], index=['variation']).T


var_badrate = variation_by_month(x_cat_with_month, 'month',
        data_utils.x_cols, 'creditability')
selected_cols = var_badrate[var_badrate['variation'] < 0.8].index.tolist()
print(f"selected {len(selected_cols)} columns:")
print(selected_cols)
```

2.3.2 特征提取

特征提取（feature extraction）是指从原有较多的特征中计算出较少的新特征，用新特征替换原有特征，达到降维的目的，即通过从样本中学习一个映射函数 f，将原特征矩阵 X_1 映射到 X_2，其中 X_2 的维度低于 X_1。

特征选择和特征提取都属于降维。二者实现的效果相似，就是试图减少特征数据集中的特征的数目，但是二者采用的方法不同。特征提取采用的主要方法是通过属性间的关系，如组合不同属性，得到新属性，这样就改变了原来的特征空间。特征选择采用的方法是从原始特征数据集中选出子集，这是一种包含关系，没有更改原始特征空间。特征提取会或多或少地损失一部分特征信息，我们可结合具体情况决定是否使用。

特征提取方法分为两大类：一类是线性特征提取方法，另一类是非线性特征提取方法。线性特征提取方法主要有主成分分析法（Principal Component Analysis, PCA）和线性判别分析法（Linear Discriminant Analysis, LDA），其中，PCA 是为了让映射后的样本具有更大的发散性，LDA 是为了让映射后的样本有较好的分类性能。非线性特征提取方法主要有局部线性嵌入（Locally Linear Embedding, LLE）和多维尺度变换（Multiple Dimensional Scaling, MDS），其中，LLE 是为了保持邻域内样本之间的线性关系，MDS 是为了保持降维后的样本间距离不变。下文将详细介绍这 4 种方法。

1. 线性特征提取

1）PCA

PCA 将高维的特征向量合并为低维的特征向量，是一种无监督的特征提取方法。PCA 通过线性投影，将高维数据映射到低维空间中表示，并且期望在所投影的维度上数据的方差最大（最大方差理论），以此使用较少的数据维度，留存较多的原数据特性。

sklearn 库的 decomposition 包中的 PCA 类可以实现利用 PCA 进行特征提取，其中 n_components 参数用来控制降维程度。当 n_components 取小数时，如 0.9，表示保留原始数据集 90% 的信息；当 n_components 取整数时，表示将原始数据降到多少维。参考代码如下所示。

```
1.  # sklearn库的decomposition包中的PCA类可以实现利用PCA进行特征提取
2.  from sklearn.decomposition import PCA
3.
4.  pca = PCA(n_components=0.9)
5.  train_x_new = pca.fit_transform(train_x)
```

PCA是我们常用的特征提取方法，其优点有以下两个。

（1）仅需要以方差衡量信息量，不受数据集以外的因素影响。

（2）各主成分之间正交，可消除原始数据成分间相互影响这个因素。

其缺点有以下两个。

（1）主成分各个特征维度的含义不如原始特征的解释性强。

（2）非主成分也可能含有重要信息，丢弃后会降低模型效果。

2）LDA

LDA是一种基于分类模型进行特征属性合并的操作，是一种有监督的特征提取方法。LDA的原理是，将带标签的数据投影到维度更低的空间中，使得投影后的点按类别区分，相同类别的点会在投影后的空间中更接近，用一句话概括：投影后相同类间方差最小，不同类间方差最大。

sklearn库的discriminant_analysis包中的LinearDiscriminantAnalysis类可以方便地利用LDA进行特征提取，其中n_components参数用来指定降到的维数，且取值只能为[1, 标签类别数 −1) 区间中的整数。参考代码如下所示。

```
1.  # sklearn库可以实现利用LDA进行特征提取
2.  from sklearn.discriminant_analysis import LinearDiscriminantAnalysis
3.
4.  lda = LinearDiscriminantAnalysis(n_components=5)
5.  train_x_new = lda.fit_transform(train_x, train_y)
```

LDA的优点有以下两个。

（1）在特征提取过程中，它可以使用类别的先验知识。

（2）在分类过程中，依赖均值而不是方差的时候，它优于PCA之类的算法。

其缺点有以下两个。

（1）不适合对非高斯分布样本进行特征提取。

（2）可能过度拟合数据。

除本节介绍的PCA和LDA以外，线性特征提取方法还有因子分析（Factor Analysis, FA）、奇异值分解（Singular Value Decomposition, SVD）和独立成分分析（Independent Component Analysis, ICA）等。

2. 非线性特征提取

1）LLE

LLE是一种基于"流形学习"的方法（流形学习假设所处理的数据点分布在嵌入外围欧氏空间的一个潜在的流形体上，或者说这些数据点可以构成这样一个潜在的流形体），其能够使特征提取后的数据较好地保持原有流形结构。LLE假设数据在较小的局部是线性的，即每一个数据点都可以由其近邻点线性表示。LLE主要分为3步：首先寻找每个样本点的k个近邻点，然后由每个样本点的近邻点计算出该样本点的权重，最后由该样本点的权重在低维空间中重构样本数据。由此，可将特征映射到低维空间中。

sklearn 库的 manifold 包中的 LocallyLinearEmbedding 类可以方便地利用 LLE 进行特征提取，其中 n_neighbors 参数用来指定近邻数，n_components 参数用来指定降到的维数。参考代码如下所示。

```python
# 利用LLE进行特征提取
from sklearn.manifold import LocallyLinearEmbedding

lle = LocallyLinearEmbedding(n_neighbors=5, n_components=20)
train_x_new = lle.fit_transform(train_x)
```

LLE 的优点有以下两个。
（1）可以学习任意维度局部线性的低维流形。
（2）该方法归结为稀疏矩阵特征分解，计算复杂度较小，实现容易。

其缺点有以下两个。
（1）学习的流形只能是不闭合的，且样本集是稠密、均匀的。
（2）该方法对最近邻样本数的选择敏感，不同近邻数对最终结果有很大影响。

2）MDS

MDS 是将高维空间中的样本点投影到低维空间中，让样本彼此之间的距离尽可能不变。MDS 的具体做法是，首先计算得到高维空间中样本之间的距离矩阵，接着计算得到低维空间的内积矩阵，然后对低维空间的内积矩阵进行特征值分解，并按照从大到小的顺序取前 d 个（ d 表示低维空间的维度）特征值及特征向量，最后得到在 d 维空间中的距离矩阵。

sklearn 库的 manifold 包中的 MDS 类可以方便地利用 MDS 进行特征提取，其中 n_components 参数用来指定降到的维数。参考代码如下所示。

```python
# 利用MDS进行特征提取
from sklearn.manifold import MDS

mds = MDS(n_components=20)
train_x_new = mds.fit_transform(train_x)
```

MDS 的优点有以下两个。
（1）不需要先验知识，计算简单。
（2）保留了样本在原始空间的相对关系，可视化效果比较好。

其缺点有以下两个。
（1）当有样本的先验知识时，它无法被充分利用，因此无法得到预期效果。
（2）该方法认为各维度对目标的贡献相同，忽略了维度间的差异。

除本节介绍的 LLE 和 MDS 以外，非线性特征提取方法还有等度量映射（Isometric Feature Mapping, ISOMAP）和 t-SNE 等。

2.3.3　模型训练、概率转化和效果评估

特征选择和特征提取之后，就是关键的模型训练环节。本节首先介绍模型训练基础知识，然后介绍概率转化方法，最后介绍如何评价模型的效果，以及如何选择合适的模型。

1. 模型训练

机器学习的模型训练，本质上是参数优化过程。参数分为两种，一种是模型参数（parameter），另一种是超参数（hyperparameter）。模型参数是可以直接通过数据估计得到的，如线性回

归模型中的回归系数。超参数是用来定义模型结构或优化策略的，通常需要在模型训练前根据经验给定，如正则化系数。尽管各种模型中存在不同的模型参数和超参数，然而训练过程是相对统一的。在模型训练时，我们给定一系列超参数组合，经过在样本上训练学习，可以得到最终确定的模型参数。如果我们给定不同的超参数组合，那么往往训练得到的模型参数不同，模型的效果也有差异。因此，模型训练的目标是找到使得最终模型效果最好的超参数组合。

模型调参就是寻找最优超参数组合的过程。常见的模型调参方法有以下 3 种。

（1）网格搜索（grid search）：给定所有超参数的枚举值，网格搜索会穷举所有超参数组合。然后，我们利用每种超参数组合训练模型，并评估模型效果，最终选出模型效果最好的超参数组合。

（2）随机搜索（random search）：给定所有超参数的枚举值，随机搜索会随机在参数空间中采样。实验表明，随机搜索的结果比网格搜索稍好。

（3）贝叶斯优化（bayesian optimization）：给定所有超参数的搜索范围，贝叶斯优化算法可以采用比较少的观测结果得到一系列比较好的超参数组合，其搜索速度快，效果良好，在业界被广泛应用。

采用以上模型调参方法，结合每种超参数下模型的效果，我们可以选出最优超参数组合。在调参过程中，如何评估模型的真实效果呢？我们通常从建模样本中随机抽取一定比例的样本作为验证集（如 2.2.2 节所述），并用验证集上的模型效果作为模型超参数评判的依据。这种方法称为 Hold-Out，其弊端在于模型参数的选取将在很大程度上依赖对训练集和测试集的划分方法，如果划分不合适，那么最终模型的效果不会太理想。另外，这种方法只使用了部分样本建模，没有用到全部数据信息。考虑到上述方法的不足之处，我们可以采用交叉验证（Cross Validation，CV）方式评估模型效果。

交叉验证的方法有很多，我们主要介绍以下 3 种。

（1）留 p 法交叉验证（Leave P Out Cross Validation，LPOCV）。留 p 法交叉验证是指每次从样本集中选择 p 个样本作为验证集，其他作为训练集。假设共有 n 个样本，那么共需要训练 C_n^p 次模型。留 p 法交叉验证的优势在于，它不受测试集和训练集划分方法的影响，因为每一个数据都做过测试集。但是，这样带来的问题是训练模型次数太多，如当 n=100 和 p=30 时，共需要训练 $C_{100}^{30} \approx 3 \times 10^{25}$ 次，显然是不可行的。

（2）留一法交叉验证（Leave One Out Cross Validation，LOOCV）。留一法交叉验证是留 p 法交叉验证的特殊情况。在留 p 法交叉验证中，令 p=1，即每次只选择一个样本作为验证集，其他样本作为训练集，这种情况就是留一法交叉验证。这样可以大幅减少模型训练次数，如 n 个样本的数据集，只需要训练 $C_n^1 = n$ 次。然而，n 次训练模型可能仍然需要相当长的计算时间。

（3）K 折交叉验证（K-fold Cross Validation）。在 K 折交叉验证中，原始样本被随机划分为 k 个大小相等的子样本集。首先，在 k 个子样本集中，保留一个子样本集作为模型测试的验证数据，其余 k-1 个子样本集作为训练数据。交叉验证过程重复 k 次，k 个子样本集中的每一个作为验证数据都恰好被使用一次。最后，对 k 个结果求平均值，得到一个单独的估计。与重复的随机抽样相比，这种方法的优点是所有的样本都被用于训练和验证，并且每个样本都被用于验证一次。其 k 值常取 5 或 10。特别地，当 k=n 时，即为留一法交叉验证。

采用 Hold-Out 方法或交叉验证方式的目的是准确地评估利用不同参数训练模型的效果，从而选择最优参数组合。在得到最优参数组合之后，我们可以用这组参数在完整的样本上（训练样本+验证样本）再次训练，得到最终模型。最终模型的效果将在测试样本或 OOT 样本上进一步进行评估。

2. 概率转化

风控模型，如 XGBoost 模型、LightGBM 模型或 LR（逻辑斯谛回归）模型，直接输出的是客户逾期概率。在风控信贷场景中，我们需要将概率转化为评分，通过分数量化客户的风险等级。转换为评分的好处在于将取值范围为 [0,1] 的概率映射到更宽的值域，便于风险分析和沟通交流。转换为评分的方法如下：设 p 为客户逾期概率，那么，客户逾期概率和未逾期概率的比值 $p/(1-p)$ 记为 odds。转换为评分的计算公式如式（2-15）所示。

$$\begin{aligned} \text{score} &= A - B \times \log(\text{odds}) \\ &= A - B \times \log\frac{p}{1-p} \end{aligned} \quad (2\text{-}15)$$

其中，A 和 B 是常数。

通过式（2-15），我们知道，客户逾期概率越低，评分越高。在通常情况下，这是分值的理想变动方向，即高分值代表低风险，低分值代表高风险。计算 A、B 时，通常需要做出两个假设。

（1）给定 odds=Ratio 时，预期分数为 Base。
（2）odds 翻倍时，分数减少值为 PDO（Point of Double Odds）。

于是，可以得到二元一次方程组，如式（2-16）所示。

$$\begin{cases} \text{Base} = A - B \times \log(\text{Ratio}) \\ \text{Base} - \text{PDO} = A - B \times \log(2\text{Ratio}) \end{cases} \quad (2\text{-}16)$$

由此，可求解得到 A 和 B 的值：

$$\begin{cases} B = \text{PDO}/\log 2 \\ A = \text{Base} + B \times \log(\text{Ratio}) \end{cases}$$

上述概率转化方法和传统评分卡模型类似。传统评分卡模型首先对特征值进行 WOE 转换，然后对 WOE 进行逻辑斯谛回归，得到 log(odds)，最后将 log(odds) 转化为分数。

举例来说，假设 odds=1/15，即 p_{bad}/p_{good}=1/15 时，Base=600；当 odds 增加 1 倍时，信用评分减少 60 分，即 PDO=60。由此，可以得到 B=60/log2 ≈ 86.56，A=600+86.56log(1/15) ≈ 365.59。于是，可以得到概率 p 和评分 score 的转换公式：score=365.59−86.56log[$p/(1-p)$]。

参考代码如下。

```
1.  import numpy as np
2.  import pandas as pd
3.
4.  def p_to_score(p, pdo, base, odds):
5.      """
6.      客户逾期概率转化为评分
7.      :param p: 逾期概率
8.      :param pdo: points double odds. default = 60
9.      :param base: base points. default = 600
10.     :param odds: odds. default = 1.0/15.0
11.     :returns: 模型分数
```

```
12.     """
13.     B = pdo / np.log(2)
14.     A = base + B * np.log(odds)
15.     score = A - B * np.log(p / (1 - p))
16.     return round(score, 0)
17.
18.
19. pros = pd.Series(np.random.rand(100))
20.     p_to_score(pros, pdo=60.0, base=600, odds=1.0 / 15.0)
```

3. 模型效果评估

模型训练完成后，我们得到了模型对样本的"打分"。根据模型对样本的预测分数和样本的真实标签，我们可以通过不同角度的指标评估模型的效果。

1）模型标准评价指标

我们可以通过多种指标对模型性能进行评价，不同的评价指标往往产生不同的评价结果，这表明模型的"好坏"是相对的，具体使用哪种评价指标取决于实际使用场景。对于分类任务，常见的评价指标有准确率、精确率、召回率、$F1$ 值、AUC 和 KS 等。对于回归任务，常见的评价指标有 RMSE（平方根误差）、MAE（平均绝对误差）、MSE（平均平方误差）和 coefficient of determination（决定系数）。下面将详细介绍分类任务的评价指标及适用场景。

对于二分类问题，模型可以直接输出预测类别，即正例或负例，也可以输出概率。当输出概率时，我们可以通过设定阈值，并根据阈值划分，得到样本的预测类别。样本根据其真实类别和模型预测类别可形成以下 4 种组合。

- 真正例（True Positive，TP）：真实类别为正例，预测类别为正例。
- 假正例（False Positive，FP）：真实类别为负例，预测类别为正例。
- 假负例（False Negative，FN）：真实类别为正例，预测类别为负例。
- 真负例（True Negative，TN）：真实类别为负例，预测类别为负例。

由上述 4 种组合构成的混淆矩阵（confusion matrix）如表 2-4 所示。

表2-4 二分类结果混淆矩阵

真实类别	预测类别	
	正例	负例
正例	TP（真正例）	FN（假负例）
负例	FP（假正例）	TN（真负例）

（1）准确率。

准确率（accuracy）是指正确预测的正负例样本数和总样本数的比值。其计算公式如式（2-17）所示。

$$\text{accuracy} = \frac{TP + TN}{TP + FP + FN + TN} \qquad (2\text{-}17)$$

（2）精确率。

精确率（precision）又称查准率，是指预测为正例的样本中真正是正例的样本比例。其计算公式如式（2-18）所示。

$$\text{precision} = \frac{\text{TP}}{\text{TP} + \text{FP}} \tag{2-18}$$

（3）召回率。

召回率（recall）又称查全率，是指实际正例样本中模型预测为正例的样本比例。其计算公式如式（2-19）所示。

$$\text{recall} = \frac{\text{TP}}{\text{TP} + \text{FN}} \tag{2-19}$$

对于同一个模型，不同的阈值设定会得到不同的预测类别，而计算出的精确率和召回率是一对矛盾的度量指标，当精确率高时，召回率往往偏低；当召回率高时，精确率往往偏低。因此，针对不同业务场景，我们需要设定不同的阈值。例如，在某病毒检测中，我们不希望漏掉任何一个阳性患者，这种情况下，就要追求很高的召回率。但在商品推荐时，为了尽可能少地打扰客户，我们希望推荐的内容是客户感兴趣的，这时就要追求高精确率。

（4）F1 值。

F1 值是精确率和召回率的调和值，更接近于两个数中较小的那个，因此，精确率和召回率接近时，F1 值较大。很多推荐系统使用的评价指标就是 F1 值。其计算公式如式（2-20）所示。

$$F1 = \frac{2 \times \text{precision} \times \text{recall}}{\text{precision} + \text{recall}} \tag{2-20}$$

（5）AUC。

AUC（Area Under Curve）为 ROC 曲线下的面积。ROC（Receiver Operating Characteristic，接受者工作特征）曲线源于雷达信号分析技术，该技术用于区分敌机和信号噪声（如鸟群）。如图 2-23 所示，ROC 曲线的横坐标为 FPR（假正率），FPR=FP/(FP+TN)，即被预测为正例的负样本数与真实负样本数的比值；纵坐标为 TPR（真正率），TPR=TP/(TP+FN)，即被预测为正例的正样本数与实际正样本数的比值。当我们设定不同的阈值时，会得到不同的 FPR 和 TPR 坐标点对。如果我们将这些点连成线，就得到了 ROC 曲线。

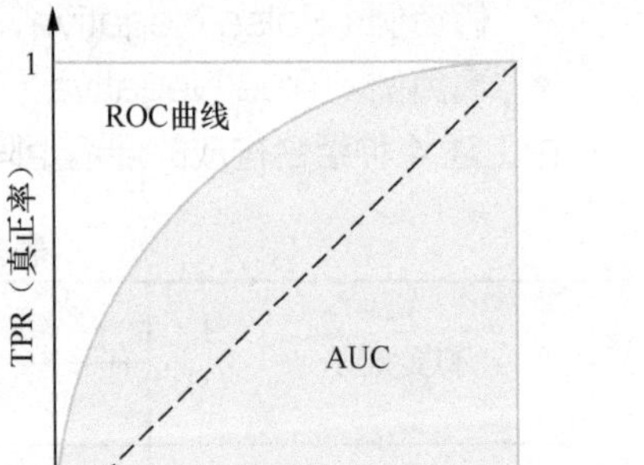

AUC 的取值范围是 0 ~ 1。如果 AUC 接近 0.5，那么模型几乎等同于随机分类。通常情况下，模型的 AUC 越高，我们认为模型的效果越好，当然，在绝大多数预测场合，不存在 AUC 等于 1 的"完美"分类器。

（6）KS。

KS（Kolmogorov-Smirnov）指标主要用来验证模型对客户"好坏"的区分能力，用以检验两个经验分布是否不同，或者一个经验分布与一个理想分布是否不同。

图 2-23　ROC 曲线和 AUC

在计算风控模型 KS 指标时，通常是在模型对样本打分后，对分数进行分箱，然后分别统计每箱累计"好"客户和累计"坏"客户与"好"客户和"坏"客户总体的比值，累计"坏"客户比例与累计"好"客户比例的差值即为每箱对应的 KS 值。模型 KS 定义为各分箱 KS 值的最大值，如式（2-21）所示。

$$\text{KS} = \max \left| P_{\text{cum}}(\text{Bad}) - P_{\text{cum}}(\text{Good}) \right| \tag{2-21}$$

KS 值越高，模型越好。但过高的 KS 值可能意味着过度拟合或特征"穿越"等。如图 2-24

所示,其中第 3 箱的 KS 值最大,即模型在 424 分时对客户"好坏"的区分水平达到最高,模型的 KS 为 0.52。

分箱	字数	"坏"客户数	"好"客户数	累计"坏"客户比例	累计"好"客户比例	KS
(-inf, 126.0]	350	342	8	27.2%	0.4%	0.27
(126.0, 352.0]	349	283	66	49.6%	3.3%	0.46
(352.0, 424.0]	355	171	184	63.2%	11.5%	0.52
(424.0, 459.0]	347	122	225	72.9%	21.6%	0.51
(459.0, 487.0]	354	106	248	81.3%	32.7%	0.49
(487.0, 515.0]	341	76	265	87.4%	44.6%	0.43
(515.0, 542.0]	351	63	288	92.4%	57.5%	0.35
(542.0, 571.0]	354	49	305	96.3%	71.1%	0.25
(571.0, 611.0]	346	30	316	98.6%	85.3%	0.13
(611.0, inf]	346	17	329	100.0%	100.0%	0.00

图 2-24　KS 示例

对应的 KS 曲线如图 2-25 所示。

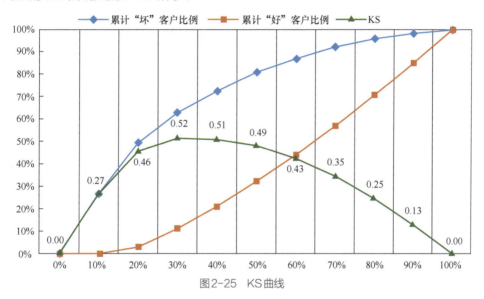

图 2-25　KS 曲线

从 KS 的计算可以看出,它是以某个点上的区分度来表示模型的区分度,而 AUC 是以曲线下面积的大小来表示模型的区分度。相对于 KS,AUC 更加稳健。而相比准确率、召回率和 F1 值等指标,AUC 的优势在于不需要设定分类阈值,只需要关注预测概率的排序。因此,风控中的二分类模型主要将 AUC 作为模型效果的评价指标。

2)模型的泛化能力

一个效果较好的模型不仅对当前的数据有较好的预测能力,还应该对未来产生的数据有较好的预测能力。我们把模型在未来数据上的预测能力称为泛化能力。模型的训练误差(training error)和测试误差(test error)可以用来衡量模型的泛化能力。一般地,模型在训练集和测试集上的误差相差越小,模型的泛化能力越强。

模型训练误差和测试误差之间的差距太大称为过拟合(overfitting);模型不能在训练集上获得足够低的误差,称为欠拟合(underfitting)。简单地说,过拟合是指模型结构过于复杂,从训练样本上学习了表象而非背后的真实规律;欠拟合是指模型结构过于简单,从训练样本上学习的信息不够。图 2-26 直观地反映了欠拟合、适当拟合和过拟合在训练样本上的表现。

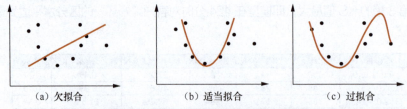

图2-26 欠拟合、适当拟合和过拟合示意图

在构建模型时，我们需要兼顾以下两点：①降低训练误差；②缩小训练误差与测试误差的差距。我们可以通过控制模型复杂度来调整模型的泛化能力，模型的训练误差、测试误差和模型复杂度的关系如图 2-27 所示。当我们训练模型时，增加模型复杂度，如果测试误差不再继续减小，甚至开始增加，那么此时应该停止训练，以得到最优模型。

通过绘制验证曲线（validation curve），如图 2-28 所示，我们可以看到随着超参数设置的改变，模型可能从欠拟合到适当拟合，再到过拟合的泛化能力变化过程，进而选择一个合适的参数，提高模型的性能。参考代码如下。

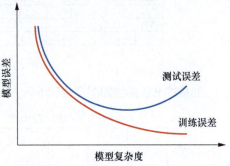

图2-27 模型误差与模型复杂度

```python
# 绘制验证曲线

import matplotlib.pyplot as plt
import numpy as np

from sklearn.datasets import load_digits
from sklearn.svm import SVC
from sklearn.model_selection import validation_curve

X, y = load_digits(return_X_y=True)

param_range = np.logspace(-6, -1, 5)
train_scores, test_scores = validation_curve(
    SVC(), X, y, param_name="gamma", param_range=param_range,
    scoring="accuracy", n_jobs=1)
train_scores_mean = np.mean(train_scores, axis=1)
train_scores_std = np.std(train_scores, axis=1)
test_scores_mean = np.mean(test_scores, axis=1)
test_scores_std = np.std(test_scores, axis=1)

plt.title("Validation Curve with SVM")
plt.xlabel(r"$\gamma$")
plt.ylabel("Score")
plt.ylim(0.0, 1.1)
lw = 2
plt.semilogx(param_range, train_scores_mean, label="Training score",
             color="darkorange", lw=lw)
plt.fill_between(param_range, train_scores_mean - train_scores_std,
                 train_scores_mean + train_scores_std, alpha=0.2,
                 color="darkorange", lw=lw)
plt.semilogx(param_range, test_scores_mean, label="Cross-validation score",
             color="navy", lw=lw)
plt.fill_between(param_range, test_scores_mean - test_scores_std,
                 test_scores_mean + test_scores_std, alpha=0.2,
```

```
35.                 color="navy", lw=lw)
36. plt.legend(loc="best")
37. plt.show()
```

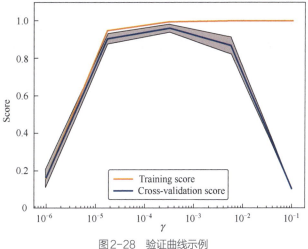

图 2-28 验证曲线示例

当然，模型复杂度不止在于参数的差异，还包含多个层面：算法的选择，如 XGBoost 比 LR 更复杂；模型的超参数选择，如 XGBoost 中的"最大深度"值越大，模型越复杂；模型的训练过程参数，如 XGBoost 中的"训练轮次"和是否使用 early stop 等。

3）模型业务评价指标

在风控业务中，除对比上文提到的标准评价指标和泛化能力指标以外，我们还会从模型排序性、相同通过率下的逾期率，以及效果与成本平衡的角度评价模型的"好坏"。

（1）模型排序性。

在风控模型中，我们对模型排序性的重视程度很高。通常，我们会对模型分进行分箱，理想情况下，按模型分分箱后，样本逾期率是单调变化的，并且各相邻箱之间的逾期率差异较大，这说明模型在各个分数段都有很好的区分能力。我们可以将相邻分箱逾期率跳动点数量作为排序性优劣的评价指标之一。在如图 2-29 所示的样例数据中，随着模型分的增大，逾期率是单调变化的，高分段的逾期率低，低分段的逾期率高，并且没有跳动点，说明该模型的排序性良好。

分箱	样本数	坏样本数	好样本数	逾期率
(-inf, 126.0]	350	342	8	97.7%
(126.0, 352.0]	349	283	66	81.1%
(352.0, 424.0]	355	171	184	48.2%
(424.0, 459.0]	347	122	225	35.2%
(459.0, 487.0]	354	106	248	29.9%
(487.0, 515.0]	341	76	265	22.3%
(515.0, 542.0]	351	63	288	17.9%
(542.0, 571.0]	354	49	305	13.8%
(571.0, 611.0]	346	30	316	8.7%
(611.0, inf]	346	17	329	4.9%

图 2-29 模型排序性示例

在不同使用场景下,我们关注排序性的位置可能不同。例如,对于针对老客户的贷前准入模型,一般情况下,策略中设置的通过率比较高,假设通过率为 80%,在这种情况下,我们关注的是模型在 80% 通过率附近的排序性;而对于新客户,通过率一般设置得比较低,在这种情况下,我们关注高分段的模型排序性。

(2)相同通过率下的逾期率。

我们通常在特定业务场景下比较模型效果。如上文所述的针对老客户的贷前准入模型,假设业务中设定的模型通过率为 80%,那么,在评价两个模型的好坏时,除比较低分段的模型排序性以外,我们还需要比较 80% 通过率下哪个模型的逾期率更低。

(3)效果与成本平衡。

在实际业务中,我们建立的模型有些是有成本模型(如加了外部数据源),有些是无成本模型(如仅使用内部数据)。在通常情况下,加入外部数据源的模型效果更佳,而且,加入的外部数据源越多,模型效果越好,但是,成本也随之大幅增加。因此,在评价模型是否适用时,我们还应从效果与成本平衡的角度进行考虑。

2.3.4 模型部署及上线验证

模型训练通常在本地环境中进行,训练完成后,首先选择最优模型并部署到线上环境(或生产环境),然后验证模型在线上环境运行是否准确无误,确认无误后,才会使用。

1. 模型部署

模型部署是指将训练完成的模型部署到线上环境。对于基于 Python 语言开发的模型,考虑其是否跨语言部署,模型文件可以选择保存为以下两种方式。

1)pickle 格式

pickle 是 Python 语言独有的格式。若线上为 Python 环境,那么可以通过 pickle 格式实现模型的快速读取。使用 pickle 格式保存模型和加载模型的 Python 实现代码如下。

```python
# 使用pickle格式保存和读取模型
def save_model_as_pkl(model, path):
    """
    保存模型到路径path
    :param model: 训练完成的模型
    :param path: 保存的目标路径
    """
    import pickle
    with open(path, 'wb') as f:
        pickle.dump(model, f, protocol=2)


def load_model_from_pkl(path):
    """
    从路径path加载模型
    :param path: 保存的目标路径
    """
    import pickle
    with open(path, 'rb') as f:
        model = pickle.load(f)
    return model
```

上述代码实现了保存模型到 path 路径和从路径 path 加载模型功能。在保存模型时,设置参数 protocol=2，表示以新二进制协议对模型内容进行序列化存储，这样可以解决 Python 3 环境中保存的模型在 Python 2 环境中读取的问题。

2）PMML 格式

预测模型标记语言（Predictive Model Markup Language，PMML）是一套与平台和环境无关的模型表示语言，可实现跨平台的机器学习模型部署。例如，对于使用 Python 开发的模型，在导出为 PMML 格式后，该模型可以部署在 Java 线上环境中。使用 PMML 格式保存模型和加载模型的 Python 实现代码如下。

```python
# 使用PMML格式保存和读取模型
from sklearn2pmml import sklearn2pmml, PMMLPipeline
from sklearn_pandas import DataFrameMapper
from pypmml import Model
from xgboost.sklearn import XGBClassifier


# 以XGBoost模型为例
def save_model_as_pmml(x, y, save_file_path):
    """
    保存模型到路径save_file_path
    :param x: 训练数据特征
    :param y: 训练数据标签
    :param save_file_path: 保存的目标路径
    """
    # 设置PMML格式的pipeline
    xgb = XGBClassifier(random_state=88)
    mapper = DataFrameMapper([([i], None) for i in x.columns])
    pipeline = PMMLPipeline([('mapper', mapper), ('classifier', xgb)])
    # 模型训练
    pipeline.fit(x, y)
    # 模型结果保存
    sklearn2pmml(pipeline, pmml=save_file_path, with_repr=True)


# PMML格式文件的读取
def load_model_from_pmml(load_file_path):
    """
    从路径load_file_path加载模型
    :param load_file_path: PMML格式的文件路径
    """
    model = Model.fromFile(load_file_path)
    return model
```

上述代码以 XGBoost 模型为例，将训练后的模型保存为 PMML 格式。首先，创建一个 PMMLPipeline 类，设置 mapper 过程和 classifier 过程，其中 mapper 过程用于对特征进行预处理，classifier 过程用于指定设置就绪的学习器。然后，通过 pipeline 训练模型。最后，利用 sklearn2pmml() 方法将模型结果保存为 PMML 格式。除此方法以外，对于原生 xgboost.core 库生成的 XGBoost 模型，我们不能使用 sklearn2pmml() 方法生成 PMML 格式的文件，可以通过 jpmml-xgboost 包将已有的 .bin 或 .model 格式的模型文件转为 PMML 格式的文件。

2. 上线验证

模型部署到线上环境后，通常先作为"陪跑"角色使用，当积累到一定样本量（建议不少于 1000 条）时，就可以进行上线验证。上线验证的目的是确认模型在线上环境中按照预期运行。我们通常从预测分数的一致性、模型分分布的差异性和模型效果的一致性 3 个方面进行验证，具体做法如下。

（1）预测分数的一致性：我们取模型"陪跑"后的样本，在线下环境重新预测打分，验证线下分数和线上分数是否一致。若发现不一致，那么需要排查原因，原因通常有线上与线下环境不一致，以及线上计算逻辑有误等。

（2）模型分分布的差异性：我们取建模时和上线"陪跑"后相同口径下的样本，对比模型分分布的差异。以贷前准入模型为例，可先取训练模型时 OOT 样本所处时间的所有申请样本，并将其作为基准样本；另取模型"陪跑"后线上申请样本，并将其作为验证样本。然后，验证基准样本和验证样本的模型分、特征分布的差异。若差异较大，那么需要排查原因，切勿简单地认为客群偏移所致。常见的模型分分布偏差原因：①取样口径不一致，如基准样本取申请样本，验证样本取授信通过样本；②细分客群比例不同，如相比基准样本，验证样本中，老客户比例大幅增加；③数据和特征问题导致分数计算变化；④策略调整导致客群偏移。

（3）模型效果的一致性：我们取模型"陪跑"后有表现的样本，以及与建模样本相同的标签，验证模型的效果。当模型效果与开发时差异较大时，我们需要排查原因，避免因数据异常而导致模型效果衰减。

上线验证是关键环节，良好的验证可以保证模型的准确性、有效性和稳定性。即使上线过程出现问题，我们也能够在第一时间发现并纠正。

2.4 常用风控建模智能算法

风控建模可用的智能算法有多种，然而，所有算法遵循的基本思想是相通的，都是从数据中提取一种接近数据内部真实联系的映射关系。换言之，给定特征集 x 和标签 y，存在某种未知的映射关系 f，能够使 x 和 y 一一对应，即 $y=f(x)$。映射关系 f 是数据内部存在的真实联系。智能算法通过在数据集中学习，从所有可能的映射关系集 H（也称为假设空间）中选择一个映射关系 h，使得所选择的映射关系 h 接近数据的真实映射，即 $h \approx f$。因此，智能算法的本质是找到一种映射关系 h，使其尽可能准确地拟合 x 和 y 的关系。

预测结果 $h(x)$ 与标签 y 之间的误差用损失函数来衡量。损失函数、代价函数和目标函数是 3 个容易混淆的概念，含义分别如下。

- 损失函数（loss function）：定义在单个样本上，是指一个样本的误差。
- 代价函数（cost function）：定义在整个训练集上，是指所有样本误差的平均，也就是所有损失函数值的平均。
- 目标函数（object function）：是指最终需要优化的函数，一般来说，在代价函数的基础上，增加了正则项。

各种智能算法通过构造不同的假设空间定义目标函数，通过优化目标函数在假设空间中寻找最优的映射关系 h，其本质可以归结为最优化问题。风控建模大多是有监督学习任务，因此，本节介绍常见的有监督学习智能算法，包括基础学习算法、集成学习算法和深度学习算法。

2.4.1 基础学习算法

基础学习算法是基本的智能算法，是集成学习算法的基础。本节介绍常见的基础学习算法，包括逻辑斯谛回归、支持向量机和决策树。

1. 逻辑斯谛回归

逻辑斯谛回归（Logistic Regression，LR）是常见的分类算法，因其简单、可解释性强等特点，在风控领域被广泛应用。逻辑斯谛回归假设数据服从伯努利分布，其学习策略可形式化为极大似然，也等价于正则化的对数损失函数的最小化问题。

1）算法原理

（1）算法概述。二项逻辑斯谛回归的形式为参数化的逻辑斯谛分布，对于二分类问题，对特征进行加权相加后，利用 sigmoid 函数输出 $Y=1$ 的概率，表现为如式（2-22）和式（2-23）所示的条件概率。

$$P(Y=1|\pmb{x}) = \frac{\exp(\pmb{w}^T\pmb{x})}{1+\exp(\pmb{w}^T\pmb{x})} = \text{sigmoid}(\pmb{w}^T\pmb{x}) \quad (2\text{-}22)$$

$$P(Y=0|\pmb{x}) = \frac{1}{1+\exp(\pmb{w}^T\pmb{x})} = 1-\text{sigmoid}(\pmb{w}^T\pmb{x}) \quad (2\text{-}23)$$

在上面两式中，$\pmb{x} \in \mathbf{R}^n$（$\mathbf{R}^n$ 为 n 维实数集），作为输入；$Y \in \{0,1\}$，表示二分类的类别；$\pmb{w} = (w^1, w^2, \cdots, w^n, b) \in \mathbf{R}^n$，表示分布参数，其中 $\pmb{w}$ 为权重，b 为偏置向量。对于某个具体的实例，逻辑斯谛回归模型比较两个条件概率的大小，预测的类别为概率值较大的那一类。这里的 sigmoid 函数的本质为逻辑斯谛分布的分布函数，取值在 0 和 1 之间。

对于多分类问题，因变量 $Y \in \{1, 2, \cdots, K\}$，此时，我们可以使用 softmax 函数输出每种类别的概率，将概率最大的类别作为预测输出，表现为如式（2-24）所示的条件概率。

$$P(Y=k|\pmb{x}) = \frac{\exp(\pmb{w}_k^T\pmb{x})}{\sum_{k=i}^{K}\exp(\pmb{w}_i^T\pmb{x})} = \text{softmax}(\pmb{w}_k^T\pmb{x}) \quad k=1,2,\cdots,K \quad (2\text{-}24)$$

softmax 函数对特征加权相加后进行归一化处理，将每种类别的指数值比例作为该类别的概率输出。

（2）模型参数估计。逻辑斯谛回归的参数 $\pmb{w}$ 可以通过极大似然估计得出。给定数据集 $D = \{(\pmb{x}_i, y_i)\}, i = 1,2,\cdots,M$，其中，$\pmb{x}_i \in \mathbf{R}^n$，表示 n 维特征；$y_i \in \{0,1\}$，表示类别；M 为总样本数。根据对数似然函数，定义目标函数为式（2-25）。

$$J(\pmb{w};\lambda) = -\frac{1}{M}\sum_{i=1}^{M}\left[y_i(\pmb{w}^T\pmb{x}_i) + \log(1+\exp(\pmb{w}^T\pmb{x})) + \lambda\pmb{w}^2\right] \quad (2\text{-}25)$$

式（2-25）中，$\lambda \in \mathbf{R}$ 为正则系数，也称惩罚系数。最小化目标函数 $J(\pmb{w};\lambda)$ 即可得参数的估计值，如式（2-26）所示。

$$\hat{\pmb{w}} = \arg\min J(\pmb{w}) \quad (2\text{-}26)$$

梯度下降法和牛顿法是常见的两种参数优化方法。下面分别介绍梯度下降法、牛顿法与拟牛顿法的优化原理和使用方法。

梯度下降法（gradient descent）是简单、常用、适用范围较广的最优化方法。梯度下降法是一种迭代算法，在特征空间中，选择初始点，经过不断迭代，更新特征值，使得每一步目标函数都极小化，直到收敛。一般情况下，其解不保证是全局最优解。当目标函数是凸函数时，梯度下降法的解是全局解。梯度下降法的优化思想是将当前位置负梯度方向作为搜索方向，因为该方向为当前位置的最快下降方向。因此，梯度下降法也被称为"最速下降法"

(steepest descent)。但是，从整个优化过程来看，梯度下降法的速度未必是最快的。

例如，对于目标函数 $J(\theta)$，在使用梯度下降法求最优参数 θ 时，需要设定迭代的步长 α 和迭代终止误差 ε，以及参数初始值 θ_0。梯度下降法利用目标函数的一阶导数更新参数，参数更新迭代公式如式（2-27）所示。

$$\theta \leftarrow \theta - \alpha \frac{\partial}{\partial \theta} J(\theta) \tag{2-27}$$

在使用梯度下降法寻找最优参数时，我们应注意以下 3 点。

- 步长选择。如图 2-30 所示，步长太小，迭代速度太慢，算法很长时间不能结束；步长太大，迭代速度过快，甚至可能错过最优解。因此，我们一般需要多取一些值并进行尝试，选择一个合适的步长。通常有效的方法：在刚开始迭代时，我们可以将步长设置得大一些，随着迭代次数的增加，步长逐渐减小。

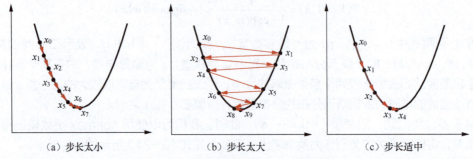

图 2-30　3 种步长下的梯度下降法的搜索迭代

- 参数初始值选择。在开始迭代时，我们需要给定参数的初始值，也就是迭代的起点。初始值不同，获得的最小值有可能不同，因为梯度下降法求得的可能只是局部最小值；当然，如果目标函数是凸函数，则一定是最优解。由于存在局部最优解风险，因此，我们需要多次使用不同初始值运行算法，选择使目标函数最小的参数组合。
- 特征归一化。在 2.2.5 节中，我们提到了特征无量纲化，由于样本不同特征的取值范围不一致，因此，直接使用梯度下降法可能导致迭代很慢。如果我们将特征归一化到同一量纲，那么可以消除这种影响，并且提高求取最优解的速度，如图 2-31 所示。

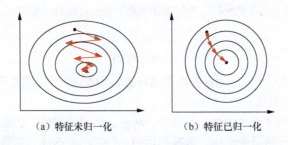

图 2-31　特征归一化对梯度下降法的影响

在机器学习中，基于基本的梯度下降法，发展出了 3 种梯度下降方法，分别为批量梯度下降法（batch gradient descent）、小批量梯度下降法（mini-batch gradient descent）

和随机梯度下降法（stochastic gradient descent），感兴趣的读者可以查阅相关资料，了解这3种梯度下降方法的区别。

牛顿法（Newton's method）也是一种迭代算法，具有收敛速度快特点。牛顿法的基本思想是利用迭代点处的一阶导数（梯度）和二阶导数（Hessian矩阵）对目标函数进行二次函数近似，然后将得到的极小点作为新的迭代点，并不断重复这一过程，直至求得满足精度的近似极小值。

牛顿法的原理：对于目标函数$J(\theta)$，假设第k轮迭代的值为$\theta^{(k)}$，目标函数有极值的必要条件是在极值点的一阶导数等于0。因此，我们将目标函数在$\theta^{(k)}$处进行二阶泰勒展开，并令目标函数的一阶导数为0，由此可得参数更新的迭代公式，如式（2-28）所示。

$$\theta = \theta^{(k)} - H^{-1}(\theta^{(k)})g(\theta^{(k)}) \tag{2-28}$$

式（2-28）中，$g(\theta^{(k)})$为目标函数在$\theta^{(k)}$处的一阶偏导数，$H(\theta^{(k)})$为目标函数在$\theta^{(k)}$处的二阶偏导数，二阶偏导数组成的方块矩阵称为Hessian矩阵（黑塞矩阵）。

相比梯度下降法，牛顿法的优势体现为以下3点。

- 梯度下降法是一阶收敛，牛顿法收敛速度为二阶，后者收敛速度更快。
- 梯度下降法仅考虑方向，牛顿法不但考虑了方向，而且兼顾步长，其对步长的估计使用的是二阶逼近。
- 牛顿法使用二次曲面拟合当前所处位置的局部曲面，而梯度下降法使用平面拟合当前的局部曲面。在通常情况下，二次曲面的拟合比平面更好，因此，牛顿法选择的下降路径更符合真实的最优下降路径。

牛顿法的缺点：每轮迭代都需要求解目标函数的Hessian矩阵的逆矩阵，计算比较复杂。

拟牛顿法（Quasi-Newton method）弥补了牛顿法每次都需要求解复杂的Hessian矩阵的逆矩阵的"缺陷"，通过正定矩阵近似Hessian矩阵，简化了计算过程，具体内容可参考相关资料。此外，基于牛顿法，衍生了很多优化算法，如DFP算法、BFGS算法和L-BFGS算法等。

2）实践应用

在sklearn库中，SGDClassifier类可以对线性分类器（包括逻辑斯谛回归、支持向量机等算法）利用随机梯度下降法或小批量梯度下降法求解最优参数。其中，参数loss可以指定损失函数的类型，penalty参数可以设置正则化方法；learning_rate用来指定学习速率（即步长）的策略。参考代码如下。

```
# 利用梯度下降法训练逻辑斯谛回归模型
lr = SGDClassifier(loss="log",
                   penalty="l2",
                   learning_rate='optimal',
                   max_iter=100,
                   tol=0.001,
                   epsilon=0.1,
                   random_state=1)
clf = make_pipeline(StandardScaler(), lr)
clf.fit(train_x, train_y)
```

上述代码利用梯度下降法训练逻辑斯谛回归模型，loss指定为对数损失函数，表示逻辑斯谛回归模型；penalty设置为L2正则化；learning_rate选择最优法，即随着迭代次数的增加，步长逐渐减小；最大迭代次数max_iter设置为100；迭代终止误差epsilon

设置为 0.1。

在 sklearn 库中，LogisticRegression 类中的 solver 参数用来指定优化算法。参考代码如下。

```
# 利用拟牛顿法训练逻辑斯谛回归模型
lr = LogisticRegression(penalty="l2",
                        solver='lbfgs',
                        max_iter=100,
                        tol=0.001,
                        random_state=1)
clf = make_pipeline(StandardScaler(), lr)
clf.fit(train_x, train_y)
```

上述代码利用拟牛顿法之一的 L-BFGS 算法训练逻辑斯谛回归模型，即将 solver 指定为"lbfgs"。另外，我们将 penalty 设置为 L2 正则化，最大迭代次数 max_iter 设置为 100，迭代终止误差 tol 设置为 0.001。

逻辑斯谛回归简单、易用，模型结果可解释性强，计算成本低，然而，它本质上是一个线性分类器，表达能力有限，并且要求特征间不能存在强相关性。当面对线性不可分数据时，我们需要使用组合特征来提高非线性表达能力。注意，组合特征泛化能力较弱。在风控领域，使用逻辑斯谛回归建立风控模型时，一般不会直接将特征连续值作为逻辑斯谛回归模型输入，而是先将连续特征离散化为 N 箱，再根据 WOE 编码，利用 WOE 值替换分箱特征值，替换后的每箱 WOE 值和目标变量呈现近似线性关系。在经过上述操作后，每个特征的每箱都有单独的权重，相当于对模型引入了非线性，这样能够提升模型表达能力。逻辑斯谛回归因其简单、可解释强优点，在风控模型中有广泛应用，尤其是在银行等传统金融机构。

2. 支持向量机

支持向量机（Support Vector Machines，SVM）是一种二分类模型，它的基本模型是定义在特征空间中的间隔最大的线性分类器。通过核函数转化，其可成为非线性分类器。SVM 的学习策略是间隔最大化，可形式化为一个求解凸二次规划的问题，也等价于正则化的合页损失函数的最小化问题。模型参数一般通过序列最小最优化算法（Sequential Minimal Optimization，SMO）求解。

1）算法原理

给定特征空间中的数据集 $D=\{(\boldsymbol{x}_i,y_i)\}$，$i=1,2,\cdots,M$，其中，$\boldsymbol{x}_i \in \mathbf{R}^n$，表示样本 i 的 n 维特征向量；$y_i \in \{+1,-1\}$，表示正负类别；M 为总样本数。SVM 就是求解能够正确划分训练数据集并且几何间隔最大的分离超平面，如图 2-32 所示。

在特征空间中，分离超平面可以表示为式（2-29）。

$$\boldsymbol{w}^\mathrm{T}\boldsymbol{x}+b=0 \qquad (2\text{-}29)$$

式（2-29）中，w 为法向量，b 为截距。对于线性可分的数据集，这样的超平面有无数个，但是几何间隔最大的分离超平面是唯一的。SVM 算法是指找到所有样本点与分离超平面 $\boldsymbol{w}^\mathrm{T}\boldsymbol{x}+b=0$ 的间隔最小值，这个最小距离就是支持向量到分离超平面的距离，即图 2-32 中红色的正负样本到分离超平面的距离。

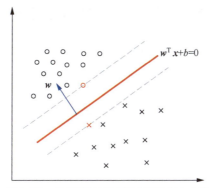

图2-32 分离超平面将两种类别的样本分开

SVM求解最大分离超平面问题可以表示为式（2-30）所示的约束最优化问题。

$$\max_{w,b} \ d$$
$$\text{满足条件} \quad y_i \frac{w^T x_i + b}{\|w\|} \geq d, \ i=1,2,\cdots,M \tag{2-30}$$

式（2-30）的含义为最大化分离超平面与训练集的间隔，约束条件是每个训练样本到分离超平面的距离都至少为 d，对应图2-32中红色的分割线。事实上，间隔 d 不影响最优化问题的解，此处，令间隔为1。此时，最优化问题转化为最大化 $\|w\|^{-1}$，等价于最小化 $\|w\|^2$。于是，可将线性可分支持向量机的最优化问题表示为式（2-31）。

$$\min_{w,b} \ \frac{1}{2}\|w\|^2$$
$$\text{满足条件} \quad y_i(w^T x_i + b) \geq 1, \ i=1,2,\cdots,M \tag{2-31}$$

线性可分数据的间隔最大化通常称为"硬间隔最大化"。对于线性不可分的数据集，上述不等式约束条件并不能都成立，为此，需要引出"软间隔"，即不需要保证所有样本都划分正确。在最大化间隔的同时，不满足约束的样本应尽可能少，最优化问题计算公式转化为式（2-32）。

$$\min_{w,b} \ \frac{1}{2}\|w\|^2 + C\sum_{i=1}^{M}\xi_i$$
$$\text{满足条件} \quad y_i(w^T \phi(x_i)+b) \geq 1-\xi_i$$
$$\xi_i \geq 0, \quad i=1,2,\cdots,M \tag{2-32}$$

式（2-32）中，$C>0$，表示惩罚系数；ξ_i 为松弛变量，表示能够容忍错误划分样本的程度；$\phi(x_i)$ 为变换函数，也称核函数，其用于非线性问题中，将样本从原始特征空间映射到一个更高维的特征空间，使得样本在高维空间中线性可分。

SVM 的参数 w 和 b 可以通过将拉格朗日乘子法转化为对偶问题来估计。求解 SVM 二次规划的对偶问题常用的是 SMO 算法。SMO 算法是一个迭代优化算法，在每一个迭代步骤中，首先选取两个待更新的向量变量，并固定其他变量，然后，针对这两个变量构建一个二次规划问题，求解这两个变量的二次规划问题。在参数初始化后，不断进行迭代，直至收敛。

2）实践应用

sklearn 库的 svm 包中有多种支持向量机算法的实现，其中 LinearSVC 类采用线性核，适用于线性可分数据，训练速度快；SVC 类是基于 LIBSVM（支持向量机的一个包）实现的，可以设置多种核函数,但是,其数据拟合的时间复杂度是数据样本的二次方,因此,不适合大样本场景。

利用线性 SVM 训练模型的参考代码如下。

```
1.  # 利用线性SVM训练模型
2.  from sklearn.svm import LinearSVC
3.  from sklearn.pipeline import make_pipeline
4.  from sklearn.preprocessing import StandardScaler
5.  line_svm = LinearSVC(penalty='l2',
6.                       loss='hinge',
7.                       C=0.2,
8.                       tol=0.001)
9.  clf = make_pipeline(StandardScaler(), line_svm)
10. clf.fit(train_x, train_y)
```

上述代码利用线性 SVM 训练模型,设置 penalty 为 L2 正则化,指定 loss 为合页损失函数,设置惩罚系数 C 为 0.2,设置迭代终止误差 tol 为 0.001。上面这段代码先通过 StandardScaler 类对数据进行标准化处理,再通过设置的线性 SVM 学习器训练模型。

利用支持核函数的 SVM 训练模型的参考代码如下。

```
1.  # 利用支持核函数的SVM训练模型
2.  from sklearn.svm import SVC
3.  from sklearn.pipeline import make_pipeline
4.  from sklearn.preprocessing import StandardScaler
5.  svm = SVC(C=0.2,
6.            kernel='rbf',
7.            tol=0.001)
8.  clf = make_pipeline(StandardScaler(), svm)
9.  clf.fit(train_x, train_y)
```

上述代码利用支持核函数的 SVM 训练模型,设置惩罚系数 C 为 0.2;指定核函数 kernel 为"rbf",即高斯核函数;设置迭代终止误差 tol 为 0.001。上面这段代码先通过 StandardScaler 类对数据进行标准化处理,再通过设置的 SVM 学习器训练模型。

SVM 无须依赖整个数据,只关心"支持向量",其进行模型训练时占用内存小,能够处理大型特征空间,并且泛化性能好,通常在小样本训练集上能够得到比其他算法好很多的结果。在使用 SVM 建模时,预处理数据和调参都需要谨慎,我们通常需要对特征进行标准化处理。当训练样本量很大时,SVM 的效率并不高。此外,SVM 的可解释性不强,在风控领域应用较少。

3. 决策树

决策树(Decision Tree,DT)是一种有监督学习算法,其利用树结构对样本进行划分,从而预测输出。树的内部节点表示特征,分支表示特征的取值划分,叶子节点表示某种类别。图 2-33 是一个利用"工作状态"和"月收入"特征预测客户是否有偿还能力的决策树。该决策树有两个内部节点,分别是特征"工作状态"和"月收入";分支为特征的不同取值,如工作状态有两个分支:"有工作"和"无工作";叶子节点包含"有偿还能力"和"无偿还能力"两种类别。在预

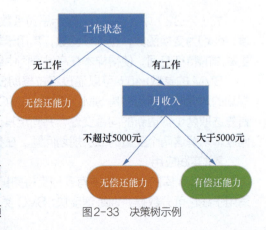

图 2-33 决策树示例

测客户有无偿还能力时，首先进入"工作状态"内部节点，判断客户是否有工作，如果无工作，就直接进入"无偿还能力"叶子节点，否则进入"月收入"内部节点；当月收入大于 5000 元时，进入"有偿还能力"叶子节点，否则进入"无偿还能力"叶子节点。

决策树易于实现，可解释性强，符合人类的思维习惯，既可以解决分类问题，又可以解决回归问题，在机器学习领域有广泛应用。ID3、C4.5、CART 是常见的 3 种决策树算法，本节将详细介绍这 3 种算法。

1）算法原理

决策树的生成过程主要分为以下 3 个部分。

- 最优划分特征选择。最优划分特征选择是指从特征池中选择哪个特征作为树的节点进行分裂，不同算法采用的选择策略不同。
- 决策树生成。决策树生成是指根据最优划分特征选择策略，从根节点到叶子节点进行递归生成，直到样本无法继续划分，决策树停止"生长"。
- 剪枝。剪枝是指把过于细分的叶子节点删除，回退到其父节点或更高的节点，使其父节点或更高的节点变为叶子节点。剪枝的目的是防止过拟合。

上述 3 部分的具体说明如下。

（1）最优划分特征选择。想要生成性能良好的决策树，选择最优划分特征是关键，其决定了决策树的效率与准确率。一般而言，我们希望选择一个属性之后，其分支节点所包含的样本尽可能属于同一类别，即节点的纯度（purity）越来越高。决策树最优特征选择方法有多种，如 ID3 采用信息熵、C4.5 采用信息增益、CART 采用基尼不纯度（分类任务）或均方差（回归任务）。

（2）决策树生成。决策树生成是依据最优划分特征选择策略迭代地构建决策树的过程。ID3 生成决策树的方法和 C4.5 相似，二者的不同点是，ID3 选择特征时使用信息增益准则，而 C4.5 使用信息增益比准则。决策树生成的具体方法：从根节点开始，计算所有可能的特征取值的信息增益或信息增益比，选择信息增益或信息增益比最大的特征作为节点，由该特征的不同取值分别建立子节点，再对子节点递归地调用上述方法，直到所有特征的信息增益或信息增益比都很小，或者没有特征可以划分，最终决策树构建完成。与 ID3 或 C4.5 不同的是，CART 中任何一个特征都可能出现在多个节点中。对于回归树，样本的输出变量是连续值，CART 采用均方误差最小化准则选择最优切分点，计算所有特征对数据集的均方误差，将每部分样本输出变量的平均值作为预测值。

（3）剪枝。在决策树生成过程中，采用递归方式划分节点，为了尽可能正确地分类训练样本，往往生成的决策树分支繁多，结构过于复杂。这样产生的决策树在训练样本上表现很好，但是在测试样本上表现一般，即容易产生过拟合问题。为了解决这个问题，我们可以对决策树的结构进行简化，去掉一些分支，这个过程称为剪枝（pruning）。决策树的基本剪枝策略有预剪枝（pre-pruning）和后剪枝（post-pruning）两种。

- **预剪枝：** 在构建决策树的过程中，在对每个节点进行划分前，先对其进行估计，如果当前节点的划分不能带来决策树模型泛化性能的提升，则不对当前节点进行划分，并且将当前节点标记为叶子节点。
- **后剪枝：** 首先，将整个决策树构建完成，然后自底向上地对非叶子节点进行考察，若将该节点对应的子树替换为叶子节点能够带来泛化性能的提升，则把该子树替换为叶子节点。

在进行剪枝时，判断决策树模型泛化性能是否提升一般使用交叉验证，如预剪枝策略，我们判断每个节点划分后能否在验证样本上带来性能提升，依此决定是否对当前节点进行划分。经典的剪枝算法有误差降低剪枝（Reduced Error Pruning，REP）、悲观错误剪枝（Pessimistic-Error Pruning，PEP）和代价复杂剪枝（Cost-Complexity Pruning，CCP）等，感兴趣的读者可查阅相关资料。

2）实践应用

部分决策树算法要求输入的特征为类别型，并且不能有缺失，但在实际业务中，我们会遇到连续值和缺失值，如何处理呢？

（1）连续值的处理。

ID3 要求特征取值都为离散值，因为其无法处理连续型特征。如果特征是连续值，则需要在数据预处理阶段进行离散化处理，即通常先将连续型特征进行分段处理，再利用 ID3 生成决策树。

C4.5 采用二分法对连续值进行处理。如果特征是连续值，那么在训练样本集中有 v 种取值。首先对这些取值进行排序，然后将相邻两个特征值的平均值作为候选切分点，这样可以得到 $v-1$ 个候选切分点，最后根据候选切分点将样本划分为两部分，计算信息增益比，选择最优切分点。CART 处理连续值的思想和 C4.5 相似。

（2）缺失值的处理。

ID3 无法处理缺失值，因此其需要在数据预处理时对特征缺失值进行填充。C4.5 可以对缺失值进行处理，处理思想：在选择最优划分特征时，在无缺失样本上，计算信息增益比，并将无缺失样本的比例作为惩罚系数进行相乘，然后将修正后的信息增益比作为选择最优划分特征的准则。另外，如果已确定最优特征和切分点，那么，样本在该特征上缺失时，特征缺失的样本会被同时划分到所有子节点中。CART 处理缺失值的思想和 C4.5 相似。

3 种决策树算法的对比如图 2-34 所示。

决策树算法	学习任务	树结构	特征选择准则	连续值处理	缺失值处理
ID3	分类	多叉树	信息增益	不支持	不支持
C4.5	分类	多叉树	信息增益比	支持	支持
CART	分类、回归	二叉树	基尼不纯度、均方差	支持	支持

图 2-34 3 种决策树算法比较

sklearn 库的 tree 包中的 DecisionTreeClassifier 类是决策树算法的实现，使用决策树训练模型的参考代码如下。

```
1.  # 决策树
2.  from sklearn.tree import DecisionTreeClassifier
3.  clf = DecisionTreeClassifier(criterion='gini',
4.                               max_depth=4,
5.                               min_samples_leaf=20,
6.                               random_state=88)
7.  clf.fit(train_x, train_y)
```

在上述代码中，参数 criterion 设置为"gini"，表示将基尼不纯度作为最优特征选择方法；参数 max_depth 设置为 4，表示树的最大深度为 4；参数 min_samples_leaf 设置为 20，表示叶子节点最少样本数为 20。需要注意的是，sklearn 库中对决策树的实现是不支持缺失值处理的。

决策树算法简单、直观，可解释性强。特征不需要做标准化处理，因为 C4.5 和 CART

既可以处理离散值，又可以处理连续值。但是，决策树算法非常容易过拟合，我们需要通过设置合适的叶子节点最少样本数量、限制决策树深度来改善。另外，决策树会因为样本轻微变化，尤其是落在叶子节点的样本变化，导致树结构的剧烈变动，此时，我们可以通过集成学习等方法来改善。

2.4.2 集成学习算法

集成学习的思想是朴素的，即对于复杂任务，综合多个专业人士的判断并给出最终结论要比选择其中任何一个专业人士单独的结论更好。集成学习通过构建多个学习器，并结合多个学习器的结果进行预测，通常可以获得比单一学习器更高的准确性和泛化能力。根据个体学习器（也称为"弱学习器"）的生成方式，集成学习大致分为两类：第一类是以 Bagging(Bootstrap Aggregation) 为代表的并行生成方式，这种方式下，个体学习器之间不存在强依赖关系；第二类是以 Boosting 为代表的串行生成方式，这种方式下，个体学习器之间存在强依赖关系。本节介绍常见的集成学习算法，包括随机森林、GBDT、XGBoost 和 LightGBM。

1. 随机森林

随机森林（random forest）是集成学习算法中的 Bagging 流派的代表。随机森林属于并行生成方式，会构建多棵没有依赖关系的决策树。在预测结果时，我们让每棵决策树分别进行判断和分类，并将分类结果中最多的类别作为最终的预测结果，如图 2-35 所示。

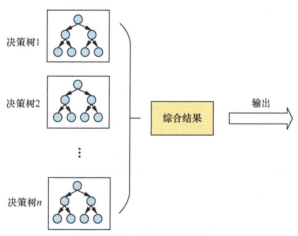

图2-35　随机森林示意图

1）算法原理

随机森林使用"随机"方式创建每一棵决策树，"随机"主要体现在下列两个方面：①在训练每棵决策树时，从全部训练样本中随机抽取样本量相同的数据进行训练；②在生成决策树的每个节点时，随机选取所有特征的一个子集，从特征子集中选择最优特征进行划分。其中，随机抽取样本采用的是自助采样法（bootstrap sampling），即有放回地从样本集中抽取样本。因此，最终得到的采样数据集中可能有重复样本。

假设样本集里共有 M 个样本，构建每一棵决策树都需要在样本集中进行 M 次有放回的采样。那么，当 $M \to \infty$ 时，任一样本在 M 次采样中始终没被采集到的概率的计算公式如式（2-33）所示。

$$\lim_{M \to \infty} \left(1 - \frac{1}{M}\right)^M = \frac{1}{e} \approx 0.368 \qquad (2\text{-}33)$$

式（2-33）中，e 为自然常数。也就是说，经过自助采样，样本集中有约 36.8% 的样本未出现在采样集中，这部分样本称为"袋外"数据（Out of Bag, OOB）。那么，我们可以将这约 36.8% 的样本作为验证集，对决策树的泛化能力进行估计。

随机森林算法首先从数据集 D 中有放回地抽取 M 个样本，作为采样集 D_i，然后利用采样集 D_i 构建决策树，每次节点划分时，从特征集 A 中随机抽取 k 个特征并选择最优特征，最后生成决策树 T_i。重复 t 次，可以得到 t 棵决策树。预测时，我们使用每棵决策树分别进行预测。对于分类问题，随机森林的最终预测结果是 t 棵决策树分类结果中最多的类别；对于回归问题，随机森林的最终预测结果是 t 棵决策树预测结果的平均值。

2）实践应用

在 sklearn 库中，集成学习包 ensemble 中的 RandomForestClassifier 类是随机森林算法分类任务的实现。使用 RandomForestClassifier 类训练模型的参考代码如下。

```python
# 随机森林
from sklearn.ensemble import RandomForestClassifier
clf = RandomForestClassifier(n_estimators = 100,
                              criterion='gini',
                              max_depth = 4,
                              min_samples_leaf = 20,
                              bootstrap = True,
                              oob_score=True,
                              random_state=88)
clf.fit(train_x, train_y)
```

在上述代码中，n_estimators 设置为 100，表示构建 100 棵决策树；criterion 设置为 "gini"，表示将基尼不纯度作为最优特征选择方法；max_depth 设置为 4，表示树的最大深度为 4；min_samples_leaf 设置为 20，表示叶子节点最少样本数为 20；bootstrap 设置为 True，表示采用自助采样法；oob_score 设置为 True，表示将袋外数据作为测试集。

随机森林既可以处理分类问题，又可以处理回归问题。由于其采用了集成方法，因此精度比大多数单个算法要好。因为随机森林各学习器训练过程相互独立，所以容易实现并行化计算。此外，随机森林不容易过拟合，有很好的抗噪声能力，最终还可以得到特征重要性排序。

但是，对于小数据集或低维数据，随机森林的效果不佳。

2. GBDT

上面介绍的随机森林算法属于集成学习中的 Bagging 方法，本节将介绍 Boosting 方法中使用广泛的一种算法——梯度提升决策树（Gradient Boost Decision Tree，GBDT）。GBDT 算法将决策树（通常是 CART）作为弱学习器，模型结果是一组决策树。GBDT 算法每轮构建的弱学习器都是在前一轮弱学习器的基础上学习的，因此，弱学习器之间存在强依赖关系，只能串行地构建每个弱学习器，如图 2-36 所示。

1）算法原理

GBDT 模型结果是一组回归树 $\{T_1, T_2, \cdots, T_n\}$，其中第 t 棵树 T_t 学习的是上一轮（即第 $t-1$ 棵树 T_{t-1}）预测结果的残差，模型最终的输出是样本在各个决策树上的预测结果之和。这种思想就像考试前的复习，首先把复习试卷上的所有习题做一遍，接着选出做错的题再做一遍，然后从第二次结果中选出错题再做一遍，以此反复，直到取得最好成绩，最好成绩是每次得分之和。

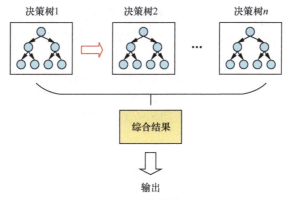

图 2-36 GBDT 算法示意图

在 GBDT 算法迭代过程中，每轮训练得到的弱学习器记为 $f_t(x)$。假设第 $t-1$ 轮得到的强学习器是 $h_{t-1}(x)$，损失函数是 $L(y,h_{t-1}(x))$。针对不同学习任务，GBDT 算法使用的损失函数有所差异。对于分类任务，GBDT 算法通常使用对数损失函数；对于回归任务，GBDT 算法通常使用均方差损失函数。强学习器 $h_{t-1}(x)$ 是前 $t-1$ 轮所有弱学习器的预测结果的综合，由此可以得到式（2-34）。

$$h_{t-1}(x) = \sum_{i=1}^{t-1} f_i(x) \tag{2-34}$$

那么，第 t 轮迭代的目标是找到一个 CART 回归树模型的弱学习器 $f_t(x)$，使得本轮的损失函数 $L(y,h_{t-1}(x)+f_t(x))$ 最小。

GBDT 算法使用损失函数的负梯度来拟合本轮损失的近似值，进而训练得到一个 CART 回归树。利用第 t 轮样本的损失函数的负梯度，训练得到第 t 棵 CART 回归树，其对应的叶子节点为 $R_{tj}, j=1,2,\cdots,J$，其中 J 为叶子节点个数。针对每个叶子节点，使损失函数最小，也就是拟合叶子节点最好的输出值 c_{tj}，如式（2-35）所示。

$$c_{tj} = \underset{c}{\arg\min} \sum_{x_i \in R_{tj}} L(y_i, h_{t-1}(x_i)+c) \tag{2-35}$$

于是，可以得到第 t 轮的弱学习器 $f_t(x)$，如式（2-36）所示。

$$f_t(x) = \sum_{j=1}^{J} c_{tj} I(x_i \in R_{tj}) \tag{2-36}$$

式（2-36）中，$I(x_i \in R_{tj})$ 为指示函数，表示样本 x_i 是否属于叶子节点 R_{tj}。最终，得到第 t 轮的强学习器，如式（2-37）所示。

$$\begin{aligned} h_t(x) &= h_{t-1}(x) + f_t(x) \\ &= h_{t-1}(x) + \sum_{j=1}^{J} c_{tj} I(x_i \in R_{tj}) \end{aligned} \tag{2-37}$$

对应上文中复习做题得分的例子，式（2-37）可被理解为：第 t 轮的总得分 = 前 $t-1$ 轮做对的题目得分之和 + 本轮做对的题目得分。

在迭代过程中，为了防止过拟合，GBDT 算法常使用的正则化方法有下列 3 种。

（1）考虑步长或学习率（learning rate），用来控制每一轮的学习程度。在考虑学习率后，第 t 轮的强学习器表示为式（2-38）。

$$h_t(x) = h_{t-1}(x) + vf_t(x) \qquad (2\text{-}38)$$

式（2-38）中，$v \in (0,1)$。v 越大，表示对本轮弱学习器的惩罚越大，剩余的残差越大，留给后续迭代学习的空间也越大。

（2）采用子采样（subsample）。在迭代过程中，每轮只选择部分样本训练弱学习器，这样可以降低过拟合风险，但是会增加样本拟合的偏差，因此，每轮训练样本的比例不能太低。

（3）控制每轮中树的复杂度。可以采用剪枝策略，限制 CART 树的深度，通过设置叶子节点最少样本数等控制树的复杂度。

2）实践应用

在 sklearn 库中，集成学习包 ensemble 中的 GradientBoostingClassifier 类是 GBDT 算法分类任务的实现。使用 GradientBoostingClassifier 类训练模型的参考代码如下。

```python
# GBDT
from sklearn.ensemble import GradientBoostingClassifier
clf = GradientBoostingClassifier(n_estimators=100,
                                 learning_rate=0.1,
                                 subsample=0.8,
                                 max_depth=4,
                                 min_samples_leaf=20,
                                 random_state=88)
clf.fit(train_x, train_y)
```

在上述代码中，n_estimators 设置为 100，表示构建 100 棵决策树；learning_rate 设置为 0.1，表示学习率为 0.1；subsample 设置为 0.8，表示每轮选择 80% 的样本训练弱学习器；max_depth 设置为 4，表示每轮训练过程中树的最大深度为 4；min_samples_leaf 设置为 20，表示叶子节点最少样本数为 20。

GBDT 算法是使用广泛的集成算法，通常能够取得比其他算法更好的效果。GBDT 算法的主要优点是可以灵活处理各种类型的数据，包括连续值和离散值。相比 SVM，在相对少的调参时间情况下，预测的准确率比较高。但是，由于弱学习器之间存在依赖关系，因此 GBDT 算法难以并行训练数据。此外，数据维度较高会增加算法的计算复杂度。

3. XGBoost

XGBoost（eXtreme Gradient Boosting）是陈天奇等人开发的一个开源机器学习项目，高效地实现了 GBDT 算法并进行了算法和工程上的许多改进。相比 GBDT 算法，XGBoost 算法主要有下列 3 个方面的优化。

（1）算法本身的优化：在选择弱学习器时，GBDT 算法只支持决策树，而 XGBoost 算法不仅支持决策树，还支持线性学习器。在代价函数中，XGBoost 算法加入了正则项部分，用于控制模型的复杂度。在算法的优化方式上，GBDT 算法的损失函数只对误差部分进行一阶泰勒展开，而 XGBoost 算法的损失函数对误差部分进行二阶泰勒展开。此外，XGBoost 算法支持自定义损失函数，但要保证损失函数有一阶导数和二阶导数。

（2）算法运行效率的优化：XGBoost 算法支持特征粒度上的并行化计算。例如，在每轮决策树进行节点的分裂时，可以并行计算每个特征的增益，最终选择增益最大的那个特征去进行节点的分裂。

（3）算法健壮性的优化：对于缺失值，首先将样本分别划分到左子树和右子树，比较增益，然后将缺失值划分到增益更大的一侧。XGBoost 算法采用了随机森林列采样思想，不但简化了计算，而且有助于降低过拟合风险。

下面将详细介绍 XGBoost 算法的实现原理和实践应用。

1)算法原理

和 GBDT 算法类似,XGBoost 采用前向分步算法,是由多个弱学习器 $f(x)$ 组成的一个加法运算式。模型的预测精度由偏差和方差共同决定。损失函数表示模型的偏差。若想要方差小,则需要更简单的模型。因此,目标函数最终由损失函数 l 与抑制模型复杂度的正则项 Ω 组成,于是,XGBoost 算法的目标函数如式(2-39)所示。

$$\text{Obj} = \sum_{i=1}^{M} l(y_i, \hat{y}_i) + \sum_{t=1}^{k} \Omega(f_t) \quad (2\text{-}39)$$

式(2-39)中,y_i 表示标签真实值,$\hat{y}_i$ 表示模型预估值。

然后利用泰勒展开,目标函数可以写成式(2-40)。

$$\text{Obj}^{(t)} \approx \sum_{i=1}^{M} \left[l(y_i, \hat{y}_i^{t-1}) + g_i f_t(x_i) + \frac{1}{2} h_i f_t^2(x_i) \right] + \sum_{i=1}^{t} \Omega(f_i) \quad (2\text{-}40)$$

式(2-40)中,g_i 是损失函数 l 的一阶偏导数,h_i 是损失函数 l 的二阶偏导数。

当弱学习器是线性模型时,我们只需要首先求出每一步损失函数的一阶偏导值和二阶偏导值,然后最优化目标函数,就可以得到每一步的 $f(x)$,最后根据加法法则得到一个最终模型。但是,当弱学习器是树模型时,XGBoost 算法定义了一种结构分数,用于衡量特征分裂时目标函数的减少程度,类似于 ID3 中的信息增益或 CART 中的基尼不纯度。

XGBoost 算法选择最优切分点有两种策略。第一种是贪心策略,即遍历所有特征的所有切分点,这种策略和普通决策树选择最优切分点的思想相近,不过 XGBoost 算法在切分的时候就已经考虑了树的复杂度。第二种是近似分割策略,其做法是先选出一些候选的切分点,再遍历这些候选切分点以寻找最优切分点。选择候选切分点的思想是对特征值分箱,XGBoost 算法采用了一种基于损失函数权重的加权分位数算法(weighted quantile sketch)。加权分位数算法首先将样本根据特征值进行排序(预排序),并计算得到每个样本的重要度,然后根据重要度总和的分位点对特征值进行分箱,候选的切分点为分箱边界的特征值。

XGBoost 算法在每轮迭代得到的弱学习器前增加了收缩系数(shrinkage)η。该收缩系数类似于步长或学习率,用来削弱每棵树的作用,让后续迭代过程有更大的学习空间。XGBoost 算法采用了随机森林列采样思想,即在每轮迭代时,从特征集中抽取一部分特征进行训练,有助于避免过拟合。

2)实践应用

XGBoost 算法的参数较多,以基于树模型为例,模型参数包含树的深度、树的棵数、学习率和叶子节点权重等。最近几年,在风控业务中,XGBoost 算法使用广泛,因此,我们详细介绍参数调优的方法,通常分两步进行。

第一步:确定模型参数。我们可以利用网格搜索方式寻找最优参数组合,参考代码如下。

```
1.  # 网格搜索,确定其他参数
2.  def xgboost_grid_search(params_space, x_train, y_train, x_test=None,
3.      y_test=None, num_boost_round=10000):
4.      # 设置训练参数
5.      if x_test is None:
6.          x_train, x_test, y_train, y_test = sk_ms.train_test_split(x_train,
7.              y_train, test_size=0.2, random_state=1)
8.      score_list = []
9.      test_params = list(ParameterGrid(params_space))
10.     for params_try in test_params:
11.         params_try['eval_metric'] = "auc"
12.         params_try['random_state'] = 1
```

```
13.        clf_obj = train_xgb(params_try, x_train, y_train, x_test, y_test,
14.            num_boost_round=num_boost_round, early_stopping_rounds=30, verbose_eval=0)
15.        score_list.append(roc_auc_score(y_test,
16.            clf_obj.predict(xgb.DMatrix(x_test))))
17.    result = pd.DataFrame(dict(zip(score_list, test_params))).T
18.    print(result)
19.    # 取测试集上效果最好的参数组合
20.    params = test_params[np.array(score_list).argmax()]
21.    return params
22.
```

上述代码首先设置需要优化的参数候选值,然后使用网格搜索组合所有参数的不同取值,在训练集上训练模型,在测试集上评测效果,最后选择在测试集上效果最好的参数组合并进行输出。

在使用网格搜索最优参数组合时,若参数候选值较多,那么网格调参的速度会非常慢。贝叶斯调参迭代次数少、速度快的特点使其得到了广泛应用。bayesian-optimization 是贝叶斯优化的 Python 包,使用方便,参考代码如下。

```
1.  # 贝叶斯调参,确定其他参数
2.  def xgboost_bayesian_optimization(params_space, x_train, y_train,
3.      x_test=None, y_test=None, num_boost_round=10000,
4.      nfold=5, init_points=2, n_iter=5, verbose_eval=0, early_stopping_rounds=30):
5.      # 设置需要调节的参数及效果评价指标
6.      def xgboost_cv_for_bo(eta, gamma, max_depth, min_child_weight,
7.                            subsample, colsample_bytree):
8.          params = {
9.              'eval_metric': 'auc',
10.             'booster': 'gbtree',
11.             'objective': 'binary:logistic',
12.             'eta': eta,
13.             'gamma': gamma,
14.             'max_depth': int(max_depth),
15.             'min_child_weight': int(min_child_weight),
16.             'subsample': subsample,
17.             'colsample_bytree': colsample_bytree,
18.             'seed': 1
19.         }
20.         if x_test is None:
21.             dtrain = xgb.DMatrix(x_train, label=y_train)
22.             xgb_cross = xgb.cv(params,
23.                                dtrain,
24.                                nfold=nfold,
25.                                metrics='auc',
26.                                early_stopping_rounds=early_stopping_rounds,
27.                                num_boost_round=num_boost_round)
28.             test_auc = xgb_cross['test-auc-mean'].iloc[-1]
29.         else:
30.             clf_obj = train_xgb(params, x_train, y_train, x_test, y_test,
31.              num_boost_round=num_boost_round,
32.              early_stopping_rounds=early_stopping_rounds, verbose_eval=verbose_eval)
33.             test_auc = roc_auc_score(y_test, clf_obj.predict(xgb.DMatrix(x_test)))
34.         return test_auc
35.
36.     # 指定需要调节参数的取值范围
```

```
37.    xgb_bo_obj = bo.BayesianOptimization(xgboost_cv_for_bo, params_space,
38.        random_state=1)
39.    xgb_bo_obj.maximize(init_points=init_points, n_iter=n_iter)
40.    best_params = xgb_bo_obj.max['params']
41.
42.    best_params['max_depth'] = int(best_params['max_depth'])
43.    best_params['min_child_weight'] = int(best_params['min_child_weight'])
44.    best_params['eval_metric'] = 'auc'
45.    best_params['booster'] = 'gbtree'
46.    best_params['objective'] = 'binary:logistic'
47.    best_params['seed'] = 1
48.    return best_params
```

上述代码首先设置了需要调节的参数及效果评价指标，并将它们封装在 xgboost_cv_for_bo() 函数中；然后指定了参数范围 params_space，不同于网格调参需要给出各个参数的候选值，贝叶斯调参只需要给出待调节参数的取值范围；最后选择测试集或交叉验证集上效果最好的参数组合并输出。

第二步：利用最优参数组合训练模型，参考代码如下。

```
1.  # 确定最优树的棵数
2.  def xgb_cv(param, x, y, num_boost_round=10000):
3.      dtrain = xgb.DMatrix(x, label=y)
4.      cv_res = xgb.cv(param, dtrain, num_boost_round=num_boost_round,
5.          early_stopping_rounds=30)
6.      num_boost_round = cv_res.shape[0]
7.      return num_boost_round
8.
9.  # 训练XGBoost模型
10. def train_xgb(params, x_train, y_train, x_test=None, y_test=None,
11.     num_boost_round=10000, early_stopping_rounds=30, verbose_eval=50):
12.     dtrain = xgb.DMatrix(x_train, label=y_train)
13.     if x_test is None:
14.         num_boost_round = xgb_cv(params, x_train, y_train)
15.         early_stopping_rounds = None
16.         eval_sets = ()
17.     else:
18.         dtest = xgb.DMatrix(x_test, label=y_test)
19.         eval_sets = [(dtest, 'test')]
20.
21.     model = xgb.train(params, dtrain, num_boost_round, evals=eval_sets,
22.         early_stopping_rounds=early_stopping_rounds, verbose_eval=verbose_eval)
23.     return model
```

上述代码首先将训练集特征和标签转换为 DMatrix 格式，然后指定了早停条件以防止过拟合，最后利用 train() 函数训练模型，此处只展示核心代码。

在 XGBoost 模型中，特征重要性（feature importance）可以反映每个特征对于提升整个模型预测能力的贡献程度，通常用特征增益、分裂次数和覆盖度 3 种方式衡量。

相比 XGBoost 模型自带的重要性排序，使用 SHAP（SHapley Additive exPlanations）进行分析更有优势，因为 SHAP 不仅能够反映特征的重要性，还能够分析每一个样本中的特征对其模型得分的影响。SHAP 使用简单，参考代码如下。

```
1.  import shap
2.  explainer = shap.TreeExplainer(model)
```

```
3.  shap_values = explainer.shap_values(x_train)
4.  # SHAP可视化
5.  shap.summary_plot(shap_values, x_train)
```

SHAP 值示例如图 2-37 所示，图左侧的"age.in.years"等表示特征，图中的点表示样本，横坐标表示 SHAP 值，每一个点对应的 SHAP 值表示该样本在该特征上对最终模型分的影响。点的颜色表示特征值的大小。

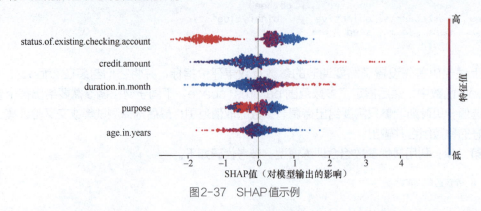

图2-37　SHAP值示例

近年来，XGBoost 模型经过在工业界的广泛应用和验证，其效果得到了人们的充分认可。XGBoost 模型的超参数众多，如果人工调参，则会相对复杂，网格搜索调参、贝叶斯调参等方法可以极大地节省超参数调节的时间，提升模型训练效率，其他模型的调参可以参考此过程。

4. LightGBM

LightGBM（Light Gradient Boosting Machine）是微软开源的 GBDT 算法的进化版本。LightGBM 的出现主要是为了解决 GBDT 在海量数据方面遇到的问题，让 GBDT 可以更好、更快地用于工业实践。相比 XGBoost，LightGBM 在很多方面的表现更为优秀，如具有更快的训练速度、更低的内存消耗和更高的准确率，具备分布式支持能力，可以快速处理海量数据。

1）算法原理

LightGBM 延续了 XGBoost 的集成学习方式，并在此基础上做了很多优化，我们可以将其看作 XGBoost 的升级加强版，这主要体现在以下 4 种算法或策略的使用上。

（1）直方图算法。

在树分裂过程中计算分裂特征的增益时，XGBoost 采用了预排序方法来处理节点分裂，这样计算的分裂点相对精确。但是，预排序过程不仅需要存储特征值，还需要存储特征对应样本梯度统计值的索引，造成了很大的时间和空间开销。为了解决这个问题，LightGBM 选择使用直方图算法。相比预排序方法，直方图算法在内存消耗和计算成本上有不少优势。

直方图算法首先把特征值转化为分箱值，然后根据特征所在的分箱对其进行梯度累加和个数统计。在遍历数据的时候，离散化后的值将作为索引在直方图中累计统计量。当遍历一次数据后，直方图累计了需要的统计量，就会根据直方图的离散值遍历寻找最优切分点。直方图算法的思想和 XGBoost 中近似分裂策略的分箱相似，XGBoost 基于损失函数二阶偏导数的分布寻找候选切分点，导致每次节点分裂后，样本被划分到了不同的节点中，二阶偏导数的分布就变了，需要重新计算分箱，而 LightGBM 在每个特征上都有一个直方图，这样的话，构建一次即可，并且分裂的时候还能通过直方图作差进行加速。

直方图算法的优势在于不仅不需要额外存储预排序的结果，还可以只保存特征离散化后的值，因此，空间开销方面得到了优化。另外，在一个节点分裂成两个时，右子节点的直方图其实等于其父节点的直方图减去左子节点的直方图，这种直方图作差方式减少了时间开销。

（2）单边梯度采样算法。

单边梯度采样（Gradient-based One-Side Sampling，GOSS）算法利用梯度信息对样本进行采样，保留梯度大的样本，并对梯度小的样本进行随机采样，为了不改变样本的数据分布，在计算增益时，为梯度小的样本引入一个常数，以此进行平衡，极大地减少了计算量。

GOSS 算法首先将要进行分裂的特征的所有取值按照梯度大小降序排列，然后得到前 $a\%$ 的梯度大的样本和剩下梯度小的样本的 $b\%$。在计算增益时，梯度小的 $b\%$ 的样本通过乘以 $(1-a\%)/b\%$ 来放大梯度小的样本的权重，一方面，算法将更多的注意力放在训练不足的样本上，另一方面，通过乘以权重来防止采样对原始数据分布造成太大影响。LightGBM 通过这种方式，在不降低太大精度的同时，减少了样本数量，使得训练速度加快。

（3）互斥特征捆绑算法。

互斥特征捆绑（Exclusive Feature Bundling，EFB）算法主要用来解决高维度稀疏数据的训练问题。高维度特征往往很稀疏，而且特征间可能是相互排斥的（即特征不会同时为非零值，像 one-hot）。如果两个特征并不是完全互斥的（部分情况下，两个特征都是非零值），那么可以用冲突比例来衡量特征间的互斥程度。当冲突比例较小时，我们可以选择把不完全互斥的两个特征进行捆绑，从而减少特征维度，这样能够实现精度和效率的平衡。

EFB 算法利用特征间的关系构造一个加权无向图，并将其转换为图着色算法，根据节点的度进行降序排列，度越大，与其他特征的冲突越大。然后，遍历每个特征，将它们分配给现有特征捆绑包（bundle），或者新建一个特征捆绑包，使得总体冲突最小。EFB 算法的关键在于原始特征能够从合并的特征中分离出来。直方图算法将连续特征值保存为离散的分箱，而 EFB 算法通过在特征值中加入一个偏置常量，使得不同特征的值分到捆绑包的不同分箱中。

（4）leaf-wise 策略。

除在寻找最优分裂点过程中进行优化以外，在树的生成过程中，LightGBM 也进行了优化。LightGBM 抛弃了 XGBoost 按层生长（level-wise）方式，使用带有深度限制的按叶子生长（leaf-wise）方式。level-wise 方式不加区分地对待同一层的叶子节点，实际上，很多叶子节点的分裂增益较低，没必要进行搜索和分裂，因此带来了很多不必要的计算开销。leaf-wise 则是一种更为高效的策略，每次从当前所有叶子节点中，找到分裂增益最大的一个进行分裂，如此循环。同 level-wise 相比，在分裂次数相同的情况下，leaf-wise 可以减少更多误差，得到更好的精度。leaf-wise 的缺点是可能生长出较深的决策树，产生过拟合。因此，LightGBM 在 leaf-wise 上增加了一个最大深度的限制，在保证高效率的同时，防止过拟合。

2）实践应用

Python 有专门的 LightGBM 库，其中 LGBMClassifier 类是 LightGBM 算法分类任务的实现。使用 LGBMClassifier 类训练模型的参考代码如下。

```
# LightGBM
import lightgbm as lgb
clf = lgb.LGBMClassifier(objective='binary',
                         boosting_type='gbdt',
                         max_depth=3,
                         n_estimators=1000,
                         subsample=1,
                         colsample_bytree=1)
lgb = clf.fit(train_x, train_y)
```

在上述代码中，objective 设置为"binary"，表示分类任务采用逻辑损失函数；boosting_type 设置为"gbdt"，表示构建 1000 棵决策树；max_depth 设置为 3，表示每轮训练过程中树的最大深度为 3；n_estimators 设置为 1000，表示迭代 1000 轮；subsample 设置为 1，表示每轮抽取 10% 的样本训练弱学习器；colsample_bytree 设置为 1，表示每轮抽取 10% 的特征训练弱学习器。

相比 XGBoost，LightGBM 在内存消耗和训练速度方面都有大幅优化，在大规模、高维度数据的学习任务中有出色表现。训练速度快是 LightGBM 的重要优势。

2.4.3 深度学习算法

以神经网络为基础的深度学习算法在图像识别和文本处理等领域大放异彩。在风控领域，深度学习算法多使用在特征挖掘方面。本节将介绍两种以神经网络为基础的深度学习算法。

1. 深度神经网络

神经网络（neural network）的结构模仿生物神经网络。生物神经网络中的每个神经元与其他神经元相连，当一个神经元"兴奋"时，它向下一级相连的神经元发送化学物质，改变这些神经元的电位。如果某个神经元的电位超过阈值，则它被激活，否则不被激活。沿用至今的"M-P 神经元模型"对这一生物结构进行了抽象。神经元接收来自其他多个神经元传递的输入信号，首先经过加权求和，然后和神经元阈值比较，最后经过激活函数（activation function）输出，输出可以表示成式（2-41）。

$$y = \sigma\left(\sum_{i=1}^{n}\omega_i x_i - b\right) \quad (2\text{-}41)$$

式（2-41）中，x_i 为输入，ω_i 为权重，b 为神经元阈值（也称为偏置），$\sigma(\cdot)$ 为激活函数。图 2-38 所示为 M-P 神经元模型。

许多神经元按照一定层次连接，就得到了神经网络。神经网络的第一层称为"输入层"（input layer），最后一层称为"输出层"（output layer），中间的统称为"隐藏层"（hidden layer）。对于深度神经网络（Deep Neural Network，DNN），隐藏层通常包括多层，每一个神经元都与下一层的所有神经元相连，同层之间的神经元不存在两两连接的关系，也不存在跨层连接关系，这样的神经网络结构也称为"多层前馈神经网络"（multi-layer feedforward neural network），如图 2-39 所示。

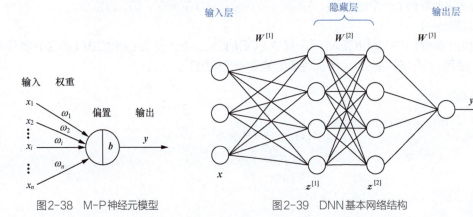

图 2-38　M-P 神经元模型　　　　　图 2-39　DNN 基本网络结构

1）算法原理

深度神经网络训练包含前向传播（Forward Propagation，FP）和反向传播（Back Propagation，BP）两个过程。对于图2-39所示的神经网络结构，假设共有 L 层，输入为 x，连接第 l 和 $l+1$ 隐藏层的权重矩阵为 $W^{[l]}$，偏置为 $b^{[l]}$，第 l 隐藏层的未激活输出为 $z^{[l]}$，激活输出为 $a^{[l]}$，其中 $a^{[l]} = \sigma(z^{[l]})$。不难看出，$a^{[l]}$ 的值取决于上一层神经元的激活输出，即存在式（2-42）和式（2-43）。

$$z^{[l]} = W^{[l]} a^{[l-1]} + b^{[l]} \tag{2-42}$$

$$a^{[l]} = \sigma(z^{[l]}) \tag{2-43}$$

如此迭代，可以得到最终预测值 $\hat{y} = a^{[L]} = \sigma(z^{[L]})$，这个过程就是前向传播。

同其他机器学习算法类似，DNN通过合适的损失函数来度量训练样本的输出误差，然后对这个损失函数求极值，即可得到最终的最优参数权重矩阵 W^* 和偏置向量 b^*。损失函数极值的求解一般通过梯度下降法迭代完成。利用梯度下降法对DNN的损失函数进行迭代优化以求极小值的过程称为反向传播。

以均方误差损失函数为例，经过前向传播，得到预测值 $\hat{y}$，此时输出层的损失函数如式（2-44）所示。

$$J = \frac{1}{2} \left\| a^{[L]} - y \right\|_2^2 = \frac{1}{2} \left\| \sigma(W^{[L]} a^{[L-1]} + b^{[L]}) - y \right\|_2^2 \tag{2-44}$$

第 l 隐藏层未激活输出 $z^{[l]}$ 的梯度为式（2-45）。

$$\delta^{[l]} = \frac{\partial J}{\partial z^{[l]}} = \left(\frac{\partial z^{[L]}}{\partial z^{[L-1]}} \frac{\partial z^{[L-1]}}{\partial z^{[L-2]}} \cdots \frac{\partial z^{[l+1]}}{\partial z^{[l]}} \right) \frac{\partial J}{\partial z^{[L]}} \tag{2-45}$$

根据 $z^{[l]} = W^{[l]} a^{[l-1]} + b^{[l]}$，有式（2-46）。

$$\frac{\partial J}{\partial W^{[l]}} = \delta^{[l]} (a^{[l-1]})^{\mathrm{T}}, \frac{\partial J}{\partial b^{[l]}} = \delta^{[l]} \tag{2-46}$$

因此，只要求得 $\delta^{[l]}$，就可以得到任一层损失函数对权重矩阵 W 和偏置向量 b 的梯度。我们可以得到式（2-47）

$$\frac{\partial z^{[l+1]}}{\partial z^{[l]}} = W^{[l+1]} \sigma'(z^{[l]}) \tag{2-47}$$

并进一步得到式（2-48）

$$\delta^{[l]} = \left(\frac{\partial z^{[l+1]}}{\partial z^{[l]}} \right) \frac{\partial J}{\partial z^{[l+1]}} = (W^{[l+1]})^{\mathrm{T}} \delta^{[l+1]} \odot \sigma'(z^{[l]}) \tag{2-48}$$

这样就得到了 $\delta^{[l]}$ 的递推关系式。只要求出某一层的 $\delta^{[l]}$，就可以得到 $W^{[l]}$ 和 $b^{[l]}$ 的对应梯度。

2）实践应用

下面以德国信用卡数据集为例，利用TensorFlow 2.x构建DNN来实现分类任务，预测客户的信用水平。首先加载数据集，并对数据预处理，参考代码如下。

```
1.  # DNN
2.  import tensorflow as tf
3.  from tensorflow.keras import layers, models, callbacks
4.  from utils import data_utils
5.  from sklearn.metrics import roc_auc_score
```

```
6.
7.  # 加载数据集
8.  train_x, test_x, train_y, test_y = data_utils.get_x_y_split
9.          (transform_method='standard')
```

在上述代码中，get_x_y_split 函数首先从 scorecardpy 包中加载数据集，然后将标签列映射为数值型，最后划分训练集和测试集。

然后，构建 DNN 模型结构，先设置随机数种子，确保模型训练结果可以复现，再设置 EarlyStopping() 函数，用于模型训练早停。本例中设置了两个隐藏层，第一个隐藏层有 32 个神经元，第二个隐藏层有 16 个神经元，按照给定的 dropout 概率（如 30%），随机选择要丢弃的节点，防止过拟合。参考代码如下。

```
1.  # 设置随机数种子
2.  tf.random.set_seed (1)
3.  # 设置早停
4.  callback = callbacks.EarlyStopping(monitor='val_loss', patience=30, mode='min')
5.  # 构建DNN结构
6.  model = models.Sequential()
7.  model.add(layers.Flatten(input_shape=(train_x.shape[1], 1)))
8.  model.add(layers.Dense(32, activation=tf.nn.relu))
9.  model.add(layers.Dropout(0.3, seed=1))
10. model.add(layers.Dense(16, activation=tf.nn.relu))
11. model.add(layers.Dense(1, activation=tf.nn.sigmoid))
12. # 显示DNN的结构
13. model.summary()
```

最后，利用 summary() 方法输出 DNN 模型结构及每层的模型参数数量，本例的输出如图 2-40 所示。

```
Model: "sequential"
_____
Layer (type)                    Output Shape              Param #
=================================================================
flatten (Flatten)               (None, 20)                0
_____
dense (Dense)                   (None, 32)                672
_____
dropout(Dropout)                (None, 32)                0
_____
dense_1 (Dense)                 (None, 16)                528
_____
dense_2 (Dense)                 (None, 1)                 17
=================================================================
Total params: 1, 217
Trainable params: 1, 217
Non-trainable params: 0
```

图 2-40　DNN 模型结构及每层的模型参数数量

从输出结果可以看出，该网络结构共有 1217 个模型参数。我们设置损失函数为对数损失函数 "binary_crossentropy"，采用 "SGD" 优化器，将 "AUC" 作为模型评估标准，训练时，每批次 16 个样本，总共训练 240 轮，参考代码如下。

```
1.  # 设置模型训练参数
2.  model.compile(optimizer='SGD',
3.                metrics=[tf.metrics.AUC()],
4.                loss='binary_crossentropy')
5.  # 模型训练
6.  model.fit(train_x, train_y, validation_data=(test_x, test_y), batch_size=16,
7.            epochs=240, callbacks=[callback], verbose=2)
```

上述代码的部分输出如图 2-41 所示。

```
Epoch 1/240
50/50 - 1s - loss: 0.6823 - auc: 0.5344 - val_loss: 0.6309 - val_auc: 0.5800
Epoch 2/240
50/50 - 0s - loss: 0.6460 - auc: 0.5390 - val_loss: 0.6061 - val_auc: 0.5920
Epoch 3/240
50/50 - 0s - loss: 0.6360 - auc: 0.5312 - val_loss: 0.5912 - val_auc: 0.6107
Epoch 4/240
50/50 - 0s - loss: 0.6203 - auc: 0.5646 - val_loss: 0.5812 - val_auc: 0.6252
Epoch 5/240
50/50 - 0s - loss: 0.6068 - auc: 0.5951 - val_loss: 0.5746 - val_auc: 0.6353
Epoch 6/240
50/50 - 0s - loss: 0.5950 - auc: 0.6233 - val_loss: 0.5677 - val_auc: 0.6440
Epoch 7/240
50/50 - 0s - loss: 0.5890 - auc: 0.6395 - val_loss: 0.5624 - val_auc: 0.6590
Epoch 8/240
50/50 - 0s - loss: 0.5838 - auc: 0.6687 - val_loss: 0.5572 - val_auc: 0.6672
```

图 2-41　模型训练结果

达到训练轮次或者触发早停条件导致训练完毕后，在训练集和测试集上评估模型效果，参考代码如下。

```
1.  # 效果评估
2.  auc_score = roc_auc_score(train_y, model.predict(train_x))
3.  print(auc_score)
4.  auc_score = roc_auc_score(test_y, model.predict(test_x))
5.  print(auc_score)
```

需要注意的是，梯度消失和梯度"爆炸"是 DNN 中的常见问题。在使用反向传播算法求解各层网络的梯度时，有式（2-49）。

$$\begin{aligned}
\frac{\partial J}{\partial z^{[l]}} &= \left(\frac{\partial z^{[L]}}{\partial z^{[L-1]}} \frac{\partial z^{[L-1]}}{\partial z^{[L-2]}} \cdots \frac{\partial z^{[l+1]}}{\partial z^{[l]}} \right) \frac{\partial J}{\partial z^{[L]}} \\
&= \left[W^{[L]} \sigma'(z^{[L-1]}) W^{[L-1]} \sigma'(z^{[L-2]}) \cdots W^{[l+1]} \sigma'(z^{[l]}) \right] \frac{\partial J}{\partial z^{[L]}} \\
&= \left[W^{[L]} W^{[L-1]} \cdots W^{[l+1]} \sigma'(z^{[L-1]}) \sigma'(z^{[L-2]}) \cdots \sigma'(z^{[l]}) \right] \frac{\partial J}{\partial z^{[L]}}
\end{aligned} \quad (2\text{-}49)$$

在式（2-49）中，方括号部分是累乘项，其中前半部分是关于权重的累乘，后半部分是关于激活函数的导数的累乘。当选择的激活函数为 sigmoid 函数时，其导数的取值范围是 (0,0.25)。当网络层数很多的时候，多个小于 1 的数进行累乘，结果趋于 0，这会造成反向传播，偏导数部分的取值趋于 0，参数得不到更新，即"梯度消失"。当初始权重很大时，多个大于 1 的数进行累乘，结果趋于无穷大，即"梯度爆炸"。

解决梯度消失的常用方法是选用 ReLU、leak ReLU 等激活函数。在自变量大于 0 时，ReLU 函数的导数恒为 1，因此不会导致梯度消失问题。另外，我们可以采用 Batch Normalization 方法，将网络中每一层的输出标准化为正态分布，并使用缩放和平移参数对标准化之后的数据分布进行调整，可以将集中在梯度饱和区的原始输出拉向线性变化区，增大梯度值，缓解梯度消失问题，并加快网络的学习速度。我们还可以使用残差网络 ResNet 等其他网络结构。解决梯度"爆炸"的常用方法有：在初始化权重矩阵时，控制初始值范围；在损失函数中加入参数的正则化项，不仅可以防止过拟合，还可以防止梯度"爆炸"。

2. 卷积神经网络

卷积神经网络（Convolutional Neural Network, CNN）是一类包含卷积计算的神经网络结构，是深度学习的代表算法。CNN 改善了 DNN 在处理高维特征数据（如图像）时，由于相邻两层的神经元都是全连接，导致训练参数过多的问题。CNN 可以自动从大规模数据中学习特征，并把结果向同类型未知数据泛化，目前在语音识别、图像识别、图像分割和自然语言处理等领域取得了巨大成功。

1）算法原理

CNN 主要由输入层、卷积层、池化层、全连接层和输出层构成。CNN 会对输入的数据（文本、图像等）进行卷积和池化操作，提取输入数据中的特征，经过全连接层映射到输出，并利用反向传播算法（BP 算法）训练网络参数。CNN 基本网络结构如图 2-42 所示，实际使用的网络结构通常有多个卷积层、池化层和全连接层，但是基本原理是相似的。

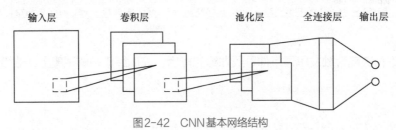

图 2-42　CNN 基本网络结构

（1）输入层是 CNN 的第一层，表示输入数据。当输入是图像时，它一般表示为图像的像素矩阵。对于黑白图像，输入通常是二维矩阵；对于彩色图像，输入通常是三维矩阵，三维矩阵的长和宽表示图像的大小，三维矩阵的深度表示图像的色彩通道。当输入是文本时，它一般表示为词向量化后的矩阵，通常是二维矩阵，每行表示一个单词的词向量。

（2）卷积层是利用卷积核（kernel）与本层输入数据进行卷积运算的网络层。卷积核也称过滤器（filter）。卷积层的参数由一组卷积核组成，每个卷积核在空间上都很小，常见的有 3×3 或 5×5。卷积层的前向传播过程是将一个卷积核从本层输入矩阵的左上角移动到右下角，并且在移动中计算每一个对应的单位矩阵。为了避免卷积运算后输出矩阵越来越小，同时考虑到对输入矩阵边缘信息和内部信息的重视程度不一样，因此，卷积前一般会对输入矩阵周围进行填充（padding），常见的是填充 0，未经填充的卷积运算如图 2-43 所示，填充后的卷积运算如图 2-44 所示。除此之外，卷积运算中有一个重要参数，即卷积步长（stride）。卷积步长只对输入矩阵的长和宽两个维度有效，表示每次移动卷积核时的步长。假设输入矩阵大小为 6×6，采用大小为 3×3 的卷积核，卷积步长为 1，未经填充的卷积运算输出矩阵大小为 4×4，比输入矩阵小；在填充一圈后，输出矩阵大小为 6×6，和输入矩阵的大小相同。当使用多个卷积核时，输出矩阵通常是三维的，而且输出矩阵的深度和卷积核数量有关。

在卷积层，神经元就是图像处理中的卷积核，每个卷积核连接数据窗口的权重是固定的，每个卷积核只关注一个图像特性，如垂直边缘、水平边缘、颜色和纹理等，所有卷积核提取的特征加起来就是整张图像的特征。因此，卷积层通常会同时使用多个不同的卷积核。此外，在卷积运算后，卷积层还会利用激励函数（如 ReLu 函数）对输出矩阵进行非线性映射，有些文献中称之为"激励层"，本书不再赘述。

（3）池化层夹在连续的卷积层中间，用于压缩数据和参数的数量，其作用类似于降维，可以降低过拟合风险。池化层不改变输入矩阵的深度，但是可以缩小矩阵。特别是在图像处理任务中，图像中的相邻像素倾向于具有相似的值，经卷积运算后，相邻的输出像素也具有相似的值，意味着输出包含大量的冗余信息，经池化处理后，可以减少冗余数据。池化时，同样需要提供池化核的大小和步长,常见方法有最大值池化(max pooling)和均值池化(average pooling)。最大值池化是值取输入矩阵池化窗口内的最大值,均值池化是值取输入矩阵池化窗口内的平均值。如图2-45所示,采用大小为3×3的最大值池化核,池化步长为1,最终可将6×6的输入矩阵转换为4×4的输出矩阵。

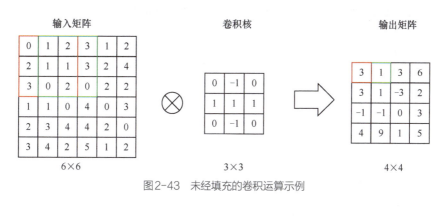

图2-43 未经填充的卷积运算示例

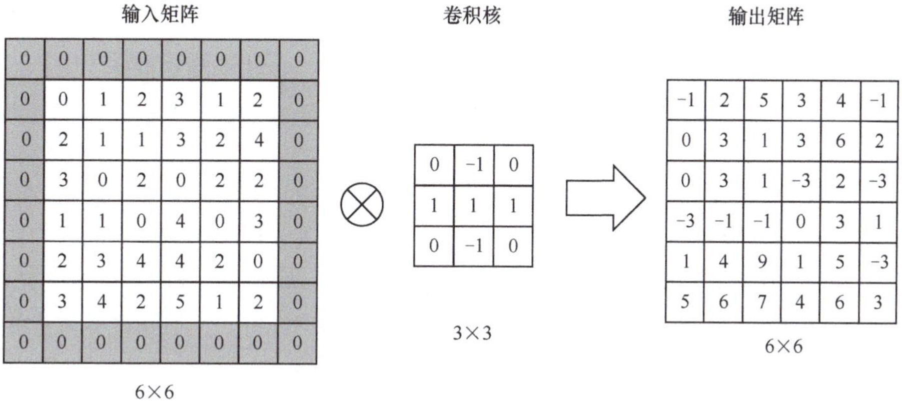

图2-44 填充后的卷积运算示例

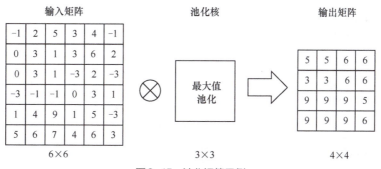

图2-45 池化运算示例

(4)全连接层是将卷积和池化后的三维数据矩阵拉伸(flatten)到一维空间,起到将学到的特征表示映射到样本的标记空间的作用。在实际应用中,全连接层至少有两层,第一层用于拉伸,第二层用于非线性映射。

(5)输出层是对结果的预测。对于分类任务,输出层一般利用softmax函数对前一层的输出结果进行非线性映射,输出每种类别的概率;对于回归任务,输出层一般利用求和、求均值等方法对前一层的输出结果进行线性映射,输出只有一维。

2)实践应用

下面以德国信用卡数据集为例,利用 TensorFlow 2.x 构建 CNN 以实现分类任务,预测客户的信用。首先加载数据集,并对数据预处理,参考代码如下。

```
1.   # CNN
2.   import tensorflow as tf
3.   from tensorflow.keras import layers, models, callbacks
4.   from utils import data_utils
5.   from sklearn.metrics import roc_auc_score
6.
7.   # 加载数据集
8.   train_x, test_x, train_y, test_y = data_utils.get_x_y_split
9.       (transform_method='standard')
10.
11.  # 数据预处理
12.  train_x = train_x.to_numpy().reshape((train_x.shape[0], train_x.shape[1], 1))
13.  test_x = test_x.to_numpy().reshape((test_x.shape[0], test_x.shape[1], 1))
14.  train_y = train_y.values.reshape((train_y.shape[0], 1))
15.  test_y = test_y.values.reshape((test_y.shape[0], 1))
```

上述代码首先利用 get_x_y_split 函数从 scorecardpy 包中加载数据集,将标签列映射为数值型,并划分训练集和测试集,然后利用 reshape() 函数对数据的格式进行转换,方便模型训练。

CNN 通常用于图像或语音数据。在应用于结构化数据时,我们需要注意数据格式的处理。我们可以使用一维卷积,并且每次只卷积计算一个样本,这样可以实现特征之间的信息融合。本例中设置两层卷积,第一层有 16 个卷积核,第二层有 8 个卷积核。我们可以利用 Conv1D() 方法设置卷积核的大小、数量,以及激活函数等参数,不设置池化层。参考代码如下。

```
1.   # 设置随机数种子,保证每次运行的结果一致
2.   tf.random.set_seed(1)
3.   callback = callbacks.EarlyStopping(monitor='val_loss', patience=30, mode='min')
4.
5.   # 构建CNN结构
6.   model = models.Sequential()
7.   model.add(layers.Conv1D(filters=16, kernel_size=4, activation='relu',
8.       input_shape=(train_x.shape[1], 1)))
9.   model.add(layers.Conv1D(filters=8, kernel_size=1, activation='relu'))
10.  model.add(layers.Flatten())
11.  model.add(layers.Dropout(0.3, seed=1))
12.  model.add(layers.Dense(16, activation='relu'))
13.  model.add(layers.Dense(1, activation='sigmoid'))
14.  # 显示CNN的结构
15.  model.summary()
```

在上述代码中,我们首先设置了随机数种子,保证每次运行的结果一致;然后构建卷积神经网络,由于数据预处理对数据结构进行了转换,因此第一卷积层输入形状 input_shape 设置为"(train_x.shape[1], 1)",卷积核宽度 kernel_size 设置为 4,表示对一个样本的 4 个特征进行一次卷积计算;最后,利用 summary() 方法输出模型结构及每层的模型参数数量,输出如图 2-46 所示。

```
Model: "sequential"
_____
Layer (type)                 Output Shape              Param #
=================================================================
conv1d (Conv1D)              (None, 17, 16)            80
_____
conv1d_1 (Conv1D)            (None, 17, 8)             136
_____
flatten (Flatten)            (None, 136)               0
_____
dropout (Dropout)            (None, 136)               0
_____
dense (Dense)                (None, 16)                2192
_____
dense_1 (Dense)              (None, 1)                 17
=================================================================
Total params: 2,425
Trainable params: 2,425
Non-trainable params: 0
```

图 2-46　CNN 结构及每层的模型参数数量

从输出结果可以看出，该模型结构共有 2425 个模型参数。我们设置损失函数为对数损失函数 "binary_crossentropy"，采用 "SGD" 优化器，将 "AUC" 作为模型评估标准，训练时，每批次 16 个样本，总共训练 240 轮，参考代码如下。

```
# 设置模型训练参数
model.compile(optimizer='SGD',
              metrics=[tf.metrics.AUC()],
              loss='binary_crossentropy')
# 模型训练
model.fit(train_x, train_y, validation_data=(test_x, test_y), batch_size=16,
          epochs=240, callbacks=[callback], verbose=2)
```

模型训练完毕，我们在测试集上评估模型效果，参考代码如下。

```
# 效果评估
auc_score = roc_auc_score(train_y, model.predict(train_x))
print(auc_score)
auc_score = roc_auc_score(test_y, model.predict(test_x))
print(auc_score)
```

CNN 具有局部连接和参数共享两大优点。局部连接是指卷积层输出矩阵中的元素只与输入矩阵部分元素有关，而不是输入矩阵的所有元素，使得特征只关注其应该关注的部分，同时减少了神经网络的参数。例如，在图像处理中，卷积层输出的某个特征可能只和输入图像的某一部分相关，和其他位置的信息没有关联，便于提取图像中的局部信息。参数共享是指同一卷积层中同一卷积核的参数是共享的。参数共享可以使输入数据中的内容不受位置的影响，同时可以减少神经网络中的参数。CNN 经典模型有 LeNet、AlexNet、GoogLeNet、VGGNet、ResNet 和 MobileNets 等，感兴趣的读者可以通过查阅相关文献进一步了解。

2.5　模型迭代优化

模型上线后，客群的变化可能导致模型效果衰减；或者，随着数据维度的增加，模型效果进一步提升；抑或，由于业务调整，某些数据无法再使用。面对这些情况，对模型进行迭代优化就显得格外重要。模型迭代优化的目的是提升线上模型效果，使得模型在近期样本上表现更好。模型迭代优化可以从模型融合、建模时效和拒绝推断 3 个角度进行。

2.5.1 模型融合角度

从模型融合角度优化是指将多个模型的结果相互组合或再训练，以提升最终模型效果。不同样本集包含的信息千差万别，不同算法从样本中学到的信息各不相同，我们可以利用这种差异性，将不同种类模型、不同时间段模型相互融合，提炼出更加丰富的客群信息。融合模型突破了单一模型的局限性，吸收了各个子模型的优点，往往能够取得比单个模型更好的效果。

1. 模型融合方法

模型融合的方法有多种，常见的有以下 3 种。我们可以基于多次建模的结果进行融合，也可以在一次建模任务中采用集成学习方法进行融合。

1）模型结果简单加权

模型结果简单加权是指直接给各个子模型分配权重，通过加权求和得到融合模型的输出。子模型的权重可以通过随机生成或基于子模型效果赋予权重的方法得到，在测试集上评估融合效果，选择融合效果最好的权重组合。模型结果简单加权适用于子模型个数较少的情况，可以快速、便捷地得到效果良好的融合模型。

2）模型结果再训练

模型结果再训练是指将各个子模型的结果作为特征，采用机器学习算法再次建模，最终得到融合模型。机器学习算法可以根据子模型数量选择，当子模型数量较小时，可以采用线性回归或逻辑斯谛回归算法；当子模型数量较大时，可以采用树算法。相比简单加权，再训练的方式适合子模型偏多的情况，但是容易过拟合，训练模型时，我们需要格外注意。

3）集成学习

集成学习通过构建多个学习器来完成建模任务。2.4 节介绍了集成学习中 Bagging 方式的代表算法（随机森林）和 Boosting 方式的代表算法（GBDT），下面将详细介绍集成学习中常见的 4 种模型融合方法——Bagging、Boosting、Stacking 和 Blending。这 4 种集成学习框架中，个体学习器不限于特定的算法。

（1）Bagging。

Bagging 是在多轮采样获取的数据子集上训练多个个体学习器，然后通过投票法或平均法对个体学习器进行集成的方法，如图 2-47 所示。Bagging 的训练过程：首先从原始样本集中有放回地（Bootstraping 方式）抽取 m 个训练样本，共进行 k 轮抽取，得到 k 个训练集，并将每轮未抽取的样本作为测试集；然后，每次使用一个训练集得到一个模型，k 个训练集即得到 k 个模型；最后，对于分类问题，将得到的 k 个模型采用投票的方式得到分类结果，对于回归问题，计算 k 个模型的均值并作为回归结果。需要注意的是，每次可以选取全部的特征训练，也可以随机选取部分特征训练，如随机森林就是每次随机选取部分特征训练。

（2）Boosting。

Boosting 是一种在训练过程中，不断对训练样本分布进行调整，基于调整后的样本分布训练下一轮个体学习器的集成学习方法，如图 2-48 所示。Boosting 的训练过程：先通过初始训练集训练出一个个体学习器，再根据该学习器的表现对训练样本分布进行调整。例如，AdaBoost 算法增加个体学习器预测错误样本的权重，使其在下一轮训练中受到更多"关注"；而 GBDT 算法将前一轮个体学习器预测值的残差作为下一轮训练的目标，以此调整训练样本分布。经过 k 轮迭代，得到 k 个个体学习器，最终将这 k 个个体学习器进行加权求和并作为最终模型。

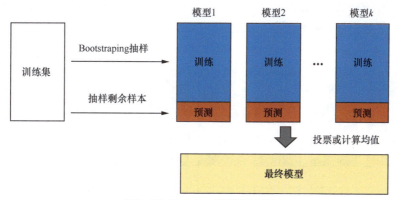

图2-47　Bagging模型训练框架

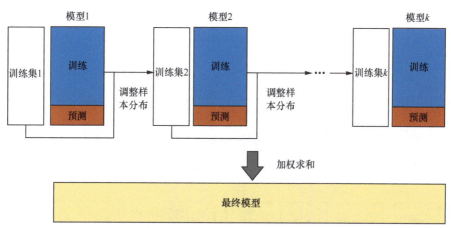

图2-48　Boosting模型训练框架

（3）Stacking。

Stacking是一种将多种个体学习器整合在一起来取得更好表现的集成学习方法。一般情况下，Stacking的训练过程分为两步，第一步训练第一层的多个不同模型，第二步以第一层各个模型的输出来训练得到最终模型，如图2-49所示。具体地，第一步，对训练集进行K折交叉验证，即将训练集等分为K份，用其中$K-1$份训练模型，在剩余那份上做预测，如此进行K次，便得到了所有训练集上的预测值，该预测值将作为新特征。另外，每次得到的模型在测试集上进行预测，每个测试集样本可以得到K个预测值，其平均值将作为测试集的新特征。该过程进行N次，每次可以选择不同的智能学习算法，或者针对同一算法设置不同的超参数，便可得到N个新特征。第二步，这N个新特征作为输入，训练得到最终模型。上文介绍的是两层模型结构，Stacking可以增加至多层，然而它们的处理思想是相同的，都是在前一层的基础上继续进行K折交叉验证，产生新特征，最后训练得到最终模型。

（4）Blending。

Blending与Stacking类似，区别体现在：第一步，在原训练集上，Blending不是通过K折交叉验证策略得到预测值，而是采用Hold-Out策略，即保留固定比例的样本并将其作为验证集，在其余样本上训练出多个模型，分别在验证集和测试集上进行预测，将预测值作为新特征;第二步,基于验证集和测试集的新特征,训练得到最终模型,如图2-50所示。相比Stacking方法,Blending方法更加简单,并且由于它在第一步和第二步中使用了不同的数据集,因此避免了数据信息泄露问题。然而,Blending方法没有充分利用全部数据,可能导致过拟合。

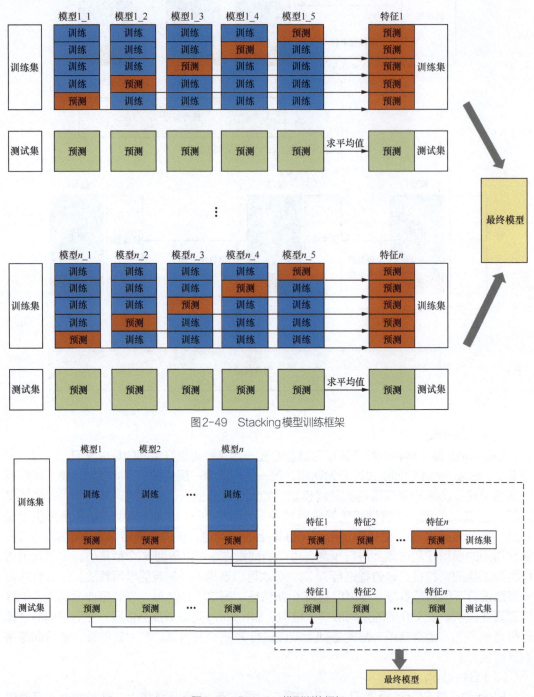

图2-49 Stacking模型训练框架

图2-50 Blending模型训练框架

除上面提到的Blending与Stacking方法以外,由Facebook提出的基于GBDT+LR

的模型融合方法在分类和回归任务方面有广泛应用。实验结果表明，GBDT+LR 能够取得比单个模型更好的效果。GBDT+LR 的基本思想是根据 GBDT 模型学到的树结构构造新特征，再利用 LR 训练，得到最终模型。

2. 模型融合方式

模型融合方式有很多，包括不同标签模型融合、不同样本模型融合和不同数据源模型融合等。

1）不同标签模型融合

不同标签模型融合是指将不同样本标签开发模型进行融合。基于不同样本标签，模型能够学到样本不同维度的信息，融合后的模型学到的信息更加丰富。根据业务对风险类型定义的不同，通常可以设计不同的预测标签，分别建立子模型，最后进行融合。例如，为了识别客户在不同时期的风险，可以适当调整表现期和逾期程度，预测客户的长期风险时，设计长表现期标签，建立长表现期模型；预测客户的短期风险时，设计短表现期标签，建立短表现期模型。又如，我们将欺诈、失联和逾期分别作为预测标签，建立子模型，再将这 3 个子模型融合，最终得到的融合模型通常具有更好的风险预测能力。

2）不同样本模型融合

不同样本模型融合是指将不同样本开发的模型进行融合。根据产品、时间等信息，将样本分群，分别训练子模型，再将子模型融合，这样得到的融合模型能够获取不同客群的信息。一种常用的方法是将新模型和旧模型融合，融合模型可以获取不同时段的客群信息。此外，可以将基于不同客群建立的模型进行融合。

3）不同数据源模型融合

不同数据源模型融合是指先根据不同数据源特征分别建立子模型，再将不同数据源子模型融合。这通常可以得到比所有特征一起训练建模更好的效果。当数据源数量很大时，这种方法需要对每个数据源建模，模型开发的复杂度比单一模型高很多，开发时间也会大幅增加。此外，模型迭代时需要更新每个子模型，复杂程度高。

2.5.2 建模时效角度

从建模时效角度优化是指快速迭代模型，及时根据线上客群变化做出调整。通常情况下，模型上线后，更新周期会比较长，不能快速反映客群变化，即使发现线上模型效果衰减，再次通过人工开发模型仍需要一段时间。解决建模时效问题的通常做法是应用模型自动快速迭代和在线学习方法。

1. 模型自动快速迭代

模型自动快速迭代是指加入最新有表现样本，快速更新迭代模型。2.2 节和 2.3 节系统地介绍了模型开发方法论，其中核心部分包括样本选择、数据准备、数据预处理、特征选择、模型训练和效果评估。

市场上常见的自动建模系统基于客户提供的建模样本和标签，自动完成数据预处理、特征选择、模型训练和效果评估过程，但缺少与业务系统的联动，如缺少数据自动收集功能，以及自动测试和部署上线功能。我们可以在企业内部搭建一套完整的模型自动化平台，将样本选择、数据准备、自动测试和部署上线也实现自动化，这样就构建了完整的模型自动快速迭代体系。

我们在实践中搭建的模型自动快速迭代系统主要包括特征自动回溯系统、自动建模系统、自动测试系统和自动上线系统 4 个部分,如图 2-51 所示。其中,特征自动回溯系统可以定时回溯所有模块特征,并将结果保存在数据库的特征数据表中。当新数据源特征开发完成后,特征自动回溯系统将特征回溯结果增补到数据库中。特征回溯可采取每天更新的方式,即将前一天的样本特征回溯结果增补到数据库中。模型自动快速迭代系统从样本表现表中选取建模样本,从特征数据表中选取建模特征,通过自动建模系统训练模型,得到模型结果,然后评估选出最优模型,进行自动部署、自动测试和自动上线。

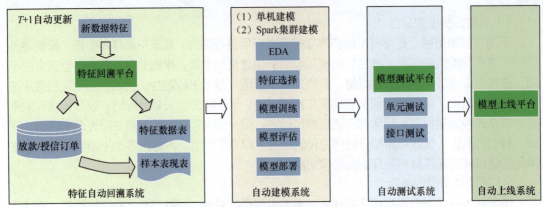

图 2-51 模型自动快速迭代系统架构

模型自动快速迭代可以做到 T+1 次迭代模型,每次迭代模型时,加入前一天有表现样本,建模样本总是最新的,特征模块是全面的,避免了因人工建模开发周期长而导致的样本时滞性问题,建模速度快,模型开发周期大幅缩短。

2. 在线学习

在线学习(online learning)是指根据线上的实时数据,快速进行模型调整,使得模型及时反映线上的变化,提高线上模型的效果。传统模型开发是使用离线数据批处理方式进行的,开发完成后,再部署到线上,这种模型上线后一般是静态的,不会与线上的业务数据有任何互动。与传统模型训练不同,在线学习训练方法会根据线上业务数据动态更新模型,保持模型效果良好。

在线学习中具有代表性的算法: Bayesian Online Learning 和 Follow The Regularized Leader(FTRL)。在信贷风控业务中,样本标签(如逾期天数等)通常按天更新,因此,可以采用小批量学习方式,每次用一天的样本更新模型参数,可以做到 T+1 次更新模型。虽然都可以做到 T+1,但是和模型自动快速迭代思路完全不同,在线学习方法不需要每次使用全量样本重建模型,只需要使用新增样本更新模型参数,建模成本低。

2.5.3 拒绝推断角度

模型开发通常基于放款样本,但是贷前风险预测模型使用场景是所有授信申请客户,包含被拒绝样本。也就是说,训练模型使用的客群仅是预测人群中的一部分,存在"样本偏差"问题,如图 2-52 所示。样本偏差会带来模型参数估计的偏差,导致模型效果衰减。如果能在建模样本中加入被拒绝的样本,那么模型的效果可以得到保障。问题在于,被拒绝的样本没有标签,而推测被拒绝样本的标签就是"拒绝推断"研究的主要内容。

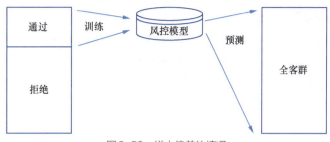

图2-52 样本偏差的情况

1. 拒绝推断的使用场景

拒绝推断经常使用的场景：①总体风险异质；②风控通过率很低；③历史数据与当前数据显著不同。本节主要关注信贷领域中由于通过率很低而导致的样本偏差。当风控通过率很高时，如通过率超过80%，授信通过样本和授信申请样本的分布差异不大，这种情况下使用拒绝推断的必要性不大。但是，当风控通过率很低时，如通过率只有20%~30%，就有必要使用拒绝推断修正样本偏差。

已知推断比（known-to-inferred odds ratio, KI）常用来衡量拒绝推断的风险是否合理，其定义如式（2-50）所示。

$$\mathrm{KI} = \frac{G_K/B_K}{G_I/B_I} \qquad (2\text{-}50)$$

式（2-50）中，G_K、B_K、G_I、B_I分别表示已知好客户、已知不良客户、推断好客户、推断不良客户的样本数量。KI值越高，说明推断人群中不良客户的比例越高，推断人群的风险也就越高。在经过有效的风控系统筛选后，拒绝样本的风险会高于通过样本，也就是说，实际业务中推断人群的风险比已知表现的人群更高。通常合理的KI值范围应该是2~4，而业界倾向于较大的值。如果风控通过率很高，如老客户授信环节，那么拒绝推断能够发挥的作用有限，KI值更小。

拒绝推断场景中常见的3种模型如下。

（1）AR（Accept Reject）模型：以是否放贷为标签，是在全量样本上构建的模型，如图2-53所示。

（2）KGB（Known Good Bad）模型：以逾期表现为标签，是在已知好坏标签的样本上构建的模型，如图2-54所示。

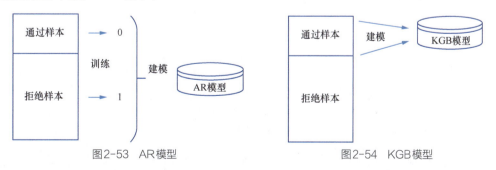

图2-53 AR模型 　　　　　　　图2-54 KGB模型

（3）AGB（All Good Bad）模型：以逾期表现为标签，是在全部授信申请样本上构建的模型。建模样本包含已知好坏标签（真实标签）的样本和推断出"伪标签"的样本，如图2-55所示。

2．拒绝推断的常用方法

解决样本偏差问题的方法有两类：一类是数据法，另一类是推断法。数据法又可细分为增量下探法和同生表现法；常用的推断法包括硬截断法、模糊展开法、重新加权法、外推法、迭代再分类法和双变量推断法。

1）增量下探法

增量下探法是指从本该拒绝的样本中，随机选取部分样本授信通过，以便获取该部分样本的真实标签。这部分样本称为 UT（Universe Test）样本。在开发模型时，建模样本包含原本授信通过的样本和一部分本该拒绝的样本，由它们可得到KGB模型，以此来修正样本偏差，如图 2-56 所示。此外，理论上，UT 样本和授信申请样本分布相同，因此可以真实地评估其他 KGB 模型的效果。

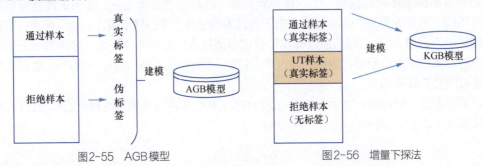

图2-55　AGB 模型　　　　　图2-56　增量下探法

由于增量下探法给一部分本该拒绝的样本开了"绿灯"，最终的风险势必增加，可能造成一定程度的损失，因此需要控制测试时间。但是，得到 UT 样本的真实标签对未来模型的效果提升有极大帮助。因此，我们需要在短期收益与长期风险控制之间选择一个平衡点。

2）同生表现法

同生表现法是指通过客户在其他产品或机构的贷后表现，推断在本产品上的伪标签，如图 2-57 所示。如果内部有多个产品，那么可以尝试获取客户在其他产品的表现，并将其作为本产品拒绝客户的伪标签。另外，可以通过外部机构数据查询客户的近期表现。我们需要注意下列 6 点：①不同产品的期限、利率和策略等不同，造成逾期的原因可能差别较大；②不同产品的标签定义可能不同，需要额外处理，统一口径；③需要考虑查询外部机构数据的成本；④客户在其他产品相近时间段的表现更有代表性，因此需要考虑时效性；⑤对于查询不到相关表现的"灰度样本"，建模时应剔除；⑥外部机构数据查询结果中的"好"，可能是未查到相关逾期记录，因此不能直接将样本伪标签设定为"好"。

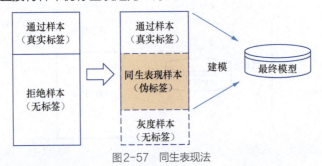

图2-57　同生表现法

3）硬截断法

硬截断（hard cutoff）法，也称简单展开（simple augmentation）法，是指根据通过

样本构建 KGB 模型，利用 KGB 模型对拒绝样本预测打分，设置截断阈值，高于该阈值的样本认定为正样本，低于该阈值的样本认定为负样本，最终将有真实标签的通过样本和推测得到伪标签的拒绝样本合并，构建最终模型，如图 2-58 所示。

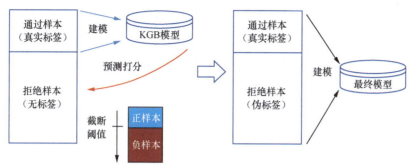

图 2-58　硬截断法

硬截断法假设"逾期"与"放款"相互独立。但是，在经过有效的风控系统筛选后，拒绝样本的风险高于通过样本。因此，历史模型根据有表现样本构建，建模样本中"坏样本"数偏少，预估全客群时，会低估风险。基于以上分析，使用硬截断法需要注意下列 3 点：一是对拒绝样本预测打分，如果历史模型的效果良好，那么可以直接采用历史模型的模型分；二是设置截断阈值（cut-off）时，需要结合业务经验，根据已知 KI 指标计算调整；三是构建最终模型时，可以只选取推测得到的不良客户（小于截断阈值的样本）加入建模样本中，用来修正样本偏差。

4）模糊展开法

模糊展开（fuzzy augmentation）法是指根据通过样本构建 KGB 模型，利用 KGB 模型预测拒绝样本的逾期概率，然后将每条拒绝样本（图 2-59 中的 Reject）复制为不同类别、不同权重的两条，每条通过样本的权重为 1，最终将有真实标签的通过样本和推断得到伪标签的拒绝样本合并，考虑不同样本的权重，构建最终模型，如图 2-59 所示。举例来说，如果 KGB 模型预测某拒绝样本的逾期概率为 0.7，那么会将该样本复制为两条，一条标记为负样本，样本权重为 0.7；另一条标记为正样本，样本权重为 0.3。

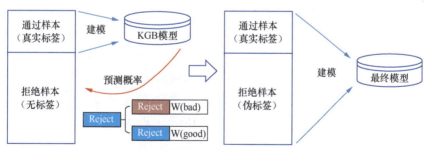

图 2-59　模糊展开法

5）重新加权法

重新加权（reweighting）法是指根据通过样本构建 KGB 模型，利用 KGB 模型对全部样本预测打分，然后分箱统计不同分数段的通过样本数和拒绝样本数，计算每箱的权重，添加通过样本不同分数段的权重，然后利用通过样本构建最终模型，如图 2-60 所示。权重计算方法如式（2-51）所示，式中 $Accept_i$ 表示第 i 分箱通过样本数，$Reject_i$ 表示第 i 分箱拒绝样本数。

$$weight = \frac{Accept_i + Reject_i}{Accept_i} \quad (2\text{-}51)$$

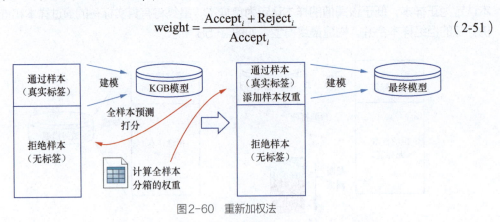

图 2-60　重新加权法

重新加权法没有利用拒绝样本建模，而是通过拒绝样本的分布调整了通过样本的权重。根据权重计算公式可知，样本权重与历史通过率有关，受历史风控策略影响。

6）外推法

外推法（extrapolation）是指根据通过样本构建 KGB 模型，利用 KGB 模型对拒绝样本预测打分，然后对通过样本模型分等频分箱，统计每箱的逾期率，将逾期率的 KI 倍数设为拒绝样本相同分箱的期望逾期率，并按照期望逾期率对拒绝样本随机标记伪标签，最终和通过样本一起构建最终模型，如图 2-61 所示。举例来说，假设通过样本 500～600 这个分数段的逾期率为 2%，KI 值为 3，那么对 500～600 这个分数段的拒绝样本随机赋予好坏标签，使得该分数段拒绝样本的期望逾期率为 6% 即可。

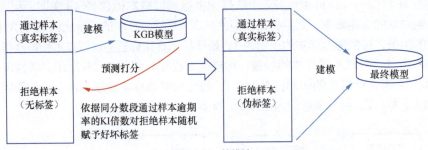

图 2-61　外推法

外推法给相同分数段的拒绝样本随机赋予好坏标签，有较大的偶然性。一种改进方案是在每一个分箱内引入硬截断法，即不按照正负样本比例进行随机赋值，而是按照 KGB 模型的模型分排序后的百分比阈值进行截断，将小于阈值的样本设置为负样本，将大于阈值的样本设置为正样本。这种改进方案考虑了相同分数段内模型的排序性，更具合理性。

7）迭代再分类法

迭代再分类（iterative reclassification）法是指通过多次迭代，使得最终模型参数逐步趋于稳定。迭代再分类的具体做法：首先利用硬截断法获得拒绝样本的伪标签，然后训练得到最终模型，并利用最终模型重新给拒绝样本预测打分，更新伪标签，直到任何一个有价值的指标收敛，如图 2-62 所示。

迭代再分类法利用启发式思想，经过多次迭代，可以保证修正偏差后的最终模型的效果。其中设置的迭代终止条件可以是任何一个有价值的指标收敛。

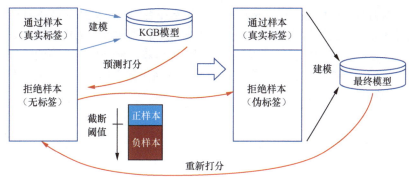

图 2-62 迭代再分类法

8)双变量推断法

双变量推断(bivariate inference)法是指首先分别利用通过样本构建 KGB 模型和全部样本构建 AR 模型,然后利用两个模型分别对拒绝样本预测打分,并将加权求和的结果作为最终预测打分,然后利用"外推法"设置伪标签,最终和通过样本一起构建模型,如图 2-63 所示。拒绝样本的模型分可根据式(2-52)计算,其中 AR_{score} 是 AR 模型的打分,KGB_{score} 是 KGB 模型的打分,$\alpha \in (0,1)$,表示权重。

$$\text{Reject}_{score} = \alpha AR_{score} + (1-\alpha)KGB_{score} \qquad (2\text{-}52)$$

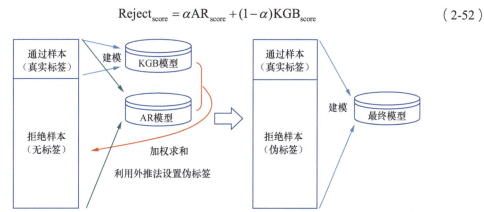

图 2-63 双变量推断法

双变量推断法考虑了历史模型的区分能力,在按照期望逾期率对拒绝样本标记伪标签时,也可直接将期望逾期率设为通过样本的逾期率,而不用凭经验设定逾期率倍数,但对于计算拒绝样本的模型分时的权重 α,我们仍然需要依靠业务经验设定。

在对采用拒绝推断方法开发的模型进行效果评估时,测试集的选取通常有 3 种方式:①选择放款样本;②选择 UT 样本;③选择包含推断标签的样本。拒绝推断模型主要解决样本偏差问题,如果在放款样本上评估效果,那么,虽然样本标签是真实的,但是可能无法体现拒绝推断模型的优势;虽然在 UT 样本上评估效果是三者中最有效的,但是 UT 样本通常较少;在包含推断样本上评估效果时,由于推断的样本标签可能不准确,因此效果评估的有效性无法得到保证。鉴于这 3 种评估方法各有利弊,因此,我们通常同时使用上述 3 种测试集进行效果评估,综合评价模型效果。当然,准确的评估方法是上线测试。

样本偏差是风控信贷建模中的热门话题,众多学者和研究人员提出了多种拒绝推断方案,但也有学者认为拒绝推断的潜在好处有限。根据作者的实际业务经验,将不同时期的风控模型预测输出作为新特征（也称为"模型子分"），并进行融合，模型效果可以得到一定程度的提升。其本质在于，相比近期建模样本，早期模型的建模样本未经过层层风控过滤，更接近于全客群。在最终的融合模型中，早期模型提取了早期样本的分布信息，新建模样本携带了近期样本的分布信息，通过融合得到的模型的效果更优且更稳定。这种方法能够在一定程度上解决样本偏差问题，读者可结合实际业务场景进行尝试。

2.6 风控模型体系搭建

信贷产品生命周期主要包括营销、贷前、贷中和贷后4个阶段，每个阶段都有风险控制的需求。

- 营销阶段主要获取并筛选客户流量，以营销响应模型和流量筛选模型为主。
- 贷前阶段一般会通过部署多种风控规则和模型来识别风险，风控规则可以识别小部分高风险客户，大部分仍然需要模型预测。贷前阶段的模型主要有反欺诈模型、信用风险模型。
- 贷中阶段会通过贷中行为模型预测客户的风险情况，制订账户管理等策略，同时，利用交易风险模型对客户贷中的提现、消费等交易行为进行风险判断。
- 贷后阶段通过还款预估模型预测客户的还款可能性，制订合理的催收策略，提升还款率；利用失联预估模型预测客户的失联概率，优化催收策略。

完整的风控体系需要对信贷产品生命周期的每一个阶段进行有效的风险控制。图2-64所示为信贷产品生命周期的不同阶段包含的主要风控模型。

图2-64 信贷产品生命周期的不同阶段包含的主要风控模型

2.6.1 营销阶段的模型

营销是业务开展的第一步，获取优质客群是营销阶段的重要目标。我们通常先利用营销响应模型评估客户的响应概率，再利用流量筛选模型选择目标客群。

1. 营销响应模型

营销响应模型是通过营销时对客户进行评估来预测客户响应概率的模型。营销场景包括纯新客户名单营销、流失客户营销召回和存量客户的交叉销售等。营销的传统做法是，对于潜在客户，采用"广撒网"方式，逐个打电话或发短信。这种传统营销方式效率低、成本高，而且容易引起客户不满。如果采用营销响应模型将客户分级，对于响应概率高的客群，业务人员重点营销，那么可以大幅提升营销效率，降低营销成本。

1）标签

营销响应模型的标签是营销后客户是否响应，通常，1表示响应，0表示未响应。"响应"的含义需要根据具体业务场景确定。例如，对于"睡眠"信用卡客户进行营销，促使其激活使用，"响应"可以被定义为客户使用信用卡消费；对于现金信贷业务，"响应"可以被定义为客户申请贷款等。

2）样本和特征

营销响应模型的样本通常是有历史营销记录的客户。特征维度主要有客户基本信息，包括性别、年龄和地域等；历史行为特征，包括登录 App 的次数、已填写信息的多少等。对于存量客户，特征维度还包括金融机构内部的客户资产、消费和交易记录等。除此之外，我们可以使用外部数据源，如征信数据、第三方行为数据等。

2. 流量筛选模型

流量筛选模型，也称前筛模型，用来识别资质明显差的客群。拦截这部分高风险客群是风险控制的第一项任务，同时能够节省后续申请授信环节的数据成本。流量筛选模型一般用于与其他流量提供方合作的场景中。

1）标签

流量筛选模型的标签是客户在未来是否会严重逾期。我们通常用客户的逾期程度定义"好"和"坏"，0 表示"好"，1 表示"坏"，其中逾期程度和定义逾期的表现期可以根据滚动率与账龄分析确定，具体参考 2.2.1 节。

2）样本和特征

流量筛选模型建模样本来源于历史申请成功且有表现的客户。由于流量筛选模型应用在信贷申请流程的前端，因此通常可以获取的客户信息只有基本的三要素，即姓名、手机号和身份证号。建模特征主要来源于流量方提供的客户行为数据、在其他机构的申请记录数据和第三方提供的外部数据源。

2.6.2　贷前阶段的模型

贷前是有效控制风险的重要阶段，因为一旦高风险客户通过贷前授信，金融机构在贷中和贷后阶段就会面临被动局面。因此，贷前阶段一般通过部署多种模型来尽可能多地识别风险。下面将分别介绍反欺诈模型、信用风险模型。

1. 反欺诈模型

反欺诈模型用于识别欺诈风险高的客户。常见的欺诈类型：第一方欺诈，即利用不实信息欺诈，欺诈者故意提供虚假申请信息，以获得授信审批；第三方欺诈，即冒用他人身份欺诈，欺诈者偷取他人信息，以他人名义申请。在实践中，我们可通过身份验证、活体识别和第三方数据验证等方式识别明确的欺诈。但是，欺诈的复杂性高，我们在很多时候无法明确地从单个维度认定欺诈，此时，我们可通过反欺诈模型，并综合多维度信息进行识别。

1）标签

反欺诈模型的标签是客户是否被认定为欺诈。欺诈标签很难被准确定义，但从常规上来讲，我们可以结合客户逾期的特点和催收的情况进行判定。通常，欺诈人员一旦贷款成功，就不会还款，表现为首次还款即逾期并失联，据此定义欺诈标签：0 表示"正常"，1 表示"欺诈"。

2）样本和特征

反欺诈模型建模样本来源于历史申请成功且有表现的客户。建模特征的来源：客户的申请信息，如性别、年龄、地域和申请金额等；行为特征，如使用 App 填写信息时的停留时长等；设备特征，如设备是否被刷机、是否为模拟器等；关系网络特征，如一度关系人数量、同一个电话号码对应了多少个交易等；其他欺诈相关的外部数据源等。

2. 信用风险模型

信用风险模型是通过对信贷申请人的信用状况进行评估来预测其未来逾期概率的模型，即我们通常提到的申请评分卡，也称为 A 卡（Application scorecard）。信用风险模型有重要作用，因为该模型的预测评分不仅用于审批准入，还可能用于额度和费率的设定。

1）标签

信用风险模型的标签是客户在未来是否会严重逾期。信用风险模型关注客户的信用资质，相比反欺诈模型，它应采用更长表现期下的逾期水平来定义客户的"好坏"，如将在 6 个月表现期下逾期超过 60 天的客户定义为不良客户。由于不同机构产品期限的差异较大，因此我们可以根据滚动率和账龄分析具体确定"好坏"的定义。

2）样本和特征

信用风险模型建模样本来源于历史申请成功且有表现的客户。信用风险模型建模特征和反欺诈模型可用特征相似。需要强调的是，信用风险模型特征维度应包含更多体现客户还款能力的特征，如学历、职业、资产、收入/负债情况和信贷历史等。

2.6.3 贷中阶段的模型

在贷中阶段，我们可以获得丰富的客户交易、还款和 App 使用等行为数据。通过这些行为数据，我们能够全面、客观、准确地预测客户的未来表现，从而制订有针对性的贷中管理策略。下面分别介绍贷中行为模型和交易风险模型。

1. 贷中行为模型

贷中行为模型即行为评分卡，也称 B 卡（Behavior scorecard），是根据客户借款后的行为表现，预测其未来逾期概率的模型。

1）标签

贷中行为模型的标签是客户在未来是否会严重逾期，和贷前信用风险模型的标签类似。逾期定义可以根据产品形态、滚动率和账龄分析确定。例如，对于期限为 6 期的产品，可以将 3 期表现期内逾期超过 30 天定义为"坏"；对于期限为 12 期的产品，可以将 6 期表现期内逾期超过 60 天定义为"坏"。通常，B 卡针对客户粒度建模，同一客户可能有多期账单，因此可以取逾期最长、最严重的一个账单作为对客户的"好坏"定义。

2）样本和特征

贷中行为模型建模样本通常是借款成功且有 2~3 个月还款行为的客户，另外，需要排除观察时间点已经逾期的客户。B 卡通常每隔一段时间运行一次，对所有满足条件的在贷客户进行评分。由于同一个客户在不同时间点的风险不同，因此 B 卡得分会有差异。在建模样本的准备上，可以模拟实际情况，对同一个客户取不同时间点的样本并分别作为独立样本进行建模。如果客户数量足够大，那么，我们可以对一个客户只取一个时间点的样本，因为样本大，所以也能够覆盖不同在贷时长的客群。

如果我们将同一个客户多个时间点的样本作为独立样本进行建模，那么需要在测试样本上排除已经纳入训练样本的客户，以避免高估模型效果。这样做的原因是同一客户不同时期的特征相似性比较高。

贷中行为模型建模时可用特征维度：贷前建模特征，即客户的申请信息、行为信息、多头信息和外部数据源；客户贷中行为特征，如客户每期的还款情况、使用 App 登录行为、支用额度的比例和频次等。

2. 交易风险模型

交易风险模型是在已经获得授信的客户发生支用或消费交易等行为时进行风险预估的模型。该模型用于拦截高风险交易，及时止损。交易风险模型与信用风险模型类似，只是交易风险模型在获得的特征维度上会包含更多贷中的行为数据。

1）标签

交易风险模型的标签为交易成功客户在交易后是否发生严重逾期，具体定义可以参考贷前信用风险模型。

2）样本和特征

交易风险模型建模样本为过去交易成功且满足一定表现期的客户。可用特征请读者参考贷中行为模型。

2.6.4 贷后阶段的模型

贷后阶段的模型根据客户放贷后的行为表现，预测客户的还款概率。原始催收表现为尽可能多地联系客户，然后依靠客户近期的逾期行为调整策略。后来的精细化催收策略开始考虑过去的逾期行为、债务情况等。在出现贷后还款预估模型后，精细化催收策略有了更大的操作空间，使得后续环节更有效率。

1. 还款预估模型

还款预估模型，即催收评分卡，也称 C 卡（Collection scorecard），是预测已逾期的客户在未来一段时间的还款概率的模型。通常，逾期客户在早期还款的可能性较大，越往后，越难还款，因此，我们可以利用还款预估模型制订差异化的催收策略，提高还款率。

1）标签

还款预估模型的标签是客户在观察时间点之后一段时间是否还款，可以根据业务形态进行差异化设定。例如，早期逾期阶段可以为逾期 1 ~ 10 天，第 1 天是逾期状态且第 11 天依然是逾期状态的客户可定义为"坏"，否则为好，以此类推，中期逾期阶段可以为 11 ~ 30 天，晚期逾期阶段可以为 31 ~ 90 天。

2）样本和特征

还款预估模型建模样本是已经逾期的客户，我们需要排除预测时间点前已还款或不满足表现期定义的样本。建模特征包含贷前和贷中的特征，此外，可以从催收提醒和早期的催收记录中进一步提取特征，如通话频次、平均时长和是否承诺还款等关键词。

2. 失联预估模型

失联预估模型预测已逾期的借款人在未来一段时间是否会失联。在催收后期，通常出现无法联系到借款人的情况，这对催收工作的推进产生非常大的阻碍。如果我们能够在早期获得客户失联的可能性，那么可以对催收工作的开展提供指导。

1）标签

失联预估模型的标签是客户在未来一段时间是否失联，1 表示"会失联"，0 表示"不会失联"。例如，我们可以将逾期 10 天的客户在之后 30 天内是否会失联作为标签。

2）样本和特征

失联预估模型建模样本通常是已经逾期且符合标签定义的客户。失联预估模型建模特征与还款预估模型类似，我们应重点关注关系网络特征和联系人相关特征，如一度联系人个数、紧急联系人个数、联系人类型和联系人是否有过借款等。

2.7 模型监控和异常处理

模型监控和异常处理是风控模型体系中必不可少的部分。完善的模型监控和异常处理有助于及时发现线上模型问题并解决问题，从而降低模型异常情况对业务的影响。

2.7.1 模型监控和预警

在模型上线后，为了保证模型有效运行，我们需要对模型相关指标进行监控。当遇到异常状况时，可以通过多种途径发出预警。

1. 模型监控

模型监控主要以报表方式展示各项监控指标。

1）模型监控的内容

模型监控包含准确性、稳定性和有效性3个方面。准确性是模型有效运行的基础，稳定性是模型有效运行的保障，有效性是模型运行的目标。

（1）准确性。

模型打分准确性监控是要确保线上模型计算的结果与线下模型计算的结果一致。我们建立的模型通常在线下环境训练，而线上应用的环境与线下环境可能存在诸多差异，并且线上环境还有可能随着业务发展而更新。通常，在模型上线过程中，已经验证线上和线下打分结果的一致性。模型打分准确性监控主要是监控线上持续运行过程中系统环境、代码更新带来的改变，是否导致模型分不准确。模型打分准确性监控的通常做法是，定期拉取线上模型打分用到的原始数据，线下重新计算特征并生成模型分，对比线上与线下模型分的一致性。

（2）稳定性。

模型稳定性监控主要是检测模型分和特征是否稳定。我们可以从下列两个方面初步判断模型的稳定性：一是模型分布变化；二是特征值的分布变化。但是，引起分布变化的原因有很多，可能是客群变化的影响，也可能是数据源异常的影响等，我们需要结合业务情况和数据分析情况进行判断。模型稳定性监控可以通过监控模型分和特征的PSI来实现。其通常做法是拉取最近两周的线上数据，以天为单位统计特征值和模型分布，计算PSI。

（3）有效性。

模型有效性监控是指持续监控模型的预测能力，识别其是否有衰减。模型有效性监控包括监控模型的AUC和KS指标，以及特征的IV指标。其通常做法是拉取近期有表现样本的特征数据、模型分和标签，按照等频或等距分箱排序，计算模型的AUC和KS指标，计算主要特征的IV指标。

2）模型监控的形式

模型监控可以按照日报、周报和月报的形式，采用邮件或可视化页面的方式展示监控结果。对于模型准确性监控，我们可以设计"模型准确性监控报表"，如图2-65所示。

model	日期	样本数	打分一致样本数	准确率
model_1	2020-10-01	10000	1000	100%
model_2	2020-10-01	10000	1000	100%
model_3	2020-10-01	10000	1000	100%
model_4	2020-10-01	10000	1000	100%
model_5	2020-10-01	10000	1000	100%

图2-65　模型准确性监控报表示例

对于模型稳定性监控，我们可以分别设计"模型分稳定性监控报表""特征稳定性监控报表"和"特征分布监控报表"，分别如图2-66～图2-68所示。

模型名	字段含义	01-15 VS 01-16	01-15 VS 01-17	01-15 VS 01-18	01-15 VS 01-19	01-15 VS 01-20
model_1	score	0.017	0.015	0.015	0.014	0.012
model_2	score	0.014	0.008	0.011	0.010	0.013
model_3	score	0.003	0.015	0.011	0.012	0.008
model_4	score	0.008	0.012	0.009	0.007	0.015
model_5	score	0.023	0.044	0.011	0.068	0.129

图2-66　模型分稳定性监控报表示例

模型名	字段含义	01-15 VS 01-16	01-15 VS 01-17	01-15 VS 01-18	01-15 VS 01-19	01-15 VS 01-20
model_1	ft1	0.005	0.006	0.011	0.013	0.015
model_1	ft2	0.012	0.007	0.006	0.011	0.011
model_1	ft3	0.011	0.021	0.025	0.022	0.032
model_1	ft4	0.006	0.011	0.002	0.021	0.007
model_1	ft5	0.011	0.010	0.005	0.006	0.003

图2-67　特征稳定性监控报表示例

model	PSI>0.1	特征名	分箱	01-15	01-16	01-17	01-18	01-19	01-20
model_1	0	ft1	NaN	0.0%	0.0%	0.0%	0.0%	0.0%	0.0%
model_1	0	ft1	(-8887.0, 25.0]	17.7%	16.0%	18.6%	18.7%	16.3%	18.5%
model_1	0	ft1	(25.0, 26.0]	7.5%	6.0%	5.7%	5.8%	6.0%	6.0%
model_1	0	ft1	(26.0, 28.0]	11.7%	11.9%	12.4%	11.8%	12.6%	12.3%
model_1	0	ft1	(28.0, 30.0]	11.4%	10.6%	11.6%	9.8%	11.1%	11.3%
model_1	0	ft1	(30.0, 32.0]	8.8%	9.8%	9.6%	10.2%	10.1%	9.2%
model_1	0	ft1	(32.0, 35.0]	11.4%	12.8%	12.0%	11.6%	11.7%	11.9%
model_1	0	ft1	(35.0, 38.0]	9.5%	10.1%	8.5%	11.0%	9.6%	9.8%
model_1	0	ft1	(38.0, 44.0]	11.8%	14.1%	13.2%	12.2%	13.8%	13.0%
model_1	0	ft1	(44.0, inf]	10.3%	8.7%	8.4%	8.9%	8.7%	8.2%
model_2	0	ft2	NaN	0.0%	0.0%	0.0%	0.0%	0.0%	0.0%
model_2	0	ft2	(-8887.0, 2500000.0]	11.5%	11.2%	13.0%	12.0%	12.5%	13.3%
model_2	0	ft2	(2500000.0, 3000000.0]	12.4%	12.5%	10.9%	13.9%	13.4%	13.4%
model_2	0	ft2	(3000000.0, 3700000.0]	9.6%	9.8%	9.7%	9.1%	9.9%	9.7%
model_2	0	ft2	(3700000.0, 4000000.0]	13.3%	14.6%	13.0%	14.5%	13.4%	13.3%
model_2	0	ft2	(4000000.0, 4500000.0]	9.9%	10.5%	10.9%	11.1%	10.1%	10.4%
model_2	0	ft2	(4500000.0, 5000000.0]	15.3%	13.0%	14.5%	14.3%	14.8%	14.1%
model_2	0	ft2	(5000000.0, 6000000.0]	8.2%	10.1%	8.8%	8.0%	8.1%	9.0%
model_2	0	ft2	(6000000.0, 8000000.0]	10.3%	10.3%	10.7%	9.4%	10.6%	9.2%
model_2	0	ft2	(8000000.0, inf]	9.6%	7.9%	8.8%	7.8%	7.2%	7.5%

图2-68　特征分布监控报表示例

对于模型有效性监控，我们可以分别设计"模型效果监控报表"和"特征效果监控报表"，分别如图2-69和图2-70所示。

第 2 章 搭建智能风控模型体系

model	分箱方式	Y定义	分箱	样本数	坏样本数	整体逾期率	逾期率	通过率	通过样本逾期率	KS	AUC	观察窗口
model_name	等频分箱	EVER3+	(-inf, 504.0]	1657	472	14.1%	28.5%	100.0%	14.1%	0.12	0.67	[2020-10-21,2020-12-19]
model_name	等频分箱	EVER3+	(504.0, 536.0]	1669	371	14.1%	22.2%	90.1%	12.5%	0.18	0.67	[2020-10-21,2020-12-19]
model_name	等频分箱	EVER3+	(536.0, 558.0]	1522	281	14.1%	18.5%	80.1%	11.3%	0.22	0.67	[2020-10-21,2020-12-19]
model_name	等频分箱	EVER3+	(558.0, 577.0]	1487	245	14.1%	16.5%	71.0%	10.4%	0.23	0.67	[2020-10-21,2020-12-19]
model_name	等频分箱	EVER3+	(577.0, 596.0]	1634	238	14.1%	14.6%	62.1%	9.6%	0.24	0.67	[2020-10-21,2020-12-19]
model_name	等频分箱	EVER3+	(596.0, 615.0]	1670	252	14.1%	15.1%	52.3%	8.6%	0.25	0.67	[2020-10-21,2020-12-19]
model_name	等频分箱	EVER3+	(615.0, 635.0]	1589	155	14.1%	9.8%	42.3%	7.1%	0.21	0.67	[2020-10-21,2020-12-19]
model_name	等频分箱	EVER3+	(635.0, 661.0]	1797	147	14.1%	8.2%	32.8%	6.3%	0.16	0.67	[2020-10-21,2020-12-19]
model_name	等频分箱	EVER3+	(661.0, 696.0]	1826	132	14.1%	7.2%	22.1%	5.4%	0.10	0.67	[2020-10-21,2020-12-19]
model_name	等频分箱	EVER3+	(696.0, inf]	1865	68	14.1%	3.7%	11.2%	3.7%	0.00	0.67	[2020-10-21,2020-12-19]
model_name	等距分箱	EVER3+	(-inf, 420.6]	134	50	14.1%	37.3%	100.0%	14.1%	0.02	0.67	[2020-10-21,2020-12-19]
model_name	等距分箱	EVER3+	(420.6, 471.5]	565	159	14.1%	28.1%	99.2%	13.9%	0.05	0.67	[2020-10-21,2020-12-19]
model_name	等距分箱	EVER3+	(471.5, 522.4]	1799	451	14.1%	25.1%	95.8%	13.4%	0.15	0.67	[2020-10-21,2020-12-19]
model_name	等距分箱	EVER3+	(522.4, 573.4]	3496	651	14.1%	18.6%	85.1%	12.0%	0.23	0.67	[2020-10-21,2020-12-19]
model_name	等距分箱	EVER3+	(573.4, 624.3]	4407	619	14.1%	14.1%	64.1%	9.8%	0.23	0.67	[2020-10-21,2020-12-19]
model_name	等距分箱	EVER3+	(624.3, 675.2]	3450	297	14.1%	8.6%	37.8%	6.8%	0.13	0.67	[2020-10-21,2020-12-19]
model_name	等距分箱	EVER3+	(675.2, 726.2]	1925	108	14.1%	5.6%	17.1%	4.7%	0.05	0.67	[2020-10-21,2020-12-19]
model_name	等距分箱	EVER3+	(726.2, 777.1]	670	22	14.1%	3.3%	5.6%	2.8%	0.02	0.67	[2020-10-21,2020-12-19]
model_name	等距分箱	EVER3+	(777.1, 828.0]	210	4	14.1%	1.9%	1.6%	1.5%	0.00	0.67	[2020-10-21,2020-12-19]
model_name	等距分箱	EVER3+	(828.0, inf]	60	0	14.1%	0.0%	0.4%	0.0%	0.00	0.67	[2020-10-21,2020-12-19]

图 2-69 模型效果监控报表示例

model	观察窗口	Y定义	特征名	分箱	样本数	坏样本数	逾期率	IV
model_name	[2020-10-21,2020-12-19]	EVER10+	feature_name	(-8887.0, 556.0]	1379	372	27.0%	0.29
model_name	[2020-10-21,2020-12-19]	EVER10+	feature_name	(556.0, 566.0]	1275	252	19.8%	0.29
model_name	[2020-10-21,2020-12-19]	EVER10+	feature_name	(566.0, 575.0]	1283	244	19.0%	0.29
model_name	[2020-10-21,2020-12-19]	EVER10+	feature_name	(575.0, 584.0]	1260	164	13.0%	0.29
model_name	[2020-10-21,2020-12-19]	EVER10+	feature_name	(584.0, 593.0]	1258	164	13.0%	0.29
model_name	[2020-10-21,2020-12-19]	EVER10+	feature_name	(593.0, 605.0]	1325	151	11.4%	0.29
model_name	[2020-10-21,2020-12-19]	EVER10+	feature_name	(605.0, 620.0]	1294	125	9.7%	0.29
model_name	[2020-10-21,2020-12-19]	EVER10+	feature_name	(620.0, 640.0]	1179	89	7.6%	0.29
model_name	[2020-10-21,2020-12-19]	EVER10+	feature_name	(640.0, inf]	1281	68	5.3%	0.29

图 2-70 特征效果监控报表示例

2. 模型预警

模型预警主要是根据预警条件触发预警信息，提示模型异常。我们需要定义预警指标触发条件和预警形式。

首先，我们应对每一项监控设定预警指标并定义预警阈值，当监控的指标值偏离该范围时，发出预警。对应模型的准确性、稳定性和有效性监控，预警指标有一致性、PSI 和 KS，然后进一步根据指标的风险程度划分预警等级。

模型准确性通常要求线上与线下打分的一致程度是 100%，因此，预警可以分为红和绿两个等级，红色预警表示存在不一致情况，需要我们特别关注；绿色表示正常，如表 2-5 所示。

表2-5 模型打分一致性预警等级

准确性预警等级	绿	正常	一致程度=100%
	红	特别关注	一致程度<100%

对于模型稳定性，我们将监控时段的模型分与基准时段的模型分进行比较，计算 PSI。通常，PSI 不超过 0.1，表示稳定；PSI 大于 0.1 而不超过 0.25，表示需要关注；PSI 大于 0.25，表示需要特别关注，据此可以分为绿、黄、红 3 个预警等级，如表 2-6 所示。

表2-6 模型稳定性PSI预警等级

稳定性预警等级	绿	稳定	PSI ≤ 0.1
	黄	关注	0.1<PSI ≤ 0.25
	红	特别关注	PSI>0.25

模型有效性方面有两种预警方式，一种是设置绝对指标阈值，另一种是设置相对指标阈值。模型 KS 绝对指标预警等级是指根据模型 KS 绝对值划分的不同风险等级。注意，贷前、贷中和贷后模型的 KS 水平是有差别的，具体参考值如表 2-7 所示。

表2-7 模型KS绝对指标预警等级

	绿	黄	红
KS绝对值：贷前模型	≥20%	15%~20%（不含）	<15%
KS绝对值：贷中/贷后模型	≥40%	30%~40%（不含）	<30%

模型 KS 相对指标是指先分别计算监控时段和基准时段的模型 KS 指标，再通过式（2-53）计算得到的衰减率（deterioration）。

$$\text{Deterioration} = 1 - \frac{\text{KS}_{\text{monitor}}}{\text{KS}_{\text{benchmark}}} \quad (2\text{-}53)$$

通常，衰减率不超过 15%，表示稳定；衰减率大于 15% 而不超过 25%，表示需要关注；衰减率大于 25%，表示需要特别关注，据此可以分为绿、黄、红 3 个预警等级，如表 2-8 所示。

表2-8 模型KS衰减率预警等级

KS衰减率预警等级	绿	稳定	Deterioration ≤ 15%
	黄	关注	15%<Deterioration ≤ 25%
	红	特别关注	Deterioration>25%

预警指标阈值没有统一的设置规范，不同业务场景对风险的容忍度有所差别，因此，我们需要结合具体场景和业务相关人员共同确定阈值。

模型预警可以根据需求配置不同的更新频率，如模型准确性监控可以使用每小时更新的方式，当有异常时，可以快速发出预警。模型的稳定性和有效性监控可以根据样本量，配置为每天或每周更新的方式。严重情况的预警可以通过微信、短信、电话等即时通信方式或工具发出，一般的预警可以通过邮件或网页提示的方式发出。

2.7.2 模型异常处理

模型异常处理是指模型发生异常时，需要快速分析问题和解决问题，将影响尽可能降到最小。通常，预警达到黄色等级及以上，就需要我们关注和处理。导致模型的准确性、稳定性和有效性异常的原因有很多，下面介绍常见的原因。

1. 模型准确性异常处理

导致模型准确性异常的原因主要有两种：第一种是线上或线下运行环境发生改变；第二种是线上或线下特征预处理逻辑发生改变。当出现一致性方面的预警时，我们首先需要分别查看线上和线下运行环境是否有变动，以 Python 运行环境为例，我们需要查询 Python 解释器版本是否变化，主要依赖的第三方库（如 pandas）版本是否发生变动；然后查看特征预处理逻辑，判断是否由于模型预测前的特征预处理逻辑发生变化而产生不一致问题。在定位到具体原因后，我们将运行环境或预处理逻辑调整正确，再次进行一致性验证即可。

2. 模型稳定性异常处理

导致模型稳定性异常的原因主要有两种：第一种是数据源异常；第二种是客群变化。当出现稳定性方面的预警时，我们首先需要查看特征 PSI 报表，模型分的不稳定通常是由于特征不稳定引起的；然后找到分布偏移大的特征，判断其是否为数据源异常导致的。对于数据源异常导致的模型分不稳定，我们首先需要确认异常值能否在短时间修复，若能修复，那么需要评估受影响的这段时间内模型分偏移对风险的影响；若短时间内无法修复，则需要切换到备选模型。在模型开发时，如果有外部数据源参与建模，那么通常先将外部数据源逐一剔除，再用它们构建备选模型。对于客群变化导致的模型分不稳定，我们需要在近期样本上重新评估候选模型的效果，选择最优模型进行决策。

3. 模型有效性异常处理

导致模型有效性异常的原因主要有数据源异常、客群变化和模型自身效果衰减。数据源异常会导致特征异常，势必影响模型效果；客群变化会导致模型效果衰减；模型使用太久，效果自然会衰减。当出现有效性方面的预警时，如果是数据源异常导致的，那么我们需要在修复数据源后重新评估模型的效果；如果是客群变化或模型自身效果衰减导致的，则需要重新选择效果更好的模型，或者对模型进行迭代优化。

2.8 本章小结

本章首先系统地介绍了模型开发方法，从构建好样本和构建好模型两个方面详细介绍了模型开发方法论，接着介绍了几种常用的智能风控算法，然后从不同角度探讨了模型迭代优化的方式，随后介绍了部署在贷前、贷中和贷后不同阶段的不同功能的模型，最后探讨了模型监控和异常处理。特征是模型开发的基础，决定了模型效果的上限，第 3 章将详细介绍特征挖掘的方法。

第 3 章　搭建风控特征画像体系

创建风控特征画像是指从多个维度的客户数据中挖掘特征，形成客户的整体画像。通过客户特征画像，我们可以对客户进行多角度分析，应用智能风控模型或规则，预测客户的风险或其他行为。本章介绍搭建风控特征画像体系的全流程，包括特征挖掘方法论、常用的智能算法和特征画像体系。其中，3.1 节为特征挖掘概述，3.2 节介绍特征挖掘的方法和一般流程，3.3 节介绍特征挖掘智能算法，3.4 节介绍应用特征挖掘方法搭建风控特征画像体系，3.5 节介绍特征监控和异常处理。

> **名词定义**

1. 原始数据

原始数据是业务中产生的各类数据，通常是为了业务目的而组织和保存的底层数据，相对于建模用的特征，原始数据一般是未经汇总处理的数据。

2. 特征工程

特征工程是在给定数据、模型和任务的情况下设计合适特征的过程。特征工程包含特征挖掘、特征筛选、特征组合应用等。本章主要介绍特征挖掘，其他内容已在第 2 章中介绍。

3.1　特征挖掘概述

特征挖掘是从原始数据构造特征的过程。以在风控业务中产生的订单数据为例，订单存储时并未做客户维度的汇总，故将其视作原始数据。我们从订单数据中抽取一些有用的信息，比如订单的申请时间、申请金额、每笔订单的逾期天数等，然后对这些信息做客户维度的统计汇总，得到"客户近 30 天申请贷款金额的平均值"或者"客户历史所有订单最大逾期天数"这些特征，这个过程就是特征挖掘。

特征是数据和模型之间的"纽带"。"数据和特征决定了机器学习的上限，而模型和算法只是逼近这个上限而已"，说明特征挖掘在机器学习中是至关重要的。而在实际工程实践中，特征挖掘工作在整个机器学习任务中通常占用大部分时间。

特征挖掘的完整流程如图 3-1 所示，包括原始数据分析，数据清洗，中间数据集构建，特征的设计和生成，特征评估，以及特征的上线、监控、维护和下线。在实际项目中，特征挖掘不一定是严格线性的，某些环节可能存在反复多次进行的情形。

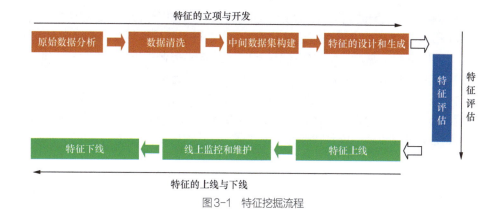

图3-1 特征挖掘流程

3.2 特征挖掘方法论

业务中的数据类型繁多,不同的数据类型需要采用不同的方法进行挖掘,作者尝试从诸多具体方法中归纳出通用的特征挖掘方法,具体内容在本节展开。

3.2.1 原始数据分析

原始数据分析是为了提取原始数据中有用的信息而对其加以分析的过程。原始数据分析的目的是对数据价值进行初步判断,避免错误使用数据,为后续的数据清洗与处理提供依据,最大化利用原始数据。原始数据分析可以从数据流转分析、数据质量分析和数据时效性分析方面进行。

1. 数据流转分析

数据流转分析是指对数据来源、中间处理和最终存储环节的数据进行分析。通过数据流转分析,我们可以了解数据在业务流程中的演变过程,从而全面认识数据,发现潜在问题。数据流转分析可以从业务逻辑角度和实际数据角度分别进行。

1)业务逻辑角度

从业务逻辑角度进行数据流转分析是基于业务梳理出数据的产生、中间处理、最终存储,以及数据的更新机制。业务逻辑分析主要是为了整体把控底层数据的完整生命周期变化情况,帮助我们分析可以挖掘的特征;也是为了补充单纯通过数据层面分析无法获知的信息。通常,可以采用与相关业务人员沟通和阅读各类业务文档两种方式开展这项工作。

以确认客户端埋点数据的业务逻辑为例。通过与产品经理沟通和阅读埋点需求文档,可以确认客户在填写基本信息、进行身份认证等多处均会触发埋点,所有埋点数据会在所在页面的最后动作结束时触发上传,服务端对数据做基本校验后存储在数据库前端埋点表中,生产环境(或称线上环境)系统中实时更新埋点信息,离线系统按天批量更新前一天所有埋点数据。基于这些信息,我们可以考虑捕捉客户填写习惯中的风险因素,判断得到埋点可以满足实时计算特征的需求。

2)实际数据角度

从实际数据角度进行数据流转分析是指利用业务中产生的实际数据与我们理解的业务逻辑进行交叉对比,并且对其变化进行详细分析。这样可以发现实际数据与业务逻辑不一致的方面并加以确认和修正,同时可以初步发现数据源的稳定性问题、计算问题和存储问题等异常情况,以保证数据的准确性和完整性。在操作上,可以针对目标场景,提取一些典型例子,将每一个业务环节产生的数据变化与业务逻辑进行对照和分析；或者基于批量数据进行统计，判断是否符合业务理解。

以对客户历史订单数据进行数据流转分析为例，通过提取典型例子，将客户在借款申请、获取额度、支用、审批、放款、结清各环节的订单状态与业务逻辑进行对照分析，发现某些客户短时间的订单中有多次申请状态，经与业务方确认，这些是申请被拒绝之后屡次重新申请的客户；同时，发现除业务逻辑中列出的状态以外，数据中还存在一些未知状态码，经与业务方确认，这些状态码标志订单为废弃状态。基于这些信息，我们可以利用客户多次重复申请的行为构建风险特征，并剔除其中废弃状态的订单数据。

2. 数据质量分析

数据质量分析可以从数据的覆盖率、规范性和准确性方面进行。

覆盖率是指数据中非空记录的占比。覆盖率分析可以从以下两个方面进行：第一，覆盖率是否符合业务判断，如必填信息覆盖率很低，需要确认是字段已调整为非必填字段还是发生了其他异常；第二，不同产品或时间段上数据覆盖率的变化是否符合业务情况，如产品未发生调整的情况下原始数据覆盖率下降明显，可能是数据采集、中间处理或存储环节出现了数据丢失。

规范性是指数据取值是否符合一定的规范。在分析日期字段的规范性时，需要查看日期是存储为 UNIX 时间戳还是字符串，如果是字符串，那么格式是否统一，如是否一些字段取值是 2020-01-01，而另一些字段取值是 2020/01/01。数据规范性主要受数据采集、存储时是否有校验和校验的完备性影响。如果遇到可疑数据，那么可以通过与业务方、中间处理相关人员一起确认数据流转过程中的处理逻辑，然后使用数据实际取值来验证这些逻辑是否正确实现。

准确性是指数据接近真实值的程度。准确性可以从数据是否有校验和校验的完备性上来判断，并且需要结合业务经验与字段实际分布来综合分析。另外，可以利用相关数据交叉校验的方式来判断准确性。对于数值型数据，可以利用统计指标来统计数据分布，从而对数据的准确性做进一步判断。

3. 数据时效性分析

数据时效性分为采集时效性和获取时效性两个方面。采集时效性是指数据从产生到采集的时间间隔，获取时效性是指从数据产生到风控生产系统中实际获取的时间间隔。获取时效性不但受采集时效性影响，而且受数据传输、中间处理和存储方面的影响。时效性分析主要是为了得出数据和特征可能的使用方式，因此，时效性分析的结果会包含关于数据后续使用方式的结论。

例如，某个外部数据源在请求之后，极端情况下，需要 10 分钟才能返回结果，生产环境中对这个数据相关特征的使用就可能有 3 种不同方式：第一种方式，在授信流程中，待数据返回之后，再实时计算特征，继续授信流程；第二种方式可以触发预计算逻辑，提前发出数据请求，数据返回之后计算特征并缓存，生产环境中使用预计算好的特征；第三种方式是在测试之后取一个合理的时间阈值，超过时间阈值则不再等待数据返回和特征计算，如 90% 的客户会在 2 秒内返回，业务评估 10% 的数据缺失可以接受，则设置成超过 2 秒不再等待。

通过上面对数据流转、数据质量和数据时效性的分析，我们对数据的整体情况有了一定的认知。本阶段的产出通常是原始数据的基本情况调研结果，可以用分析报告的形式展示。一份内容翔实的分析报告可以为后续的数据清洗、特征设计和开发打下基础。

3.2.2 数据清洗

数据清洗一般包括重复数据处理、缺失数据处理、异常值处理与时间数据处理。数据清洗是为了数据质量达到特征挖掘使用的标准,避免因数据质量问题而导致特征挖掘阶段,甚至建模阶段的返工。

1. 重复数据处理

业务流程中产生的数据作为公司的数据资产,一般需要完整保存。注意,在维持数据完备性的同时,可能引入重复数据。例如,在客户申请贷款的数据中,客户 A 的同一申请记录出现了两次。我们需要分析这两条数据的重复是否体现了特定的业务含义,若体现了业务含义,则挖掘此业务含义相关的特征,否则,进行冗余数据处理。冗余数据处理包括直接过滤和整合应用:直接过滤是指随机选取一条数据,丢弃其他;整合应用是指将多条数据整合或校准之后形成完整和更加可靠的新记录,然后保存并使用。重复数据处理过程如图 3-2 所示。

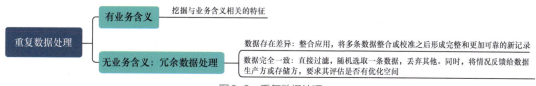

图 3-2 重复数据处理

例如,客户 A 的申请记录出现多次,如果是因为客户被拒绝之后反复申请,就是有业务含义的重复,我们可以生成"近 N 天客户申请次数"特征来描述客户"反复申请"行为。如果是因为客户的同一次申请存储了多条数据,并且多条数据是完全一致的,就可以直接过滤,随机取一条数据使用,并且将情况反馈给数据生产方或存储方,确认这种重复是否合理和是否需要处理;如果多条数据之间存在差异,分别记录了业务流程中不同环节的数据(但大部分字段是重复的),就需要汇总不同记录中的差异字段、校验重复字段,从而形成一条完整的申请记录数据。

2. 缺失数据处理

此处主要讨论特征依赖的原始数据的缺失处理,特征的缺失处理见 2.2.5 节。相比建模阶段的特征缺失处理,在特征挖掘阶段,根据数据缺失情况,尽早发现隐藏的数据问题,有更多机会采取措施以降低甚至消除数据缺失的影响,产出稳定的特征。缺失数据处理需要先判断数据是否为正常缺失,再根据判断结果采取合适的处理方式,如填充缺失值、修复数据和丢弃数据等。原始数据缺失的处理方式如图 3-3 所示。

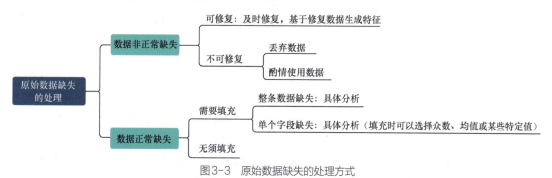

图 3-3 原始数据缺失的处理方式

判断数据是否为正常缺失,首先判断数据的覆盖率是否符合业务实际情况,接着取一些典型的缺失样本做进一步分析,然后将数据覆盖率和缺失原因整理并记录,最后给出数据是否正常缺失的结论。例如，在产品流程中，客户基本信息中的年龄是必填字段，如果发现覆盖率只有 70%，那么显然不符合业务实际情况，此时需要找出出现 30% 数据缺失的原因。产品流程修改后将此字段作为非必填信息、客户信息采集逻辑问题导致未采集到数据、部分数据同步到离线失败等都可能产生这个结果。

数据正常缺失的处理相对容易，通常根据需要填充缺失值。在填充缺失值时，需要区分数据是整条缺失还是单个字段缺失，填充时可以选择众数、均值或某些特定值。对于数据非正常缺失，首先需要确定数据是否可以修复，应修尽修；经确认不可修复的数据，需要谨慎使用，相关特征需要特别标注影响的时间段。例如，针对上面提到的年龄字段的缺失，如果是数据中间处理过程中的逻辑问题，则可以修复；如果是采集逻辑问题导致部分客户未获取年龄，则需要特别标注存在问题的时间段和问题修复的时间点。

3. 异常值处理

此处主要讨论原始数据字段中异常值的处理。异常值也称为离群点，简单来说，就是数据集中存在的不合理的值。对于发现的异常值，一方面可以及时研究数据是否可以修复；另一方面，在特征开发阶段，可以增加相应处理逻辑，降低特征异常值出现的概率。

异常值的判别与特征异常值的判别类似，具体可参考 2.2.5 节。异常值产生的原因有多种，如数据采集、数据输入或数据存储过程中的错误，数据处理或采样的错误，以及随机噪声等。异常值的处理通常有以下 3 种方式。

（1）删除含有异常值的记录。
（2）将异常值视为缺失，使用缺失值填充的方法来处理。
（3）用特定值（如平均值、中位数和固定值等）加以修正。

在特征开发阶段，我们必须对可能出现的异常值进行明确处理，以免造成程序运行错误或者出现特征异常。

4. 时间数据处理

此处讨论数据清洗阶段需要特别留意的一类数据：时间数据。因为特征挖掘通常使用时间窗来切分数据，而时间切分错误会导致整个模块绝大部分特征无法使用。时间数据处理主要包含两个方面：一是对时间格式做统一的规范化处理，二是对数据进行时间维度上的过滤。

时间格式的规范化需要注意 3 个方面：统一时区、统一时间格式和选择合适的时间跨度。统一时区，需要注意特征离线回溯与线上实际调用的时区保持一致，否则会带来特征线上线下不一致的问题；统一时间格式是指原始数据中同一个数据字段格式需要统一，如是采用时间戳还是字符型时间，字符型时间是精确到秒、小时还是天；选择合适的时间跨度，需要根据数据更新频率和切分后的特征维度综合决定，对于更新频率较低的数据，可以选择较长的时间窗口来切分，而对于频繁更新的数据，则选择较短的时间窗口来切分，理想的状态是平衡了数据更新频率与特征维度的切分。

数据在时间维度上的过滤主要从两个方面进行：一是避免引入未来数据；二是避免时间未对齐问题。避免引入未来数据是指特征计算时避免使用业务发生时间点之后的数据，可以通过在特征计算时过滤掉回溯时间点之后的业务数据来实现；在一些特殊情况下，我们还需要考虑数据在线上实际获取时间与数据库写入时间的时间差，对于某些精确到"秒"的特征，需要过滤掉因线上获取延迟而无法取得的部分数据。避免时间未对齐问题是指特征挖掘时需要检查业务实际的时间窗口是否满足特征计算的时间窗口，如一个新产品的数据是从 2020 年 1 月 1 日开始产生的，在 2020 年 1 月末计算"近 60 天申请订单数"特征时，业务数据是不够 60 天的，但是计算"近 7 天申请订单数"特征就是完整的了。在特征挖掘过程中，我们需要注意时间未对齐问题对特征和模型的影响，此时，使用较短的时间窗口可以避免时间未对齐问题。

上面介绍了数据清洗中 4 种类型数据的处理，接下来，针对业务订单数据，我们给出数据清洗的简单示例。业务订单展示了客户历史订单的基本情况，每个订单包含的数据字段见表 3-1。

表 3-1 订单数据样例

字段名	字段含义	类型	示例
order_no	订单编号	字符串	266389905029961
create_time	订单创建时间	时间戳	1598339455
loan_time	放款时间	时间戳	1598341058
application_term	申请期限	数值	90
application_amount	申请金额	数值	10000
has_overdue	是否逾期	数值	0
overdue_days	逾期天数	数值	0

某个客户的历史订单数据字段示例如图 3-4 所示。

	order_no	create_time	loan_time	birthday	application_term	application_amount	has_overdue	overdue_days
0	9264247512735807	1585485062		19970605	180	200000.00	0	
1	9265970645850518	1595823886	1595832164	19970605	180	160000.00	0	0
2	9266478835562630	1598872987	1598873001	19970605	180	320000.00	0	0
3	9266721521212626	1600329133	1600329150	19970605	180	320000.00	0	0
4	9266909726222840	1601458339	1601458354	19970605	180	480000.00	0	0
5	9267354821446211	1604128955	1604128969	19970605	180	480000.00	0	0
6	9267528286532736	1605169734	1605169762	19970605	180	580000.00	0	0
7	832676420262267395	1605852141	1605853123	19970605	180	400000.00	0	0
8	9267758209797542	1606549234	1606549256	19970605	180	850000.00	0	0
9	832677864796815741	1606718844	1606721492	19970605	180	580000.00	0	0
10	832679029886880355	1607417888	1607418426	19970605	180	800000.00	0	0
11	9267961137580040	1607766794	1607766813	19970605	180	850000.00	1	1
12	822680004726698521	1608002827	1608003412	19970605	180	380000.00	0	0
13	832680030874117821	1608018538	1608019041	19970605	180	620000.00	0	0
14	832680909358721311	1608545635	1608545983	19970605	180	620000.00	1	1
15	822681055088723201	1608633005	1608633400	19970605	180	750000.00	1	1

图 3-4 历史订单数据字段示例

对订单数据做预处理的是函数 data_preprocess()，输入参数为订单原始数据和特征计算时间，输出清洗完成的订单数据。需要说明的是，这里的 back_time 在离线回溯系统中是回溯时间，在线上系统中是调用特征计算的当前时间。

```
1.  # 订单数据清洗
2.  import pandas as pd
3.  import numpy as np
4.  from utils.data_utils import stamp_to_date
5.  from utils.data_utils import date_to_week
```

```python
6.
7.
8.   def data_preprocess(data, time_col, back_time, dtypes_dict):
9.       """
10.      数据预处理函数
11.      :param data，待处理的数据
12.      :param time_col: 回溯依据的时间列名称
13.      :param back_time，特征计算时间
14.      :param dtypes_dict: 指定列字段类型的字典，如{'col1':int}
15.      :return: 清洗完成的数据
16.      """
17.      # 删除time_col为空的行
18.      data = data[~data[time_col].isin(['nan', np.nan, 'NAN', 'null', 'NULL', 'Null'])]
19.      # 将时间列的时间戳转换为日期格式
20.      data[time_col] = data[time_col].apply(stamp_to_date)
21.      # 过滤订单创建时间在back_time之后的数据，避免特征穿越
22.      data = data[data[time_col] <= back_time]
23.      # 删除整条缺失的数据
24.      data.dropna(how='all', inplace=True)
25.      # 空字符串替换为np.nan
26.      data.replace('', np.nan, inplace=True)
27.      # 单个字段缺失，填充为0
28.      data.fillna(0, inplace=True)
29.      # 去重
30.      data.drop_duplicates(keep='first', inplace=True)
31.      # 字段格式转换
32.      data = data.astype(dtypes_dict)
33.      # 补充字段
34.      data['create_time_week'] = data[time_col].apply(date_to_week)
35.      data['is_weekend'] = data['create_time_week'].apply(lambda x: 1 if x > 5 else 0)
36.
37.      return data
38.
39.
40.  if __name__ == '__main__':
41.      # 原始数据读入
42.      orders = pd.read_excel('data/order_data.xlsx')
43.      # 获取一个客户的历史订单数据
44.      raw_data = pd.DataFrame(eval(orders['data'][1]))
45.      # 数据预处理
46.      data_processed = data_preprocess(raw_data, time_col='create_time',
47.                                        back_time='2020-12-01',
48.                                        dtypes_dict={'has_overdue': int,
49.                                                     'application_term': float,
50.                                                     'application_amount': float})
51.      print(data_processed.shape)
```

首先进行时间格式处理，过滤掉订单创建时间在回溯时间之后的数据，然后对缺失值进行填充，对重复数据去重，最后返回清洗完成的订单数据。我们取回溯时间为"2020-12-01"对图3-4所示的数据进行预处理，得到的结果如图3-5所示。可以看出，数据预处理函数将时间列统一转换为日期格式，过滤掉了订单创建时间在回溯时间之后的数据，并且补充了两个基础数据字段。

	order_no	create_time	loan_time	birthday	application_term	application_amount	has_overdue	overdue_days	create_time_week	is_weekend
0	9264247512735807	2020-03-29 20:31:02	0	19970605	180.0	200000.0	0	0.0	6	1
1	9265970645850518	2020-07-27 12:24:46	1595832164	19970605	180.0	160000.0	0	0.0	0	0
2	9266478835562630	2020-08-31 19:23:07	1598873001	19970605	180.0	320000.0	0	0.0	0	0
3	9266721521212626	2020-09-17 15:52:13	1600329150	19970605	180.0	320000.0	0	0.0	3	0
4	9266909726222840	2020-09-30 17:32:19	1601458354	19970605	180.0	480000.0	0	0.0	2	0
5	9267354821446211	2020-10-31 15:22:35	1604128969	19970605	180.0	480000.0	0	0.0	5	0
6	9267528286532736	2020-11-12 16:28:54	1605169762	19970605	180.0	580000.0	0	0.0	3	0
7	832676420262673954	2020-11-20 14:02:21	1605853123	19970605	180.0	400000.0	0	0.0	4	0
8	9267758209797542	2020-11-28 15:40:34	1606549256	19970605	180.0	850000.0	0	0.0	5	0
9	832677864796815744	2020-11-30 14:47:24	1606721492	19970605	180.0	580000.0	0	0.0	0	0

图3-5 清洗完成的订单数据

3.2.3 中间数据集构建

中间数据集构建是将清洗完成的原始数据初步处理成结构化的数据或者适用于某些特定算法的数据格式，以方便后续特征挖掘。不同类型的原始数据需要使用不同方法来处理成中间数据集。接下来，我们将分别给出结构化数据、文本数据和关系网络数据的中间数据集构建过程。

结构化数据是高度组织、格式整齐的数据，通常是可以用统一的结构（如二维表）来表达的数据。结构化数据一般使用关系型数据库且以行为单位表示。与之对应的是非结构化数据，非结构化数据是数据结构不规则或不完整，没有预定义的数据模型，不方便用数据库二维逻辑表来表达的数据，通常存储在非关系型数据库中。风控场景中的非结构化数据有文本数据、关系网络数据等。

1. 结构化数据

结构化数据本身是适合特征计算的，我们需要注意的是数据本身的粒度。风控业务中的原始数据粒度从大到小依次为渠道、客户、借款、还款等。不同场景下的特征挖掘需要不同的数据粒度。结构化数据应用时会遇到两种情况：一种情况，如果已经是合适的粒度，就可以直接作为特征在模型或规则中应用；另一种情况是需要经过聚合汇总才能转换成建模可用的粒度。原始数据最终是否需要汇总取决于特征挖掘的应用场景，如针对贷前模型，客户的年龄、学历、月收入等已经是建模可用的粒度，将直接作为特征使用；客户历史订单、历史行为埋点数据则需要经过聚合汇总为客户粒度之后再挖掘特征。接下来，我们针对第二种情况，给出中间数据集的示例。

1）客户行为埋点数据

同一个客户通常存在多条行为埋点数据，并且客户每次登录的操作序列可能不同，业务系统通常以客户每次登录的维度来生成客户行为埋点数据，以客户ID作为客户本次登录所有埋点数据的唯一标识。根据客户行为埋点数据整理的中间数据集示例见表3-2。

表3-2 中间数据集：客户行为埋点数据

客户ID	登录唯一标识	操作时间	事件
1234560	199338990501	1598339455	注册
1234560	199338990602	1598339558	登录
1234560	199338990603	1598339560	填写年龄
1234560	199338990702	1598339561	提交申请
1234561	199338990703	1598339420	额度确认
1234561	199338990704	1598350421	放款
1234561	199338990705	1599349422	查看费率
1234562	199338990806	1609349443	还款

2）客户历史订单数据

业务系统一般以订单维度保存订单数据，每个客户可能有多个历史订单。将历史订单数据整理成包含客户ID的表格，就形成了中间数据集，后续特征挖掘时可以基于中间数据集进行对比、分组、聚合等操作。客户历史订单数据形成中间数据集示例见表3-3，这里仅选取部分列进行展示，实际处理时会包含特征挖掘依赖的全部订单字段。除非另有说明，否则金额的单位为元。

表3-3 中间数据集：客户历史订单数据

客户ID	订单编号	申请时间	申请金额	申请期限	逾期天数
1234560	26638990501	1598339455	10000	180	0
1234560	26638990502	1598339555	5000	120	5
1234561	26638990503	1598339457	20000	360	0
1234561	26638990504	1598350457	10000	180	1
1234561	26638990505	1599349460	10000	180	3
1234561	26638990507	1599705860	20000	360	40
1234562	26638990506	1609349460	20000	180	0

3）客户账单数据

挖掘贷后特征应用于贷后C卡模型需要订单粒度的特征，中间数据集为账单粒度的数据，示例见表3-4，后续可基于账单数据汇总到订单维度以生成特征。

表3-4 中间数据集：客户账单数据

订单编号	账单编号	应还时间	应还金额	实际还清时间	逾期天数
26638990501	01	1600963200	2500	1600963200	0
26638990501	02	1603555200	2500	1603555200	0
26638990501	03	1606233600	2500	1603641600	1
26638990501	04	1608825600	2500	1606579200	4

2. 文本数据

文本数据就是用文本形式表示的数据。文本数据的特征挖掘方法有3种：一是提取关键字并将文本数据转化为结构化数据，再进行特征挖掘；二是基于机器学习或深度学习算法从文本中提取特征；三是使用文本分类算法训练文本分类模型，然后将模型输出的概率值作为特征使用。

以客户申请贷款时人工审批记录的文本数据为例，见表3-5，每个客户可能存在多条审批记录。

表3-5 审批记录原始数据

客户ID	文本标识	时间	文本原始数据示例
1234560	1	1601827200	通过资料审核与电话沟通，客户审批通过，借款金额10000元，操作人小明，审批时间2020年10月5日
1234560	2	1604505600	经过电话核实，客户确认所有资料均为本人提交，提交时间2020年11月5日，客户当前未逾期

1）转化为结构化数据

基于关键字提取特征是将文本数据转化为结构化数据的常用方法。具体做法是先构建关键字集合，再根据关键字在每条文本中出现的次数构建中间数据集。关键字集合的构建一般是基于业务经验，并结合原始数据的分析。另外，可以通过TextRank算法提取关键字。TextRank是一种基于图的算法，是PageRank在文本上的应用。

假如针对本节开始的审批记录原始数据构建的关键字集合为（借款，未逾期，通过，拒绝，非本人），则可以构建中间数据集，见表3-6。实际系统中的关键字集合项会更丰富。

表3-6 审批记录中间数据集

客户ID	文本标识	借款	未逾期	通过	拒绝	非本人
1234560	1	1	0	2	0	0
1234560	2	0	1	0	0	0

2）构建适用于文本算法的数据集

应用机器学习或深度学习算法挖掘文本特征，或者使用文本分类模型，其文本数据的处理方法是类似的。这些算法的输入是文本序列化之后的词，首先需要对每条文本做清洗和预处理，包括过滤标点符号、特殊字符、删除停用词；然后做分词，形成文本序列；最后合并一个客户的多条文本序列并作为输入。

（1）文本清洗。

我们的文本中经常包含对特征挖掘没有太大价值的内容，如大部分的标点符号、HTML标签等，这些符号通常会给文本增加额外噪声。HTML标签可以借助BeautifulSoup库来处理。文本中标点符号等特殊字符的清洗可以使用正则表达式。过滤标点符号之后可以得到文本，见表3-7。

表3-7 文本清洗

客户ID	文本序列示例
1234560	通过资料审核与电话沟通客户审批通过借款金额10000元操作人小明审批时间2020年10月5日经过电话核实客户确认所有资料均为本人提交提交时间2020年11月5日客户当前未逾期

（2）文本预处理。

清洗之后的文本可以做分词、停用词过滤，以及对时间数据的提取。停用词主要是基于停用词表来过滤，网络上的常用停用词表有很多。GitHub 上的常用停用词表项目中包含哈工大停用词表、百度停用词表和四川大学机器智能实验室停用词表。

英文文本天然有空格作为分隔，而中文基于通用语料库分词，如 jieba 分词、哈工大的 pyltp 等。针对表 3-7 中的文本，使用 jieba 分词的代码如下所示。

```
# jieba分词使用示例
import jieba
import pandas as pd

# 读取停用词
stopwords = pd.read_csv("data/text_data/stopwords.txt", index_col=False,
quoting=3, sep="\t", names=['stopword'], encoding='utf-8')
stopwords = stopwords['stopword'].values


def cut_words(line, words_min=2):
    line_segments = jieba.lcut(line)
    line_segments = filter(lambda x: len(x) >= words_min, line_segments)
    line_segments = filter(lambda x: x not in stopwords, line_segments)
    return list(line_segments)

text_demo = "通过资料审核与电话沟通客户审批通过借款金额10000元操作人小明审批时间2020年10月5日经过电话核实客户确认所有资料均为本人提交提交时间2020年11月5日客户当前未逾期"
segs = cut_words(text_demo)
print(segs)
```

以上文审批文本作为输入，分词结果如图 3-6 所示。

['资料', '审核', '电话', '沟通', '客户', '审批', '借款', '金额', '10000', '操作人', '小明', '审批', '时间', '2020', '电话', '核实', '客户', '确认', '资料', '提交', '提交', '时间', '2020', '客户', '逾期']

图3-6　分词结果

分词结果可以在去除数字和停用词之后整理成单词序列，作为 ID 为 1234560 的客户的文本中间数据，用作后续特征挖掘的输入。

3. 关系网络数据

关系网络数据通常是指用来描述实体之间关系的数据。关系网络数据中的实体可能存在多种类型，实体之间也可能存在多种关系。处理关系网络数据通常分为以下两步。

（1）从复杂的现实关系网络中抽取有价值的实体和关系并将其表达为图结构。

（2）构建中间数据集，转化为结构化数据或者构建适用于图算法的中间数据。

接下来，基于一个关系网络数据的例子来说明实体关系抽取及表示和构建中间数据集的过程。图 3-7 中展示了一批客户的关系网络数据，其中实体包含客户、班级、餐厅和手机，关系有同班同学、亲属、同事、就餐、就读、使用、同城、常用联系人、经营和使用同品牌手机。

1）抽取图结构

从关系网络中抽取客户实体，将同班同学、亲属、同事和常用联系人都抽象为"相识"的关系，选择图的数据结构，用图节点表示客户，用边表达关系，可以得到图 3-8 所示的关系网络图结构。

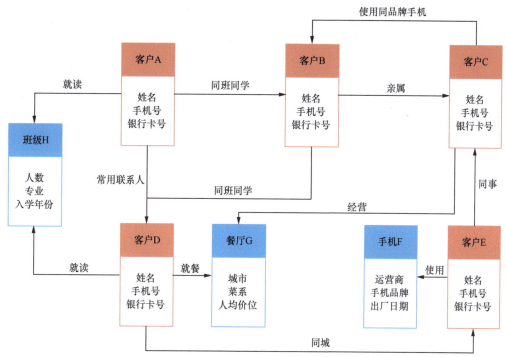

图 3-7 关系网络数据

从图 3-7 所示的关系网络数据中,我们抽取了图结构,具体来说,该图结构是一个无向图。下面给出图的基本定义:图可以表示为顶点和边的集合,记为 $G=(V,E)$,其中 V 是顶点的集合,E 是边的集合。根据边是否有方向,图分为有向图和无向图(图 3-8 所示的图为无向图)。

在处理关系网络数据时,需要注意对超级节点的处理。超级节点是指关联的边非常多的节点。例如,在使用客户 IP 数据搭建关系网络时,学校或公司公共使用的 IP 节点很容易成为超级节点。超级节点关联的节点众多,相关的增加、删除、修改和查询操作比较耗时。有些超级节点并不重要,经过分析,可以删除。在某些情况下,超级节点本身可能与风险有关,此时应仔细辨别。

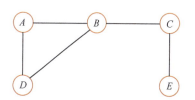

图 3-8 抽取关系网络数据得到的图结构

2)转化为结构化数据

在将关系网络数据用于传统的特征挖掘时,构建中间数据集通常包含 3 步:第 1 步,计算所有节点的特征,可以使用结构化数据特征挖掘的方法;第 2 步,针对每个节点抽取子图结构,基于计算效率的考虑,抽取子图结构通常只会针对节点的一度和二度邻居节点进行;第 3 步,将所有节点的特征按照子图中心节点来整理,形成中间数据集。特征挖掘的过程实际是通过将子图节点的特征做聚合转换等操作来生成中心节点的特征。

接下来给出基于图 3-8 的关系网络数据抽取节点的一度关系作为其子图,构建中间数据集。假设每个节点有 n 维特征,分别记为 $F_1,F_2,F_3,\cdots,F_n$,其中 $F_i=[a_i,b_i,c_i,d_i,e_i]$($i=1,2,3,\cdots,n$)为每个节点在属性 i 上的取值。对每个节点取一度子图,取节点属性汇总构建的中间数据集见表 3-8。节点 A 与节点 B 和节点 D 相邻,故取节点 B 的特征 $[b_1,b_2,b_3,\cdots,b_n]$ 和节点 D 的特征 $[d_1,d_2,d_3,\cdots,d_n]$ 形成节点 A 的用结构化数据表示的中间数据集,用于传统图特征的挖掘。节点 B~节点 E 相关的中间数据集构建方式与此相同。

表3-8 关系网络数据中间数据集

节点	特征F_1	特征F_2	…	特征F_n
A	b_1	b_2	…	b_n
A	d_1	d_2	…	d_n
B	a_1	a_2	…	a_n
B	c_1	c_2	…	c_n
B	d_1	d_2	…	d_n
C	b_1	b_2	…	b_n
C	e_1	e_2	…	e_n
D	a_1	a_2	…	a_n
D	b_1	b_2	…	b_n
E	c_1	c_2	…	c_n

根据这个中间数据集,后续的图特征挖掘可以按节点编号汇总计算统计指标,生成每个中心节点的特征。在特征挖掘实践中,实时获取并处理二度子图对系统处理能力要求较高,通常是特征计算的一个瓶颈,因此需要限制子图的大小,并剔除图中的超级节点。

3) 构建适用于图算法的数据集

图表示学习算法详见3.3.3节,本节先讨论适用于此类算法的中间数据集构建方法,构建的中间数据集将作为图表示学习算法的输入。首先介绍3个图数据相关的基本概念:邻接矩阵、度矩阵和拉普拉斯矩阵。

设图 $G=(V,E)$,其中 V 表示顶点的集合,E 表示边的集合,顶点数为 N,边数为 M,度矩阵 $D \in \mathbf{R}^{N \times N}$($\mathbf{R}$ 是实数集合)就是以图节点的度数为对角线,其他位置取 0 形成 $N \times N$ 的矩阵。邻接矩阵 $A \in \mathbf{R}^{N \times N}$,其元素定义见式(3-1):

$$A_{ij} = \begin{cases} 1, \text{如果}(v_i, v_j) \subset E \\ 0, \text{其他} \end{cases} \tag{3-1}$$

拉普拉斯矩阵可以定义为度矩阵和邻接矩阵的差,记为 $L=D-A$。

抽取出的图结构可以利用图的度矩阵(degree matrix)、邻接矩阵(adjacency matrix)和拉普拉斯矩阵(Laplacian matrix)来表示。对于图 3-8 中的图,其度矩阵、邻接矩阵和拉普拉斯矩阵见表 3-9。

表3-9 度矩阵、邻接矩阵和拉普拉斯矩阵

图结构	度矩阵	邻接矩阵	拉普拉斯矩阵
(图:A-B-C,A-D,B-D,D-E)	$\begin{pmatrix} 2 & 0 & 0 & 0 & 0 \\ 0 & 3 & 0 & 0 & 0 \\ 0 & 0 & 2 & 0 & 0 \\ 0 & 0 & 0 & 2 & 0 \\ 0 & 0 & 0 & 0 & 1 \end{pmatrix}$	$\begin{pmatrix} 0 & 1 & 0 & 1 & 0 \\ 0 & 0 & 1 & 1 & 0 \\ 0 & 1 & 0 & 0 & 1 \\ 1 & 1 & 0 & 0 & 0 \\ 0 & 0 & 1 & 0 & 0 \end{pmatrix}$	$\begin{pmatrix} 2 & -1 & 0 & -1 & 0 \\ 0 & 3 & 1 & 1 & 0 \\ 0 & -1 & 2 & 0 & 1 \\ -1 & -1 & 0 & 2 & 0 \\ 0 & 0 & -1 & 0 & 1 \end{pmatrix}$

用于图表示学习的数据集通常由两部分组成:一部分是邻接矩阵,用于表达图结构,见表3-9

中的"邻接矩阵";另一部分是节点属性信息表,用来存储节点的特征。以表3-3中的客户历史订单数据挖掘的特征为例,可以生成节点属性信息表,见表3-10。这里的示例仅列出部分特征,实际的节点属性表维度为 $N(T+1)$,其中 N 为节点数目,T 为每个节点的特征维度。

表3-10 图节点属性信息表

客户ID索引	历史订单数	总申请金额	件均申请金额	最大逾期天数
0	2	15000	7500	5
1	4	60000	15000	40
2	1	20000	20000	0

上面抽象出的中间数据集可以作为图表示学习算法挖掘特征的输入。需要注意的是,某些算法只需要用其中一部分中间数据作为输入,如随机游走算法只需要用图结构作为输入生成图结构特征,之后才会与图节点属性特征拼接来训练模型。

3.2.4 特征的设计和生成

通过前面的数据清洗和转换的预处理过程,我们已经获得结构化数据。在特征的设计和生成阶段,我们会完成从原始数据到特征的转化。对于那些取值规范、含义清晰、汇总粒度符合需求的字段,我们可以直接将其作为特征输出,其他的就需要进行汇总计算以产生新特征。本节首先阐述特征设计方法,然后对每种方法展开讨论。

1. 特征设计方法

在风控业务中,特征设计着眼于特征在客户风险上的区分度。特征设计可以采用不同的方法:基于业务逻辑生成特征、半自动化方法生成特征和基于智能算法生成特征,如图3-9所示。

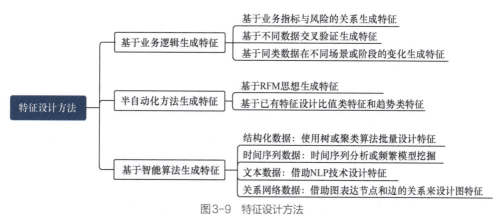

图3-9 特征设计方法

基于业务逻辑生成特征的思路包括基于业务指标与风险的关系生成特征、基于不同数据交叉验证生成特征、基于同类数据在不同场景或阶段的变化生成特征;半自动化方法生成特征主要有基于RFM思想生成特征,以及基于已有特征设计比值类特征和趋势类特征;基于智能算法生成特征,但特征的解释性通常不如前两种方法,需要根据原始数据的形式采用不同算法,具体算法将在3.3节展开介绍。

2. 基于业务逻辑生成特征

从业务逻辑来看,人工生成符合业务含义的特征是一个简单、直接且操作性强的方案。人工基于业务逻辑生成特征依赖特征开发者的经验。虽然基于同一个业务场景不同开发人员生成的特征可能多种多样,但有一些通用规律可以遵循,如可以从以下 3 个角度出发来生成特征。

- 基于业务指标与风险的关系生成特征,即根据对业务的理解,抽取一些典型指标并作为特征。例如,多头共贷严重的客户通常风险较高,基于这个业务逻辑,可以生成"客户多头共贷数目"特征;使用多个非法投资类软件的客户的风险可能更高,可以生成"客户安装非法投资类软件个数"特征;同一设备短时间内频繁下单的客户的欺诈风险更高,可以生成"某设备 ID 近 1 天关联订单数"特征;绑定虚拟银行卡的客户的风险更高,可以生成"客户绑定的银行卡是否是虚拟卡"特征,等等。
- 基于不同数据交叉验证生成特征。我们通常认为不同数据交叉验证结果不一致的客户的风险更高。不同数据交叉验证包括客户自填基本信息与身份证 OCR 识别信息是否一致,客户自填地址与 GPS 定位城市是否一致,以及客户手机号归属地与工作地或居住地是否一致等。
- 基于同类数据在不同场景或阶段的变化生成特征。例如,根据客户的行为埋点数据在贷前和贷中业务场景下的变化情况,可以生成"客户贷前与贷中每天平均登录次数的差值"的特征并在贷中场景下使用。

以客户历史订单数据为例,可以直接解析出诸如客户年龄、性别等特征,也可以基于业务逻辑生成"客户历史订单数""最大逾期天数"等特征。下面的代码给出了基于业务逻辑生成客户历史订单特征的过程。

```
1.  # 根据业务逻辑人工生成客户历史订单特征
2.  import pandas as pd
3.  import datetime as dt
4.  from chapter3.ch3_01_order_data_preprocess import data_preprocess
5.
6.
7.  def calculate_age(born):
8.      """
9.      根据出生日期解析年龄
10.     :param born: 出生日期
11.     :return: 年龄
12.     """
13.     today = dt.date.today()
14.     if isinstance(born, str):
15.         born = dt.datetime.strptime(born, '%Y%m%d')
16.     return today.year - born.year - ((today.month, today.day) <
17.         (born.month, born.day))
18.
19.
20. def gen_order_feature_manual(data, time_col, back_time, dtypes_dict,
21.         fea_prefix='f'):
22.     """
23.     根据业务逻辑生成特征
24.     :param data: 业务订单原始数据
25.     :param time_col: 回溯依据的时间列名称
26.     :param back_time: 回溯时间点
27.     :param dtypes_dict: 指定列字段类型的字典,如{'col1':int}
28.     :param fea_prefix: 特征前缀
29.     :return: features,根据业务逻辑生成的特征
```

```
30.     """
31.     # 数据预处理函数，见文件ch3_01_order_data_preprocess.py
32.     data_processed = data_preprocess(data, time_col, back_time,
33.         dtypes_dict=dtypes_dict)
34.     features = {}
35.     # 从生日解析年龄
36.     features['%s_age' % fea_prefix] = calculate_age\
37.         (data_processed.get('birthday')[0])
38.     # 客户历史订单数
39.     features['%s_history_order_num' % fea_prefix] = data_processed.shape[0]
40.     # 客户历史逾期次数
41.     features['%s_overdue_num' % fea_prefix] = data_processed['has_overdue'].sum()
42.     # 客户历史最大逾期天数
43.     features['%s_max_overdue_days' % fea_prefix] = \
44.         data_processed['overdue_days'].max()
45.     # 客户历史平均逾期天数
46.     features['%s_mean_overdue_days' % fea_prefix] = \
47.         data_processed['overdue_days'].mean()
48.
49.     return features
50.
51.
52. if __name__ == '__main__':
53.     # 原始数据读入
54.     orders = pd.read_excel('data/order_data.xlsx')
55.     # 获取一个客户的历史订单数据
56.     raw_data = pd.DataFrame(eval(orders['data'][1]))
57.     back_time_value = orders['back_time'][1]
58.     cols_dtypes_dict = {'has_overdue': int, 'application_term': float,
59.         'application_amount': float}
60.
61.     # 根据业务逻辑生成客户历史订单特征
62.     features_manual = gen_order_feature_manual(raw_data, 'create_time',
63.         back_time_value, cols_dtypes_dict)
64.     print(features_manual)
```

上述示例代码中的 gen_order_feature_manual() 为订单特征的生成函数，raw_data 为输入的客户历史订单数据，features_manual 为输出的订单特征，最终生成的订单特征如图 3-10 所示。

```
{'f_age': 24,
 'f_history_order_num': 16,
 'f_overdue_num': 3,
 'f_max_overdue_days': 1.0,
 'f_mean_overdue_days': 0.1875}
```

图3-10　最终生成的订单特征

3. 基于RFM思路生成特征

从业务含义出发人工设计特征，比较烦琐且容易出错，产出特征质量取决于开发人员的领域知识，并且特征是针对特定业务和场景的，跨场景复用比较难。为了进一步提升特征的开发效率和复用性，作者基于 RFM 思路对特征生成方式进行了探索，实现了半自动的特征开发。

RFM 是衡量客户价值和潜在价值的分析方法，主要由客户最近一次交易时间间隔（recency）、最近一段时间内的交易次数（frequency）和最近一段时间内交易金额（monetary）3 个维度组成。我们将这个思路用于特征挖掘：先划分不同的时间窗口，再区分不同的类别维度，计算各种统计指标，交叉组合之后即可批量生成特征。

1）维度数据和度量数据

基于 RFM 思路来设计特征，首先需要将原始数据分为**维度数据**和**度量数据**，然后针对维度数据进行切分、针对度量数据做统计指标的计算，最后根据业务含义将二者组合，批量生成最终特征。

（1）**维度数据**：可以用来将数据切分成不同类别的数据。常用的维度数据包括时间型数据和类别型数据。常见的维度如下。

- 时间维度：15 天、1 月、3 月、6 月、12 月、24 月等。
- 机构类型维度：银行、P2P、小贷、其他。
- 消费类型维度：餐饮、娱乐、健身等。

理论上，任何类别型数据都可以作为维度划分的依据，连续变量也可以切分后作为维度划分的依据（如消费金额切分成 1000 及以下、1001～2000、2001～5000、5000 以上，它们可作为统计维度）。在实际操作中，我们需要考虑业务意义，排除一些不必要的维度。可以将一个字段作为 RFM 模型的一个维度，其前提假设：不同的维度可能具有不同的风险。

（2）**度量数据**：可以用于计算的数据。**连续型数据**和**类别型数据**都可以作为度量数据使用，不同类型的数据可以进行不同统计指标的计算。连续型数据与类别型数据常用的统计计算指标见表 3-11。

表 3-11 连续型数据与类别型数据常用的统计计算指标

数据类型	统计计算指标	特征举例
连续型数据	和、平均值、最大值、最小值、众数和中位数	近 6 个月购买金额中位数或平均值
	时间距离	最近一次购买距今的月数
	空间距离	多个地址最大距离差
	波动性	近 6 个月购买金额方差
	占比类	近 6 个月浏览次数大于 3 次的月份数占比
	变化趋势类	近 3 个月浏览次数与近 6 个月浏览次数的比例
	持续时间类	近 6 个月最大持续有消费的月份数
类别型数据	频次	近 6 个月 A 类交易出现的频次
	占比	近 6 个月，银行类申请数与总申请数的比例
	集中度	消费最多的类别的交易次数与总交易次数的比例
	一致性	近 6 个月贷款申请提供的手机号是否一致
	持续性	近 6 个月，最大连续逾期的月份数

2）RFM 特征生成方法

经过维度数据的切分和度量数据的计算，我们就完成了数据到特征的初步变换。在图 3-11 中，基于 RFM 思路切分维度数据（时间维度、消费类型维度）、度量数据（基本统计指标），然后组合二者得到"近 N 天 _ 餐饮类 _ 消费金额和"等特征（在图 3-11 中，为了表示方便，仅列出 3 个特征）。

3.2 特征挖掘方法论　119

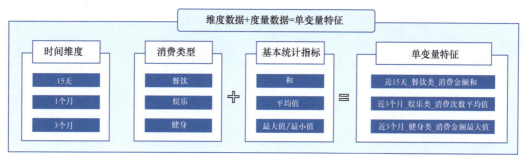

图3-11　基于RFM思想设计特征

3）历史订单特征生成示例

针对客户的历史订单数据，基于RFM思想，可以从时间、订单状态、申请时间段和是否为工作日进行数据切分，统计客户的申请额度、逾期天数和订单数目等，生成多个维度的特征。

数据切分组合之后再进行合成，可以生成"近1个月_工作日申请_正常结清的订单数"或者"近6个月_逾期中订单_逾期天数最大值"特征。基于这些特征，进一步进行特征衍生，可以生成"近3天订单数/近7天订单数"的比值类特征，以及"近6个月订单连续增长月份最大值"的趋势类特征，如图3-12所示。

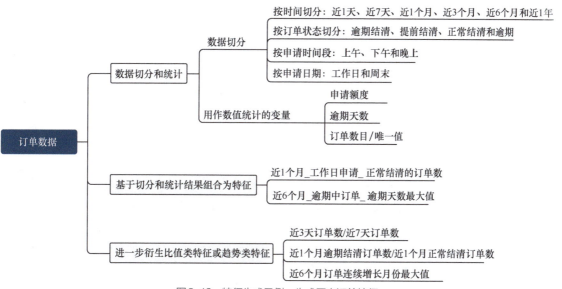

图3-12　特征生成示例：生成历史订单特征

基于历史订单数据使用RFM思路生成历史订单特征的代码如下所示。

```
1. # 根据业务逻辑自动生成客户历史订单特征
2. import pandas as pd
3. import numpy as np
4. from dateutil.parser import parse
5. from utils.data_utils import stamp_to_date
6. from chapter3.ch3_01_order_data_preprocess import data_preprocess
7.
8. func_trans = {'sum': np.sum,
9.               'mean': np.mean,
```

```python
10.                  'cnt': np.size,
11.                  'max': np.max,
12.                  'min': np.min,
13.                  'std': np.std,
14.                  }
15.
16.
17.  def get_name_map(type_k, type_v):
18.      """
19.      类别变量取值含义，此处直接根据case给出（在实际应用中，会定制配置）
20.      :param type_k: 待切分数据
21.      :param type_v: 具体切分类别
22.      :return:
23.      """
24.      if 'name_map' in globals():
25.          new_name = name_map.get('%s_%s' % (type_k, type_v), '%s_%s' %
26.                      (type_k, type_v))
27.      else:
28.          new_name = '%s_%s' % (type_k, type_v)
29.      return new_name
30.
31.
32.  def get_comp_func(comp_col):
33.      """
34.      获取每个计算变量的计算函数，此处直接根据case给出（在实际应用中，会定制配置）
35.      :param comp_col: 计算变量列名
36.      :return:
37.      """
38.      return comp_dict.get(comp_col, ['cnt'])
39.
40.
41.  def apply_func(f, *args):
42.      return f(*args)
43.
44.
45.  def rfm_cut(data, time_col, back_time, type_arr, comp_arr, time_arr,
46.              fea_prefix='f'):
47.      """
48.      基于RFM思想切分数据，生成特征
49.      :param DataFrame data: 待切分的数据，时间列为create_time(timestamp)，距今的天数列
50.          为gap_days
51.      :param time_col: 回溯依据的时间列名称
52.      :param back_time: 回溯时间点
53.      :param list type_arr: 类别变量列表，类别列名必须在data中
54.      :param list comp_arr: 计算变量列表，计算变量名必须在data中，默认计算统计量
55.      :param list time_arr: 切分时间列表（近N天）
56.      :param fea_prefix: 特征前缀
57.      :return dict: 特征
58.      """
59.      data[time_col] = data[time_col].apply(stamp_to_date)
60.      # 业务时间与back_time相距的天数
61.      data['gap_days'] = data[time_col].apply(lambda x: (stamp_to_date
62.                  (back_time) - x).days)
63.
64.      type_dict = {k: v for k, v in type_dict_param.items() if k in type_arr}
65.
66.      res_feas = {}
67.      for col_time in time_arr:
68.          for col_comp in comp_arr:
69.              for type_k, type_v in type_dict.items():
70.                  # 按类别和时间维度切分，筛选数据
```

```python
71.                    for item in type_v:
72.                        data_cut = data[(data['gap_days'] < col_time) &
73.                            (data[type_k] == item)]
74.                        for func_k, func_v in func_trans.items():
75.                            # 在各统计指标上，对筛选出的数据做聚合操作以生成特征
76.                            if func_k not in get_comp_func(col_comp):
77.                                continue
78.                            fea_name = '%s_%s_%s_%s_%s' % (
79.                                fea_prefix, col_time, get_name_map
80.                                (type_k, item), col_comp, func_k)
81.                            if data_cut.empty:
82.                                res_feas[fea_name] = np.nan
83.                            else:
84.                                res_feas[fea_name] = apply_func(func_v,
85.                                    data_cut[col_comp])
86.    return res_feas
87.
88.
89. def gen_order_feature_auto(raw_data, time_col, back_time, dtypes_dict,
90.                            type_arr, comp_arr, time_arr, fea_prefix='f'):
91.     """
92.     基于RFM切分，自动生成订单特征
93.     :param raw_data: 原始数据
94.     :param time_col: 回溯依据的时间列名称
95.     :param back_time: 回溯时间点
96.     :param dtypes_dict: 指定列字段类型的字典，如{'col1':int}
97.     :param list time_arr: 切分时间列表（近N天）
98.     :param list type_arr: 类别变量列表，类别列名必须在data中
99.     :param list comp_arr: 计算变量列表，计算变量名必须在data中，默认计算统计量
100.    :param fea_prefix: 特征前缀
101.    :return: res_feas 最终生成的特征
102.    """
103.    if raw_data.empty:
104.        return {}
105.    back_time = parse(str(back_time))
106.
107.    order_df = data_preprocess(raw_data, time_col=time_col,
108.        back_time=back_time, dtypes_dict=dtypes_dict)
109.    if order_df.empty:
110.        return {}
111.
112.    # 特征衍生：使用RFM切分
113.    res_feas = rfm_cut(order_df, time_col, back_time, type_arr,
114.        comp_arr, time_arr, fea_prefix)
115.    return res_feas
116.
117.
118. if __name__ == '__main__':
119.     # 读入原始数据
120.     orders = pd.read_excel('data/order_data.xlsx')
121.     # 获取一个客户的历史订单数据
122.     raw_orders = pd.DataFrame(eval(orders['data'][1]))
123.
124.     # 设置自动特征的参数
125.     type_cols = ['has_overdue', 'is_weekend']
126.     comp_cols = ['order_no', 'application_amount']
127.     time_cut = [30, 90, 180, 365]
128.     type_dict_param = {
129.         'has_overdue': [0, 1],
130.         'is_weekend': [0, 1]
```

```
131.        }
132.        comp_dict = {
133.            'order_no': ['cnt'],
134.            'application_amount': ['sum', 'mean', 'max', 'min']
135.        }
136.        cols_dtypes_dict = {'has_overdue': int, 'application_term': float,
137.                'application_amount': float}
138.
139.        # 根据业务逻辑生成客户历史订单特征
140.        features_auto = gen_order_feature_auto(raw_orders, 'create_time', '2020-
141.                12-14', cols_dtypes_dict, type_cols, comp_cols, time_cut)
142.        print("特征维度：", len(features_auto.keys()))
143.    print(features_auto)
```

在上述示例代码中，函数 gen_order_feature_auto() 为特征批量生成的函数，经过特征切分组合之后，返回 80 维特征；函数 rfm_cut() 为数据切分计算特征的核心代码。生成的特征形式如图 3-13 所示。

```
{'f_30_has_overdue_0_order_no_cnt': 11,
 'f_30_has_overdue_1_order_no_cnt': 1,
 'f_30_is_weekend_0_order_no_cnt': 11,
 'f_30_is_weekend_1_order_no_cnt': 1,
 'f_30_has_overdue_0_application_amount_sum': 5170000.0,
 'f_30_has_overdue_0_application_amount_mean': 470000.0,
 'f_30_has_overdue_0_application_amount_max': 850000.0,
 'f_30_has_overdue_0_application_amount_min': 160000.0,
 'f_30_has_overdue_1_application_amount_sum': 850000.0,
 'f_30_has_overdue_1_application_amount_mean': 850000.0,
 'f_30_has_overdue_1_application_amount_max': 850000.0,
 'f_30_has_overdue_1_application_amount_min': 850000.0,
 'f_30_is_weekend_0_application_amount_sum': 5820000.0,
 'f_30_is_weekend_0_application_amount_mean': 529090.9090909091,
 'f_30_is_weekend_0_application_amount_max': 850000.0,
 'f_30_is_weekend_0_application_amount_min': 160000.0,
 'f_30_is_weekend_1_application_amount_sum': 200000.0,
 'f_30_is_weekend_1_application_amount_mean': 200000.0,
 'f_30_is_weekend_1_application_amount_max': 200000.0,
 'f_30_is_weekend_1_application_amount_min': 200000.0}
```

图 3-13　RFM 切分生成的部分特征

这只是基于 RFM 思路生成特征的简单示例。该示例生成了固定时间窗内的统计特征，在实际工程应用中，我们还可以进一步优化。对于任何结构化的原始数据，简单配置维度数据、度量数据和计算指标即可半自动地完成特征挖掘，批量生成上千维特征。我们可以从下列 4 个方面进行优化：提升数据切分的性能；扩展统计指标函数；区分特征在线计算和离线计算（在线上系统中，可以只计算部分特征以提高性能）；增加定制类别及组合的配置，时间间隔类变量、比值类变量和趋势类变量的计算，以及特征字典生成功能等。

除自行开发基于 RFM 思路的工具以外，还可以借助一些成熟的特征计算工具，如 Featuretools（自动化特征工程的开源 Python 框架）、tsfresh（处理时间序列的关系数据库的特征工程工具）。我们以 tsfresh 生成特征为例，tsfresh 可以方便地提取时间序列的基本特征，如峰值数量、平均值和最大值等，也可以进一步提取更复杂的时间序列特征。

接下来，针对客户历史订单数据，给出提取时间序列特征的示例。每个客户的历史订单申请金额、逾期天数可以看作两个时间序列，需要将文件 order_data.xlsx 中的订单数据做简单的预处理，生成用作输入的订单时间序列。

基于此挖掘时间序列特征的代码如下所示。

```python
1.  # 时间序列特征挖掘
2.  import pandas as pd
3.  from tsfresh.feature_extraction import extract_features
4.  
5.  if __name__ == '__main__':
6.      # 读取数据
7.      orders = pd.read_excel('data/order_data.xlsx')
8.      orders_new = []
9.      for i in range(len(orders)):
10.         sub_data = pd.DataFrame.from_records(eval(orders['data'][i]))
11.         sub_data['uid'] = orders['uid'][i]
12.         orders_new.append(sub_data)
13.     orders_new_df = pd.concat(orders_new)
14.     # 数据格式
15.     orders_new_df['application_amount'] = orders_new_df['application_amount'].\
16.         astype(float)
17.     orders_new_df['has_overdue'] = orders_new_df['has_overdue'].astype(float)
18. 
19.     # 调用extract_features生成时间序列特征
20.     order_features = extract_features(orders_new_df[['uid',
21.         'create_time', 'application_amount', 'has_overdue']],
22.         column_id="uid", column_sort="create_time")
23.     print(order_features.shape)
```

可以生成1547维特征，部分特征如图3-14所示。

	application_amount__mean_abs_change	application_amount__mean_change	application_amount__mean_second_derivative_central
1	214000.000000	10000.000000	-56250.000000
2	164666.666667	36666.666667	6071.428571
3	120000.000000	26153.846154	7500.000000
4	99285.714286	22142.857143	-3846.153846
5	159047.619048	17142.857143	-1000.000000

图3-14 时间序列部分特征

在生成特征时，需要充分挖掘数据的价值，产生尽可能丰富的特征维度。另外，需要注意特征维度和特征覆盖率的平衡。在实际的特征生成过程中，特征维度切分太细，特征会比较稀疏，切分太粗则会导致数据中隐含的信息挖掘不充分。那么，在实际操作中，如何达到特征维度和特征覆盖率的平衡呢？下面提供一个方法：先切分到足够细的维度，再根据特征效果合并或丢弃一些维度组合。可以基于对数据的统计，如某类取值的占比、不同取值对风险的反应，将覆盖率低于一定比例的维度进行合并，或者将不同取值在风险上没有区分度的维度进行合并。

4. 基于智能算法生成特征

针对不同的数据类型采用不同的智能算法：对已经生成的特征进一步衍生挖掘，可以使用GBDT等集成算法进行处理，根据叶子节点的取值批量生成特征；对于文本数据，可以采用NLP技术挖掘文本特征；对于关系网络数据，可以借助图来表达节点和边的关系，设计关系网络特征；对于图像数据，可以使用深度学习算法批量产生特征。具体内容在3.3节介绍。

这类特征的开发效率较高，在框架完善的情况下，允许新手批量生成高维度的特征，为模型快速更新迭代提供了可能。这类生成特征的方法可能发现一些传统的特征设计方法无法捕捉到的数据特点，生成有效特征。其缺点是维度较高，可解释性较差。

3.2.5 特征评估

特征评估是指选取特定的数据集对特征进行综合评估,以决定对特征模块的下一步处理方式。特征评估一般包括覆盖率、离散度、时间相关性、稳定性和效果等方面。

注意,用于特征评估的数据集需要选择充足的样本,并且尽量表示特征应用场景下的样本情况,具体选择方式可参考 2.2.2 节。后续评估代码基于的 5 个特征如下所示。

```python
import numpy as np
import pandas as pd

# 模拟生成5个特征
fea_1 = [-1,-1,-1,0,1,1,1]  # 特征平均值为0
fea_2 = [1,1,1,1,1,1,1]  # 所有特征均为唯一值
fea_3 = [1,2,3,4,5,6,7]  # 与时间正相关
fea_4 = [7,6,5,4,3,2,1]  # 与时间负相关
fea_5 = [1,2,1,2,np.nan,2,np.nan]  # 与时间无线性关系

x_all = pd.DataFrame([fea_1, fea_2,fea_3,fea_4,fea_5]).T
x_all.columns =['fea_1', 'fea_2', 'fea_3', 'fea_4', 'fea_5']
```

生成的特征如图 3-15 所示。

	fea_1	fea_2	fea_3	fea_4	fea_5
0	-1.0	1.0	1.0	7.0	1.0
1	-1.0	1.0	2.0	6.0	2.0
2	-1.0	1.0	3.0	5.0	1.0
3	0.0	1.0	4.0	4.0	2.0
4	1.0	1.0	5.0	3.0	NaN
5	1.0	1.0	6.0	2.0	2.0
6	1.0	1.0	7.0	1.0	NaN

图 3-15 生成的特征

1. 特征覆盖率

特征覆盖率检查一是可以发现覆盖率过低的特征,避免输出;二是可以发现覆盖率异常的特征,进而反推去检查原始数据字段中是否有之前未发现的问题。特征覆盖率检查的实现比较简单,直接计算样本集中非空特征占比即可。针对前面的 5 个特征计算覆盖率,可以看出,除 fea_5 以外,其他特征覆盖率均为 100%。

```python
def cover_ratio(x):
    """
    计算特征覆盖率
    :param x: 特征向量
    :return: cover_ratio, 特征覆盖率
    """
    len_x = len(x)
    len_nan = sum(pd.isnull(x))
    ratio = 1 - len_nan / float(len_x)
    return ratio
x_all.apply(cover_ratio). to_frame('cover_ratio')
```

对 x_all 计算特征覆盖率的结果如图 3-16 所示。

	cover_ratio
fea_1	1.000000
fea_2	1.000000
fea_3	1.000000
fea_4	1.000000
fea_5	0.714286

图 3-16　特征覆盖率

2. 特征离散度

特征离散度是指特征值分布的离散程度。计算特征离散度时通常使用变异系数。与极差、方差和标准差相比，变异系数不受数据量纲的影响，但只在平均值不为 0 时有定义。变异系数可以使用 SciPy 库的 variation() 方法计算，方法如下。

```
from scipy.stats import variation
variation(fea_2)
```

因为 fea_2 的取值只有一个，所以上述代码计算得到的变异系数为 0。这种特征无法区分客户风险，这时可以检查特征依赖的原始数据字段是否存在异常，若无异常，则要避免输出这类特征。

3. 特征时间相关性

特征时间相关性衡量特征值与时间的相关性。特征时间相关性检查可以发现一些与时间强相关但无意义的特征。时间强相关的特征线下测试效果有时很好，但是这种相关性在未来不一定复现。例如，某产品 1～3 月的客群发生了比较大的变化，客户逾期率从 1% 逐渐上升到 10%，4 月的客群不一定持续这种变化，那么，"客户申请时间距当前的天数"这类特征可能在 1～3 月的样本上因为与时间强相关而区分度明显，但在 4 月的客群上，就不再有区分度了。

特征与时间的相关性可以使用 Pearson 相关系数衡量，具体计算时可以调用 pandas 库中的 corr() 函数，相关代码如下所示，执行结果如图 3-17 所示。

```
def get_datestamps(begin_date, end_date):
    """
    返回[begin_date,end_date]的时间戳
    :param begin_date: 开始时间
    :param end_date: 结束时间
    :return: [begin_date,end_date]的时间戳
    """
    date_arr = [int(time.mktime(x.timetuple())) for x in list
        (pd.date_range(start=begin_date, end=end_date))]
    return date_arr


# 计算时间相关性
x_all['tm_col'] = get_datestamps('2020-10-01', '2020-10-07')

# 计算3个特征与时间的Pearson相关系数
fea_time_corr = x_all.loc[:, ['fea_3', 'fea_4', 'fea_5', 'tm_col']].corr().\
    loc[:, ['tm_col']]
print(fea_time_corr)
```

从图 3-17 的输出结果可以看出，特征 fea_3 与时间正相关，fea_4 与时间负相关，fea_5 与时间无线性相关性，实践中 Pearson 相关系数大于 0.8，表明特征与时间存在强相

关性，应谨慎使用。

```
         tm_col
fea_3   1.000000
fea_4  -1.000000
fea_5   0.569495
tm_col  1.000000
```

图3-17 特征与时间的相关性

4. 特征稳定性

特征稳定性的评价主要使用PSI（Population Stability Index，群体稳定性指标）。我们可以将样本按时间分段后计算PSI。PSI反映了样本之间分布的差异，其计算公式见2.3.1节。在风控业务中，对于PSI>0.1的特征，需要关注并分析原因，然后根据原因是否可接受来决定特征后续是否可用。在样本量非常小的情况下，PSI的波动可能仅是因为随机扰动而不表示实际业务含义。在样本足够的情况下，通用的PSI范围见表3-12。

表3-12 PSI范围

PSI范围	稳定性	表现/建议
0~0.1	好	特征基本稳定
0.11~0.25	略不稳定	持续监控后续变化
大于0.25	不稳定	剧烈变化，分析原因，找到应对方案

5. 特征效果

特征效果通常使用IV值衡量，指标含义和具体做法见2.3.1节。注意，IV值过大的特征需要仔细确认，分析是否存在数据"穿越"问题。

在评价特征区分度时，为了消除样本数据本身差异的影响，可以预先选择基准特征作为参考。基准特征有两种选择方式：一种是选择效果已知的特征，在同一个数据集上，对比两个特征的效果；另一种是在特征子模型中引入随机变量，查看随机变量的重要性排序，方便评估特征模块的整体效果。重要性排在随机变量之后的特征可以被视为无区分度而不输出。

本节从特征的覆盖率、离散度、时间相关性、稳定性和效果方面讨论了特征评估的方法。在风控场景中，特征的可解释性很重要。在特征评估时，需要关注特征趋势与业务逻辑是否符合。除决定特征的后续使用方式以外，特征评估进一步排查效果评价中发现的可疑问题，有助于提升特征质量。

3.2.6 特征上下线

特征开发完成并且评估有效后，通常会部署上线。在特征线上运行期间，需要持续监控，当数据源不可用或者特征版本更新时，会涉及特征下线操作。

1. 特征上线

特征上线一般有两种方式：一是实时计算方式部署，即接受计算请求后在线获得原始数据并实时计算特征；二是离线批量计算方式部署，即离线计算好所有客户的特征，并推送到线上等待调用。实时计算的特征需要同时在线上系统与离线回溯系统中部署；对于离线批量计算的特征，我们需要确保特征更新机制正常运行。在特征上线前，需要进行充分的测试。

特征上线之后，通常先"陪跑"，即空跑，而不应用于模型或规则。线上积累足够样本之后，需要进行上线验证。上线验证包含 3 个方面：一是数据源接入验证；二是特征统计分析；三是特征稳定性验证、线上线下一致性验证和前后一致性验证。

数据源接入验证：首先需要确认特征依赖哪些数据源，所有数据是否已经接入并返回正确的数据格式；然后需要确认数据调用位置是否正确；最后确认数据源的更新频率是否符合预期。对于依赖 App 发布才能更新的数据，需要区分 App 版本并分别验证。

特征统计分析主要包含 3 个方面：一是特征线上维度、覆盖率、缺失值填充方式和特征值分布是否符合预期；二是特征监控配置是否正确、运行状态是否正常；三是离线回溯系统是否正确部署，如果是离线计算之后推送到线上使用的特征，则需要确保特征离线更新和推送机制正常运行。

特征稳定性验证：可以取近期的线下样本计算特征，然后与线上样本特征计算 PSI。**线上线下一致性验证**：可以取特征上线"陪跑"期间的样本，用"陪跑"时存储的原始数据离线计算特征，对比离线特征与线上特征是否一致。**前后一致性验证**：可以抽取一部分样本，在不同时间点，分别调用特征回溯计算，多次取得的特征与"陪跑"特征对比，检查特征是否一致。

2．特征下线

特征下线通常发生在数据不可用或者特征升级后新版本特征已完全覆盖旧版本时，及时下线特征可以节省线上资源。特征下线需要注意以下 3 点：一是无策略或模型依赖此特征模块；二是不影响原始数据落表（当原始数据落表依赖特征调用，且数据源仅有当前一个特征模块时，落表会受影响）；三是如果后续需要进行效果评估，则需要确认已积累足够的样本。

3.3　特征挖掘智能算法

本节主要介绍特征挖掘智能算法。根据风控业务中可用的数据类型，我们分别探讨特征衍生、文本特征挖掘和图特征挖掘。

3.3.1　特征衍生

在现有特征的基础上，我们可以使用 GBDT、神经网络等算法构建模型，模型的中间产出或输出结果作为新的特征。本节以树模型算法、聚类算法为例进行介绍。

1．树模型算法

第 2 章已经介绍过决策树、GBDT 等基于树模型的算法，本节介绍使用树模型算法生成新特征的方法。

1）算法原理

以 GBDT 为例，先使用已有特征训练 GBDT 模型，再利用模型中的树的叶子节点构造新特征，这个思路源于 Facebook 发表的利用 GBDT 模型构造新特征的论文"Practical Lessons from Predicting Clicks on Ads at Facebook"。按照这种思路构造的新特征向量取值是 0 或 1，向量中每个元素对应 GBDT 模型中的树的叶子节点，特征长度等于集成模型中所有树的叶子节点之和。当一个样本点通过某棵树最终落在其一个叶子节点上时，新特征向量中这个叶子节点对应的元素取值为 1,而这棵树的其他叶子节点对应的元素取值为 0。

以包含两棵树的 GBDT 模型为例,给出叶子节点构造特征的过程示意图,如图 3-18 所示。其中,第一棵树有 3 个叶子节点,第二棵树有两个叶子节点。对于一个输入样本点 x,如果它在第一棵树中最后落在第二个叶子节点,在第二棵树中最后落在第一个叶子节点,那么通过 GBDT 产生的新特征向量为 [0,1,0,1,0],该新特征向量中的前 3 位对应第一棵树的 3 个叶子节点,后两位对应第二棵树的两个叶子节点。

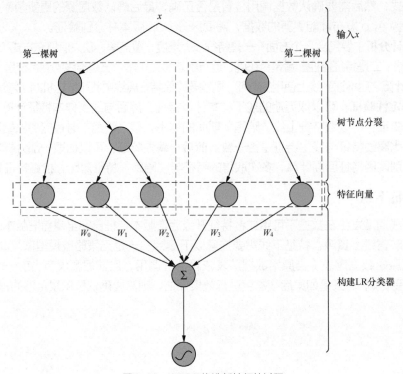

图 3-18　GBDT 构造新特征的过程

2)实践应用

获得 GBDT 模型中每个叶子节点的输出可以通过 sklearn 包中 GBDT 模型的 apply() 函数。首先训练 GBDT 模型,然后得到叶子节点的输出,最后使用 OneHotEncoder 函数将叶子节点的位置信息转换为 0 或 1,形成最终的新特征。

以上文生成的客户基本信息和历史订单特征为例,使用 GBDT 模型生成新特征。输入数据有 104 列(仅展示前 4 列),其中 label 列为标签,如图 3-19 所示。

order_no	orderv1_age	orderv1_history_order_num	orderv1_overdue_num	orderv1_max_overdue_days
9268058473941147	38	4	0	0.0
9267961137580040	23	12	1	1.0
9267741647036595	29	9	2	1.0
9267846324091420	32	14	1	1.0
9268058096167541	26	12	0	0.0

图 3-19　GBDT 构造新特征输入数据

使用 GBDT 模型生成新特征的代码如下所示。

```python
1.  # 使用GBDT算法进行特征衍生
2.  import pandas as pd
3.  from sklearn.preprocessing import OneHotEncoder
4.  from sklearn.ensemble import GradientBoostingClassifier
5.
6.
7.  def gbdt_fea_gen(train_data, label, n_estimators=100):
8.      # 训练GBDT模型
9.      gbc_model = GradientBoostingClassifier(n_estimators=n_estimators,
10.         random_state=1)
11.     gbc_model.fit(train_data, label)
12.
13.     # 得到样本元素落在叶子节点的位置信息
14.     train_leaf_fea = gbc_model.apply(train_data).reshape(-1, n_estimators)
15.
16.     # 利用OneHotEncoder()函数将叶子节点的位置信息转换为0或1
17.     one_hot_encoder = OneHotEncoder()
18.     one_hot_encoder.fit(train_leaf_fea)
19.     return gbc_model, one_hot_encoder
20.
21.
22. def gbdt_fea_appy(data, model, encoder):
23.     # 获得GBDT特征
24.     new_feature_train = encoder.transform(model.apply(data).reshape(-1,
25.         model.n_estimators)).toarray()
26.     # new_fea为生成的新特征
27.     new_fea = pd.DataFrame(new_feature_train)
28.     new_fea.index = data.index
29.     new_fea.columns = ['fea_%s' % i for i in range(1, new_fea.shape[1] + 1)]
30.     return new_fea
31.
32.
33. if __name__ == '__main__':
34.     # 读取原始特征数据
35.     all_x_y = pd.read_excel('data/order_feas.xlsx')
36.     all_x_y.set_index('order_no', inplace=True)
37.     # 生成训练数据
38.     x_train = all_x_y.drop(columns='label')
39.     x_train.fillna(0, inplace=True)
40.     y = all_x_y['label']
41.     # 获取特征
42.     gbr, encode = gbdt_fea_gen(x_train, y, n_estimators=100)
43.     new_features = gbdt_fea_appy(x_train, gbr, encode)
44.     print(new_features.head())
```

上面代码中的 x_train 为输入的特征，y 为标签，最终生成特征为 665 维、每个特征取值为 0 或 1 的向量，部分特征如图 3-20 所示。

order_no	fea_1	fea_2	fea_3	fea_4	fea_5	fea_6	fea_7	fea_8	fea_9	fea_10
9268058473941147	1.0	0.0	0.0	0.0	0.0	0.0	0.0	1.0	0.0	0.0
9267961137580040	0.0	0.0	0.0	1.0	0.0	0.0	0.0	0.0	0.0	0.0
9267741647036595	0.0	0.0	0.0	1.0	0.0	0.0	0.0	0.0	0.0	0.0
9267846324091420	0.0	0.0	0.0	1.0	0.0	0.0	0.0	0.0	0.0	0.0
9268058096167541	0.0	1.0	0.0	0.0	0.0	0.0	0.0	1.0	0.0	0.0

图 3-20 使用 GBDT 模型生成的部分特征

2. 聚类算法

聚类算法在特征挖掘中的主要应用是基于已有特征进行样本聚类，并将聚类结果作为新特征。

1)算法原理

聚类算法是一种无监督算法。K-means 是典型的聚类算法。K-means 算法的原理如下。

(1)初始时,随机选择 k 个质心。

(2)把每个观测划分到离它最近的质心,并与质心形成新的类。

(3)重新计算每个类的质心。

(4)重复(2)和(3),迭代停止条件为质心不再发生变化或者达到最大迭代次数。

图 3-21 给出了 K-means 算法的聚类过程。图 3-21a 所示为初始时随机选择了 3 个质心;图 3-21b 所示为把每个观测划分到离它最近的质心,并与质心形成新的类;图 3-21c 所示为基于形成的新类重新计算质心;图 3-21d 所示为图 3-21b 和图 3-21c 重复多次达到迭代停止条件时最终形成的类。

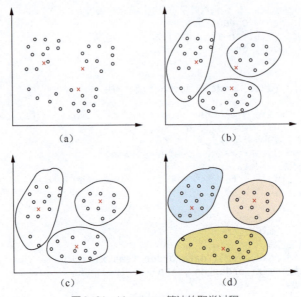

图 3-21 K-means 算法的聚类过程

聚类完成后,可以针对最终生成的 N 个聚类,输出样本"是否属于聚类 X"特征,或者样本"与聚类质心的距离"特征。

2)实践应用

在风控场景中,我们可以根据客户基本属性对客户做聚类,得到聚类特征。图 3-19 中的示例特征有每个客户的年龄、历史订单数等,我们选择其中的客户年龄、历史订单数、近 90 天工作日申请金额平均值和最大逾期天数 4 个特征,使用 sklearn.cluster 中的 K-means 算法将客户进行聚类,代码如下所示。

```
# 使用聚类算法衍生特征
import pandas as pd
from sklearn.cluster import KMeans


def cluster_fea_gen(data, selected_cols, n_clusters):
    """
    使用聚类算法生成特征
    :param data: 用作输入的x,y
```

```python
10.         :param selected_cols: 选取用来做聚类的特征列
11.         :param n_clusters: 聚类类别数
12.         :return: 聚类算法生成的特征
13.         """
14.         x_cluster_feas = data.loc[:, selected_cols]
15.         # 拟合聚类模型
16.         clf = KMeans(n_clusters=n_clusters, random_state=1)
17.         clf.fit(x_cluster_feas)
18.         return clf
19.
20.
21.     def cluster_fea_apply(data, selected_cols, clf):
22.         """
23.         使用聚类算法生成特征
24.         :param data: 用作输入的x,y
25.         :param selected_cols: 选取用来做聚类的特征列
26.         :param clf: 聚类模型
27.         :return: 聚类算法生成的特征
28.         """
29.         # 对原数据表进行类别标记
30.         data['group'] = clf.predict(data[selected_cols])
31.
32.         # "与聚类质心距离" 特征的计算
33.         centers_df = pd.DataFrame(clf.cluster_centers_)
34.         centers_df.columns = [x + '_center' for x in selected_cols]
35.
36.         for item in selected_cols:
37.             data[item + '_center'] = data['group'].apply(
38.                 lambda x: centers_df.iloc[x, :][item + '_center'])
39.             data[item + '_distance'] = data[item] - data[item + '_center']
40.
41.         fea_cols = ['group']
42.         fea_cols.extend([x + '_distance' for x in selected_cols])
43.
44.         return data.loc[:, fea_cols]
45.
46.
47.     if __name__ == '__main__':
48.         # 数据读取
49.         all_x_y = pd.read_excel('data/order_feas.xlsx')
50.         all_x_y.set_index('order_no', inplace=True)
51.         # 取以下4个特征做聚类
52.         chose_cols = ['orderv1_age', 'orderv1_90_workday_application_amount_mean',
53.             'orderv1_history_order_num', 'orderv1_max_overdue_days']
54.         all_x_y.fillna(0, inplace=True)
55.
56.         # 生成聚类特征
57.         model = cluster_fea_gen(all_x_y, chose_cols, n_clusters=5)
58.         fea_cluster = cluster_fea_apply(all_x_y, chose_cols, model)
```

聚类之后可以生成"客户属于哪个聚类"和"与聚类质心距离"特征，如图3-22所示。

order_no	group	orderv1_age_distance	orderv1_90_workday_application_amount_mean_distance	orderv1_history_order_num_distance
9268058473941147	3	4.818182	21784.512162	-15.318182
9267961137580040	4	-10.120000	-27674.933955	1.760000
9267741647036595	3	-4.181818	25784.512162	-10.318182
9267846324091420	3	-1.181818	31784.512162	-5.318182
9268058096167541	3	-7.181818	20117.845495	-7.318182

图3-22　k-means算法客户聚类的结果

3.3.2 文本特征挖掘

文本特征挖掘是指把文本数据转换为特征。文本数据是风控业务中常见的一类数据，如客户地址、审批记录和催收记录等。文本数据加工成特征的方法包括常规的提取关键词和直接使用文本挖掘类算法将文本数据转换为向量。本节先介绍文本特征提取的常用算法，包括基于词频统计的方法（如词袋模型、N-gram 语言模型）和基于词向量的方法。由于文本分类模型输出的概率可以作为其他模型的特征，因此本节会介绍两种典型的文本分类算法。

下面的文本示例基于搜狗新闻语料库，我们进行了简化处理。语料库和停用词等文件的读取与预处理代码如下。

```python
def load_corpus():
    """
    加载语料库：取自搜狗新闻语料库
    :return: sentences 语料库
    """
    # 取样后的文本存储
    df_entertainment = pd.read_csv(os.path.join('data/text_data/entertainment_
        news.csv'))
    df_sports = pd.read_csv(os.path.join('data/text_data/sports_news.csv'))

    entertainment = df_entertainment.content.values.tolist()
    sports = df_sports.content.values.tolist()
    content_file = {'entertainment': entertainment, 'sports': sports}

    return content_file


def sentences_prepare():
    sentences = []
    content_file = load_corpus()
    for category in content_file.keys():
        for line in content_file[category]:
            try:
                words_list = cut_words(line)
                sentences.append(" ".join(words_list))
            except Exception as e:
                sentences.append("")
                print(e)
                continue
    random.seed(1)
    random.shuffle(sentences)
    return sentences


def sentences_prepare_with_y():
    sentences = []
    content_file = load_corpus()
    for category in content_file.keys():
        for line in content_file[category]:
            try:
                words_list = cut_words(line)
                sentences.append("__label__" + str(category) + " , " + " ".
                    join(words_list))
            except Exception as e:
                sentences.append("")
                print(line)
```

```
47.            continue
48.       random.seed(1)
49.       random.shuffle(sentences)
50.       return sentences
51.
52.
53. def sentences_prepare_x_y():
54.       cate_dic = {'entertainment': 0, 'sports': 1}
55.       content_file = load_corpus()
56.       # 生成训练数据
57.       sentences = []
58.       y = []
59.
60.       for category in content_file.keys():
61.           # 文本预处理
62.           for line in content_file[category]:
63.               try:
64.                   words_list = cut_words(line)
65.                   sentences.append(" ".join(words_list))
66.                   y.append(str(cate_dic.get(category)))
67.               except Exception as e:
68.                   print(line)
69.                   continue
70.       sentences_df = pd.DataFrame({'sentences': sentences, 'target': y})
71.       sentences_df = sentences_df.sample(frac=1, random_state=1)
72.       return sentences_df.sentences.tolist(), sentences_df.target.tolist()
```

1. 文本特征提取方法

1）词袋模型

（1）模型原理。

词袋（bag of words）模型是最初的将文本表示成向量的方法，因其简单有效，而得到广泛使用。词袋模型将文本看作一系列单词的集合，形象地说，就是把一段文本当作一个"袋子"，里边装的是"单词"。词袋模型一般需要收集一些文本，并将它们作为模型建立的基础。这些文本称为语料（corpus），经过筛选、加工和标注等处理后，大批量语料构成的数据库称为**语料库**（corpus base）。

词袋模型的基本原理是先构建词典，再根据文本中的单词在词典中出现的频率生成文本的向量，生成的向量与单词在原文本中出现的次序没有关系。生成向量主要有两种方法：基于词频统计的方法与基于 TF-IDF（Term Frequency - Inverse Document Frequency）算法的方法。前者简单统计文本中的单词出现的次数，后者综合"考虑"单词出现的频率和在整个语料库中的"稀有程度"。

TF-IDF 等于 TF 和 IDF 的乘积，其中 TF 是单词出现的频率，即某个单词在当前文本中出现的次数；IDF 是逆文档频率，其中 DF 表示语料库中包含某个单词的文档的数目，IDF 反映了某个单词在整个语料库中的重要性。TF 表示某个单词在当前文档中出现的频率越高，其重要性越大，而 IDF 则相反，某个单词在语料库中出现频繁，说明它表示的含义宽泛，它带有当前文档特点的信息就少。因此，TF-IDF"认为"当前文档中出现频率较高而在语料库其他文档中出现频率较低的单词能够有效地将当前文档与其他文档区分开。

（2）实践应用。

基于词频统计的方法，我们可以使用 scikit-learn 的 CountVectorizer 生成文本的向量。基于 TF-IDF 算法的方法，我们可以使用 TfidfVectorizer 生成文本的向量。下面的代码展示了如何使用上述两种方法生成变量 texts 中文本的向量。

```
1.  def gen_count_doc_vec(text):
2.      """
3.      基于词频统计的方法，使用scikit-learn的CountVectorizer生成文本的向量
4.      :param text: 输入文本
5.      :return: 生成的文本的向量
6.      """
7.      cv = CountVectorizer(binary=True)
8.      document_vec = cv.fit_transform(text)
9.      return pd.DataFrame(document_vec.toarray())
10.
11. texts = sentences[0:5]
12. fea_vec_count = gen_count_doc_vec(texts)
13. print("CountVectorizer词向量：")
14. print(fea_vec_count)
```

fea_vec_count 数据的每一行即为 texts 中一段文本的词频统计结果，使用 CountVectorizer 对象的 get_feature_names() 方法可以获取词汇表。最终得到的文本的向量如图 3-23 所示。

	0	1	2	3	4	5	6	...	108	109	110	111	112	113	114
0	1	0	0	0	0	1	0	...	1	1	0	0	0	1	1
1	0	1	0	0	0	0	0	...	0	0	1	0	0	0	0
2	0	0	1	0	0	0	0	...	0	0	0	0	0	0	0
3	0	0	0	1	0	0	1	...	0	0	0	0	0	0	0
4	0	0	0	0	0	0	0	...	0	0	1	0	1	0	0

图3-23　使用scikit-learn的CountVectorizer生成的文本的向量

```
1.  def gen_tfidf_doc_vec(text):
2.      """
3.      基于TF-IDF算法，使用TfidfVectorizer生成文本的向量
4.      :param text: 输入文本
5.      :return: 生成的文本的向量
6.      """
7.      cv = TfidfVectorizer()
8.      document_vec = cv.fit_transform(text)
9.      return pd.DataFrame(document_vec.toarray())
10.
11. fea_vec_tfidf = gen_tfidf_doc_vec(texts)
12. print("TfidfVectorizer词向量：")
13. print(fea_vec_tfidf)
```

TfidfVectorizer 生成词汇表的方式与 CountVectorizer 相同。因为 TF-IDF 算法综合利用了单词在当前文档中出现的频率和单词在整个语料库中出现的频率，所以向量元素的取值不再是 0 和 1，最终得到的文本的向量如图 3-24 所示。

	0	1	2	3	4	5	6	...	108	109	110	111	112	113	114
0	0.130	0.000	0.000	0.000	0.000	0.130	0.000	...	0.130	0.130	0.000	0.000	0.000	0.130	0.130
1	0.000	0.224	0.000	0.000	0.000	0.000	0.000	...	0.000	0.000	0.000	0.224	0.000	0.000	0.000
2	0.000	0.000	0.169	0.000	0.169	0.000	0.000	...	0.000	0.000	0.000	0.000	0.000	0.000	0.000
3	0.000	0.000	0.000	0.348	0.000	0.000	0.174	...	0.000	0.000	0.000	0.000	0.000	0.000	0.000
4	0.000	0.000	0.000	0.000	0.000	0.000	0.000	...	0.000	0.000	0.707	0.000	0.707	0.000	0.000

图3-24　使用TfidfVectorizer生成的文本的向量

当普通的 CountVectorizer 词库很大时，其会占用很大的内存，我们利用哈希技

巧并用稀疏矩阵存储编译后的矩阵，可以很好地解决这个问题。scikit-learn 提供的 HashingVectorizer 类用于文本的向量表示，用法如下。

```
1.  def gen_hash_doc_vec(text, n_features=8):
2.      """
3.      使用HashingVectorizer类生成文本的向量
4.      :param text: 输入文本
5.      :param n_features: 指定输出特征的维数
6.      :return: 生成的文本的向量
7.      """
8.      cv = HashingVectorizer(n_features=n_features)
9.      document_vec = cv.fit_transform(text)
10.     return pd.DataFrame(document_vec.toarray())
11. 
12. fea_vec_hash = gen_hash_doc_vec(texts, n_features=8)
13. print("HashingVectorizer词向量：")
14. print(fea_vec_hash)
```

使用 HashingVectorizer 类生成的文本的向量如图 3-25 所示。

	0	1	2	3	4	5	6	7
0	-0.260	0.000	0.000	-0.391	0.521	-0.130	-0.260	0.651
1	0.640	0.000	0.000	0.640	0.213	-0.213	-0.213	-0.213
2	0.000	0.000	0.180	0.359	-0.180	-0.898	0.000	0.000
3	-0.516	-0.258	-0.516	0.258	0.000	-0.516	0.258	0.000
4	0.707	0.000	0.000	0.000	0.000	0.000	0.000	-0.707

图3-25 使用HashingVectorizer类生成的文本的向量

词袋模型简单，使用方便，但其缺点比较明显，如只关注了单词出现的次数，未关注上下文关系。接下来，我们给出基于 N-gram 语言模型的文本表示方法，这个方法考虑了单词的上下文关系。

2）N-gram 语言模型

（1）模型原理。

语言模型是指对语言现象的数学抽象，如给定一个语句 w，语言模型就是计算语句 w 出现概率 $p(w)$ 的模型。我们可以将语句 w 表示为一系列单词的列表：$w=w_1,w_2,\cdots,w_k$，$w_i, i \in [1,k]$ 表示一个单词，此时的语言模型如式（3-2）所示。

$$p(w) = p(w_1|w_0)p(w_2|w_0w_1)\cdots p(w_{k+1}|w_0w_1\cdots w_k) = \prod_{t=1}^{k+1} p(w_t|w_0w_1\cdots w_{t-1}) \quad (3\text{-}2)$$

其中的 w_0 和 w_{k+1} 是标记语句首尾的两个特殊"单词"。随着语句长度的增加，语言模型中会出现两个问题：一是数据稀疏，越长的语句越难出现，语料库中很有可能无法统计出长句子出现的概率；二是计算代价大，因为 k 越大，需要计算和存储的 $p(w_t|w_0w_1\cdots w_{t-1})$ 越多，计算和存储的开销越大。

为了解决上述两个问题，我们可以使用马尔可夫假设来简化语言模型。假设每个单词出现的概率只与前一个单词有关，基于这个假设，我们就得到了二元语言模型，记为 2-gram，其表示如式（3-3）所示。

$$p(w) = p(w_1|w_0)p(w_2|w_1)\cdots p(w_{k+1}|w_k) = \prod_{t=1}^{k+1} p(w_t|w_{t-1}) \quad (3\text{-}3)$$

这样，存储和查询效率得到了有效提升。利用类似思想，假设每个单词出现的概率只与前两个单词有关,即可得到三元语言模型,即 3-gram;假设每个单词出现的概率只与前 n 个单词有关,即可得到 n 元语言模型(N-gram 语言模型),如式(3-4)所示。

$$p(w) = \prod_{t=1}^{k+n-1} p(w_t | w_{t-n+1} \cdots w_{t-1}) \qquad (3\text{-}4)$$

在实际应用中,如果 $n \geq 4$,那么数据稀疏,以及计算和存储成本问题就会变得突出,因此,n 通常取 2 或 3。

(2)实践应用。

在实际应用中,首先基于语言模型对文本切片,得到切片后的词汇表,然后基于词汇表,将出现过的词赋值为 1,将未出现的赋值为 0,即可得到单词的向量。以上面 texts 的文本为例,基于 N-gram 语言模型的统计词频,可得到文本的向量,代码如下所示。

```
1.  def gen_ngram_doc_vec(text):
2.      ngram_cv = CountVectorizer(ngram_range=(2, 2), decode_error="ignore",
3.                                 token_pattern=r'\b\w+\b', min_df=1)
4.      document_vec = ngram_cv.fit_transform(text)
5.      return pd.DataFrame(document_vec.toarray())
6.  
7.  fea_vec_ngram = gen_ngram_doc_vec(texts)
8.  print("CountVectorizer词向量(ngram):")
9.  print(fea_vec_ngram)
```

其中,参数 ngram_range=(2, 2) 表示使用二元语言模型,decode_error="ignore" 表示忽略异常字符。最终得到的文本的向量如图 3-26 所示。

	0	1	2	3	4	5	6	...	111	112	113	114	115	116	117
0	1	0	0	0	0	0	1	...	0	1	1	0	0	1	1
1	0	1	0	0	0	0	0	...	0	0	0	1	0	0	0
2	0	0	1	0	0	1	0	...	0	0	0	0	0	0	0
3	0	0	0	1	1	0	0	...	1	0	0	0	0	0	0
4	0	0	0	0	0	0	0	...	0	0	0	0	1	0	0

图 3-26 使用 N-gram 语言模型生成的文本的向量

N-gram 语言模型虽然关注了上下文关系,但最大的缺点是得到的向量维度高且稀疏,如词库的数量可能是几百万,甚至上千万,在这种情况下,创建的特征,可能是一个几百万维的向量,并且其中绝大部分元素都是 0。下面将要介绍的词向量模型会给出向量维度压缩的方法。

3)词向量模型

(1)模型原理。

词向量,也称词嵌入(word embedding),是一种把文本空间中的某个词(word)映射成由实数构成的向量的技术。目前,通用的词向量生成模型有 Word2Vec、fastText 和 GloVe,本质上,它们都是向量的降维,即把词从 one-hot 编码形式的表示降维成词向量形式的表示。

CBOW 和 Skip-Gram 是两种有代表性的 Word2Vec 模型。CBOW 将一个词的上下文作为输入,预测这个词本身,而 Skip-Gram 将一个词作为输入,预测它的上下文。Word2Vec 将上下文关系转换为多分类任务,然后训练逻辑斯谛回归模型,模型训练完成得到的参数矩阵即文本的词向量。

fastText 源于 2016 年发表的论文 "Bag of Tricks for Efficient Text Classification"，它生成词向量的思路与 Word2Vec 相似，但是它加入了基于 N-gram 语言模型生成的特征，考虑了词之间的顺序（当然，为了提高效率，过滤掉了低频的基于 N-gram 语言模型生成的特征）。另外，fastText 中设计了一种称为 hierarchical softmax 的函数，因此，它也可以作为文本分类模型使用，这部分内容将在下文介绍。

GloVe 是 Global Vector 的缩写，其实现思路是首先基于语料库构建词的共现矩阵，然后基于共现矩阵和 GloVe 模型得到词向量。

（2）实践应用。

下面以 Word2Vec 和 fastText 为例，介绍词向量的生成方式。

- Word2Vec 词向量。借助 Gensim 的 Word2Vec 包，基于文本语料库训练词向量模型的代码如下所示。

```
1.  # 文本特征挖掘 :Word2vec
2.  import pandas as pd
3.  import numpy as np
4.  from utils.text_utils import sentences_prepare
5.  from gensim.models import word2vec
6.
7.
8.  def sent2vec(words, w2v_model):
9.      """
10.     转换成句向量
11.     :param words: 词列表
12.     :param w2v_model: Word2Vec模型
13.     :return:
14.     """
15.     if words == '':
16.         return np.array([0] * model.wv.vector_size)
17.
18.     vector_list = []
19.     for w in words:
20.         try:
21.             vector_list.append(w2v_model.wv[w])
22.         except:
23.             continue
24.     vector_list = np.array(vector_list)
25.     v = vector_list.sum(axis=0)
26.     return v / np.sqrt((v ** 2).sum())
27.
28.
29. if __name__ == '__main__':
30.     # 加载语料
31.     sentences = sentences_prepare()
32.
33.     # 获取词向量
34.     model = word2vec.Word2Vec(sentences, size=8, window=5,
35.         min_count=2, workers=2)
36.     fea_vec = pd.DataFrame([sent2vec(x, model).tolist() for x in sentences])
37.     fea_vec.columns = ['fea_%s' % i for i in range(model.wv.vector_size)]
38.     print('词向量维度:', fea_vec.shape)
```

其中，size 是输出词向量的维数，其值太小会导致词映射因为冲突而影响结果，其值太大则会消耗内存并使算法的计算速度变慢，它的通常取值范围是 100 ~ 200，本示例取值为 8。在 Word2Vec 模型运行完成后，我们可以使用 model.wv 来获取词向量。上面代码的输出结果如图 3-27 所示。

	fea_0	fea_1	fea_2	fea_3	fea_4	fea_5	fea_6	fea_7
0	0.445	0.521	0.154	0.218	-0.457	-0.414	-0.147	-0.237
1	0.077	0.315	-0.065	-0.183	-0.384	-0.674	-0.372	-0.341
...	...	...	...	...	...	...	...	...
3998	0.142	0.389	0.037	0.017	-0.290	-0.683	-0.452	-0.269
3999	0.168	0.520	0.111	0.127	-0.555	-0.331	-0.245	-0.441

图3-27　输出的Word2Vec词向量

- fastText词向量。在对文本数据集进行分词和去除停用词处理后，得到文件unsupervised_train_data.txt，然后，我们使用fastText的无监督学习获取词向量，示例代码如下，其中，dim是最终生成的词向量的长度（通常的取值范围为100～200，本例中dim=8）。

```python
# 文本特征挖掘:fastText
import pandas as pd
from utils.text_utils import sentences_prepare
import fasttext

# 获取fastText词向量
model = fasttext.train_unsupervised('data/text_data/unsupervised_train_data.txt',
        model='skipgram', dim=8)
fea_vec = pd.DataFrame([model.get_sentence_vector(x).
    tolist() for x in sentences])
fea_vec.columns = ['fea_%s' % i for i in range(model.get_dimension())]
print('词向量维度:', fea_vec.shape)
```

在Word2Vec模型训练完成后，我们可以使用函数model.get_sentence_vector()获取生成的词向量，上面代码输出的fastText词向量如图3-28所示。

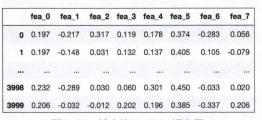

	fea_0	fea_1	fea_2	fea_3	fea_4	fea_5	fea_6	fea_7
0	0.197	-0.217	0.317	0.119	0.178	0.374	-0.283	0.056
1	0.197	-0.148	0.031	0.132	0.137	0.405	0.105	-0.079
...	...	...	...	...	...	...	...	...
3998	0.232	-0.289	0.030	0.060	0.301	0.450	-0.033	0.020
3999	0.206	-0.032	-0.012	0.202	0.196	0.385	-0.337	0.206

图3-28　输出的fastText词向量

在将文本表达为词向量后，如果应用深度学习算法（详见2.4节）处理文本分类任务，那么我们将不会感到其与结构化数据的分类有太大差异。

2. 文本分类算法

除将文本表达为向量方式以外，还有一些直接基于文本进行分类的算法，这类算法会输出一个概率，这个概率可以作为特征在后续模型中使用。下面将分别介绍朴素贝叶斯算法和基于神经网络的fastText算法。

1）朴素贝叶斯算法

（1）算法原理。

朴素贝叶斯算法是基于概率的分类方法。在文本分类、多分类实时预测和文本判别等分类任务中，我们常将其用作基准算法。朴素贝叶斯算法是一种简化的贝叶斯分类器，它基于贝叶斯公式进行文本分类，将"根据特征判断标签问题"转化为"统计某一类样本中各特征的概率分布问题"。朴素贝叶斯算法中的"朴素"是指该算法有一个很强的条件独立假设：在给定类别的条件下，各特征项相互独立。

在应用中，首先将文档 x 表示为词的序列：$x=[w_1,w_2,\cdots,w_n]$，在条件独立的假设下，使用多项式模型，$p(x|y=c_j)$ 可以表示为式（3-5）

$$p(x|c_j) = p([w_1,w_2,\cdots,w_n]|c_j) = \prod_{i=1}^{V} p(t_i|c_j)N(t_i,x) \quad (3\text{-}5)$$

其中，V 表示单词表的维度，t_i 表示单词表中第 i 个单词，$p(t_i|c_j)$ 表示在 c_j 条件下 t_i 出现的概率，$N(t_i,x)$ 表示文档 x 中 t_i 的词频。

根据全概率公式，$p(x|y)$ 的联合分布可以表示为式（3-6）

$$p(x,y=c_j) = p(c_j)p(x|c_j) = p(y=c_j)\prod_{i=1}^{V} p(t_i|c_j)N(t_i,x) \quad (3\text{-}6)$$

在实现中，我们需要注意以下 3 点。

- 可以采用伯努利模型或多项式模型描述 $p(x|y)$ 的分布。对于常见的 $p(x|y)$ 分布，我们通常有两种描述方式：伯努利模型和多项式模型，其中，伯努利模型只关注单词是否出现而不关注其出现频次，多项式模型考虑了单词出现的次数。在实际应用中，多项式模型的效果通常好于伯努利模型。
- 平滑技术可避免出现零概率问题。在数据集太小，导致某个单词未出现时，可能出现零概率问题，而我们计算 $p(x|y)$ 时进行了连续相乘，这会导致计算结果为 0。在这种情况下，我们通常需要采用"平滑技术"解决问题。平滑技术是指对一个未在训练集中出现的词指定一个非零的小概率，相应地调低其他词出现的概率。在实际应用中，我们经常使用的平滑技术包括拉普拉斯平滑、Lidstone 平滑和 Good-Turing 平滑。
- 通过对似然函数取对数将相乘转换为相加。在计算 $p(x|y)$ 时，我们进行了连续相乘。由于乘法计算的开销较大，因此，在训练时，我们可以先计算对数（乘法可以转换为加法），再将计算结果存储在一个哈希表中，应用时，可直接提取对数概率并进行相加，这样可以显著提高应用时的计算效率。

朴素贝叶斯算法的局限性主要体现在条件独立假设经常不成立。然而，在垃圾邮件识别、情感分析等文本分类任务中，朴素贝叶斯模型简单、高效，并且，在多分类预测时，其计算复杂度不会大幅上升，因此，该模型通常作为基准模型来处理文本分类任务。

（2）实践应用。

基于朴素贝叶斯算法进行文本分类的示例代码如下，首先对数据进行预处理，使用词袋模型将文本向量化，然后划分训练集和测试集，最后训练朴素贝叶斯模型，模型预测的概率 y_pred 可作为特征在后续模型中使用。

```python
# 文本分类算法：朴素贝叶斯
import pandas as pd
from utils.text_utils import sentences_prepare_x_y
from sklearn.feature_extraction.text import TfidfVectorizer
from sklearn.naive_bayes import GaussianNB
from sklearn.metrics import roc_auc_score


def get_model(x, y):
    # 训练朴素贝叶斯模型
    clf = GaussianNB()
    bayes_model = clf.fit(x, y)
```

```
13.        return bayes_model
14.
15.
16. def text_sample_split(texts, y, rate=0.75):
17.     # 文本向量化
18.     cv = TfidfVectorizer(binary=True)
19.     sentence_vec = cv.fit_transform(texts)
20.
21.     # 划分训练集和测试集
22.     split_size = int(len(texts) * rate)
23.     x_train = sentence_vec[:split_size].toarray()
24.     y_train = y[:split_size]
25.     x_test = sentence_vec[split_size:].toarray()
26.     y_test = y[split_size:]
27.     return x_train, y_train, x_test, y_test
28.
29.
30. if __name__ == '__main__':
31.     # 加载语料
32.     sentences, target = sentences_prepare_x_y()
33.     print("文本数目: %s" % len(sentences))
34.     # 训练模型
35.     x_train, y_train, x_test, y_test = text_sample_split(
36.         (pd.Series(sentences), pd.Series(target))
37.     model = get_model(x_train, y_train)
38.     # 预测
39.     y_pred = model.predict_proba(x_test)[:, 1]
40.     auc_score = roc_auc_score(y_test, y_pred)
41.     print(auc_score)
```

2）fastText 算法

（1）算法原理。

除用来生成特征词向量以外，fastText 还可以用来进行文本分类，它不需要预训练好的词向量。fastText 算法与 CBOW 类似，但与 CBOW 预测中间词不同的是，fastText 预测标签，从而它可以作为文本分类模型使用，即输入一个词序列，输出这个词序列属于不同类别的概率。

fastText 模型有 3 层：输入层、隐藏层和输出层，如图 3-29 所示。输入层为文本中单词的 N-gram 词向量，隐藏层仅对词向量求平均值，输出层使用 Hierarchical Softmax 和 Negative Sampling 输出文本的类别。Hierarchical Softmax 将一个多分类问题转换为多个二分类问题，Negative Sampling 使用负采样方法而不用每次都计算所有词出现的概率。

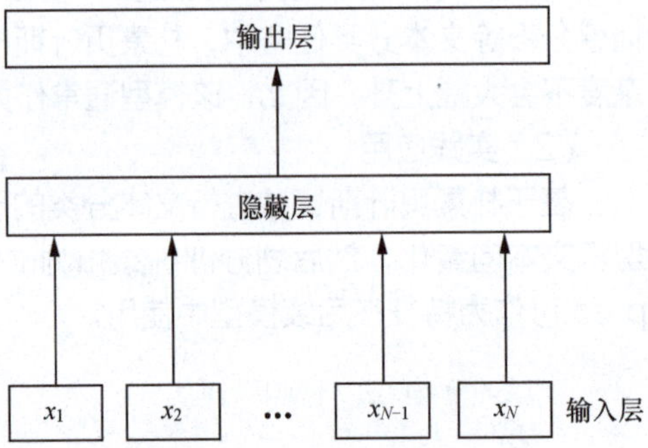

图 3-29 fastText 模型结构

（2）实践应用。

在进行文本分类时，fastText 要求文本以特定格式存储，因此，我们可以先将文本预处理为正确格式。经函数 preprocess_sentences () 处理后的数据格式如图 3-30 所示。

3.3 特征挖掘智能算法

	0	1
0	__label__entertainment	▆▆▆ 第一次 导演 ▆▆ 徐老爷 ▆▆ ▆▆ 大哥 压力 太大 几部 影片 同天 上映...
1	__label__entertainment	三生 三世 十里 桃花 翻拍 全方位 尊重 原著 邀请 影视 美术 ▆▆ 任 美术 ...
...	...	...
798	__label__sports	首届 全国 青年 运动会 吴易 收获 亚军 去年 中国 大奖赛 连克 吴迪 张择 两位 老...
799	__label__entertainment	嫁衣 醉菊 告诉 娉婷 老一辈 心中 嫁衣 代表 缘分 之意 于白 娉婷 嫁衣 一事 面对...

图3-30　经函数preprocess_sentences()处理后的数据格式

我们将预处理的数据存储至train_data.txt。训练fastText模型的代码如下所示。

```python
# 文本分类算法：fastText
import fasttext
import pandas as pd
from utils.text_utils import sentences_prepare_with_y
from sklearn.metrics import roc_auc_score


if __name__ == '__main__':
    # 处理文本数据
    process_sentences(train_path='data/train_data.txt',
        test_path='data/test_data.txt', rate=0.8)

    # 训练、保存模型
    classifier = fasttext.train_supervised('data/train_data.txt', label='__label__',
        wordNgrams=3, loss='softmax')
    classifier.save_model('data/fasttext_demo.model')

    # 加载模型
    classifier = fasttext.load_model('data/fasttext_demo.model')
    texts = "系列 票房 不差 口碑 资深 玩家 张艳 告诉 玩家 很难 承认 \
            一系列 电影 " \
            "电影 原著 面目全非 女主角 爱丽丝 游戏 角色 电影 渐渐 脱离 游戏 打着 游戏 \
            名号 发展 票房 " \
            "号召力 观众 影响力 电影 系列 具备 剧情 世界观 游戏 生硬 强加 角色 背景 "
    print("当前文本所属类别：", classifier.predict(texts))

    # 测试集
    test_data = pd.read_csv('data/test_data.txt', header=None)
    texts_new = test_data[1].tolist()
    y_true = [1 if x.strip() == '__label__sports' else 0 for x in
        test_data[0].tolist()]

    # 预测效果评估
    result = classifier.predict(texts_new)
    y_pre = []
    for i in range(len(result[0])):
        if result[0][i][0] == '__label__sports':
            y_pre.append(result[1][i][0])
        else:
            y_pre.append(1 - result[1][i][0])
    auc_score = roc_auc_score(y_true, y_pre)
    print(auc_score)
```

上述代码预测文本texts所属的分类及概率，输出结果为"(('__label__entertainment',),array([0.50720042]))"，其中，"__label__entertainment"表示文本texts属于类别"entertainment"，0.50720042表示文本texts属于"entertainment"的概率。输出的概率可以作为特征在后续建模中使用。

3.3.3 图特征挖掘

本节主要介绍图特征挖掘算法。在上文中，我们介绍了如何使用邻接矩阵表示图结构，但邻接矩阵通常是高维且稀疏的，为了充分利用图的优势，构造有效的机器学习模型，我们需要得到高效的关系网络数据表示方法，这正是**图表示学习**的研究范畴。

表示学习是指机器学习模型自动学习数据中隐含的有效特征。2013 年，Yoshua Bengio 给出了表示学习的定义：Learning representations of the data that make it easier to extract useful information when building classifiers or other predictors（学习数据的表征，使其在建立分类器或其他预测器时更容易提取有用信息）。图表示学习也称**图嵌入**（graph embedding），它的主要目标是将图转换为低维且稠密的向量，并尽可能保持图原有的拓扑关系。图表示学习生成的图特征向量可以作为图任务学习的输入。

图表示学习主要包含 3 种方法：基于矩阵分解的方法、基于随机游走的方法和基于深度学习的方法。基于**矩阵分解**的方法通过对邻接矩阵进行矩阵分解，将节点转换到低维向量空间，同时保留图结构；基于**随机游走**的方法借鉴了词向量的表示方法，将图的节点看作词，将在图中随机游走而产生的序列看作句子，然后借助 Word2Vec 算法学习得到图节点的表示，该方法使用的典型算法还有 DeepWalk 和 Node2Vec；基于**深度学习**的方法主要是基于图神经网络的图表示学习，可以用于图表示学习的图神经网络算法有图卷积神经网络、图自编码器和图注意力网络。

基于矩阵分解的方法依赖矩阵分解，时间复杂度和空间复杂度通常较高。接下来，我们详细介绍其他两种图表示学习的方法，包括基于随机游走的方法使用的算法——DeepWalk 和 Node2Vec，以及基于深度学习的方法使用的算法——图卷积神经网络。

1. 基于随机游走的方法

基于随机游走（random walk）的方法将在图中随机游走而产生的序列看作句子，之后借助 Word2Vec 算法学习得到图节点的表示。在随机游走序列的生成方面，DeepWalk 和 Node2Vec 采用了不同的思路。

1）DeepWalk 算法

（1）算法原理。

DeepWalk 是第一个将自然语言处理中的词向量思想用于生成图特征的算法。该算法将图中的节点转换为向量，而且，对于在原始网络中联系紧密的节点，保证它们映射到 output 之后，在向量空间上的距离也接近。DeepWalk 算法通过借鉴词向量中的 Skip-Gram 模型来学习节点的向量表示，将网络中的节点模拟为语言模型中的单词，将节点序列模拟为语言模型中的句子并作为 Skip-Gram 模型的输入。DeepWalk 算法包含两部分：一是随机游走生成器，二是 Skip-Gram 参数更新过程。

随机游走生成器随机且均匀地选取图中的节点，并将它们生成固定长度的随机游走序列。每个节点生成一个或多个固定长度的随机游走序列。这是一种可重复访问已访问节点的深度优先遍历算法。从起始节点开始，从每个节点的邻居节点中随机采样一个节点，作为下一个访问节点，重复这个过程，直到节点访问序列的长度满足预设条件。在节点访问序列达到指定长度后，我们使用 Skip-Gram 模型进行向量学习。

（2）实践应用。

通过 DeepWalk 算法实现随机游走的代码已被集成到 DeepWalk 包中。DeepWalk 包可以使用"pip install deepwalk"命令安装。DeepWalk 可直接在命令行中运行，输入和输出均通过文件形式。对于图 3-8 所示的图结构（此处仅为举例，工程实践中使用的图的结构会更加复杂），我们将节点 A～E 按 1～5 编号，并将其邻接表存储到 graph_demo.adjlist 文件中，每一行包含与此行第一个节点相邻的节点的编号。

首先，我们设置输出文件为 graph_demo.embeddings，然后在 Python 中调用 DeepWalk 包，示例代码如下。

```
1.  # 使用DeepWalk算法生成特征向量（可以直接在Shell命令窗口中运行deepwalk命令）
2.  import os
3.  import pandas as pd
4.  
5.  size = 8
6.  os.system(
7.      "deepwalk --input data/graph_data/graph_demo.adjlist "
8.      f"--output data/graph_data/graph_demo.embeddings --representation-
9.          size {size}")
10. 
11. fea_vec = pd.read_csv('data/graph_data/graph_demo.embeddings', sep=' ', skiprows=1,
12.             index_col=0, names=['fea_%s' % i for i in range(size)]).sort_index()
13. print('词向量维度:', fea_vec.shape)
14. print(fea_vec)
```

上述代码最终生成 5×8 的向量，该向量会输出至文件 graph_demo.embeddings，如图 3-31 所示。

	fea_0	fea_1	fea_2	fea_3	fea_4	fea_5	fea_6	fea_7
1	-0.368	-0.041	0.154	0.097	-0.752	-0.123	-0.715	0.263
2	-0.228	0.002	0.159	0.140	-0.741	-0.086	-0.731	0.273
3	-0.396	-0.048	0.244	0.188	-0.805	-0.058	-0.695	0.228
4	-0.342	0.019	0.245	0.104	-0.721	-0.122	-0.678	0.161
5	-0.362	-0.099	0.258	0.120	-0.803	-0.059	-0.701	0.251

图 3-31　DeepWalk 算法生成特征向量

2）Node2Vec 算法

（1）算法原理。

Node2Vec 是一种综合考虑了 DFS（深度优先搜索）邻域和 BFS（广度优先搜索）邻域的图表示学习算法。我们可以将它看作 DeepWalk 的一种扩展。Node2Vec 算法中引入的两个超参数 p 和 q 可控制随机游走策略。对于给定的当前节点 v，其访问下一个节点 x 的概率 P 的计算公式见式（3-7）。

$$P(c_i = x \mid c_{i-1} = v) = \begin{cases} \dfrac{\pi_{vx}}{Z}, (v,x) \in E \\ 0, \text{其他} \end{cases} \quad （3-7）$$

其中，π_{vx} 是节点 v 和节点 x 之间的未归一化转移概率，Z 是归一化常数。假设随机游走经过边 (t,v) 到达节点 v，现在需要决定游走的下一个节点。设 w_{vx} 是节点 v 和节点 x 之间的边的权重（若图为非加权图，则 w_{vx} 取值为 1），则 $\pi_{vx}=\alpha_{pq}(t,x) \cdot w_{vx}$。$\alpha_{pq}$ 的计算公式见式（3-8）。

$$\alpha_{pq}(t,x) = \begin{cases} 1/p, d_{tx} = 0 \\ 1, d_{tx} = 1 \\ 1/q, d_{tx} = 2 \end{cases} \quad （3-8）$$

其中，d_{tx} 为节点 t 和节点 x 的最短路径距离。

超参数 p 和 q 对随机游走策略的影响表现在下列两个方面：一是超参数 p 控制重复访问刚访问过的节点的概率，p 越小，访问刚访问过的节点的概率越高；二是超参数 q 控制游走方向，若 $q>1$，则随机游走倾向于访问和 t 接近的节点（倾向于 BFS），若 $q<1$，则随机游走倾向于访问远离 t 的节点（倾向于 DFS）。当从 t 访问到 v，再决定下一个访问节点时，每个节点对应的 α 如图 3-32 所示。

在确定节点序列的随机游走策略之后，Node2Vec 算法的其余步骤与 DeepWalk 算法类似：利用 Word2Vec 算法学习节点的向量表示。在随机游走时，Node2Vec 按概率抽取邻居节点，论文 "Node2Vec：Scalable Feature Learning for Networks" 中采用 Alias 算法进行节点采样。

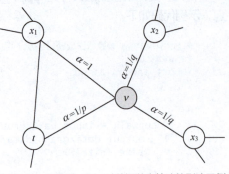

图3-32　超参数 p 和 q 对随机游走策略的影响示例

（2）实践应用。

我们可以使用 "pip install node2vec" 命令安装 Node2Vec 算法。我们利用图 3-8 对应的邻接表文件 graph_demo.adjlist，借助 NetworkX 展示图结构，示例代码如下。

```
1.  import networkx as nx
2.  from node2vec import Node2Vec
3.  import matplotlib.pyplot as plt
4.
5.  #读入图3-8对应的邻接表文件
6.  adj_tbl =[]
7.  with open('data/graph_demo.adjlist') as f:
8.      for line in f.readlines():
9.          adj_tbl.append(line.replace('\n', '').split(' '))
10. # 根据邻接表生成图G
11. G = nx.Graph()
12.
13. for i in range(0, len(adj_tbl)):
14.     node_edgs = adj_tbl[i]
15.     for j in range(0,len(node_edgs)):
16.         G.add_edge(node_edgs[0],node_edgs[j])
17.
18. # 输出邻接表
19. print(adj_tbl)
20. # 使用NetworkX展示图结构
21. nx.draw(G, with_labels=True)
22. plt.show()
```

相关图结构如图 3-33 所示。

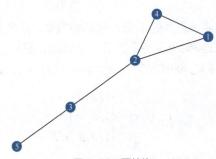

图3-33　图结构

生成随机游走序列的代码如下所示,其中,dimensions 为最终生成的词向量的长度,walk_length 为随机游走生成的序列的长度。

```
1.  # 生成随机游走序列
2.  node2vec = Node2Vec(G, dimensions=8, walk_length=30, num_walks=100, workers=4)
3.
4.  # 将随机游走序列向量化
5.  model = node2vec.fit(window=10, min_count=1, batch_words=4)
```

在运行代码后,model.wv.vectors 中存储生成的节点的特征向量,如图 3-34 所示。

	fea_1	fea_2	fea_3	fea_4	fea_5	fea_6	fea_7	fea_8
1	-0.143717	0.075412	0.211943	-0.480223	0.890253	0.541575	-0.439188	-0.091926
2	0.061979	0.228864	-0.004606	-0.380917	0.687050	0.412414	-0.550363	-0.230564
3	0.263367	0.574720	-0.315606	-0.226640	0.399644	0.321296	-0.642005	-0.490062
4	-0.133093	0.001108	0.144158	-0.513662	0.843118	0.414429	-0.520908	-0.156678
5	0.419066	0.653885	-0.387502	-0.123254	0.314274	0.284528	-0.774624	-0.543757

图 3-34 生成的节点的特征向量

2. 图卷积神经网络

下面介绍图卷积神经网络(Graph Convolutional Network,GCN)在图表示学习中的应用。

1)算法原理

我们在第 2 章介绍了卷积神经网络(CNN),下面将介绍卷积神经网络在图表示学习中的应用,即图卷积、神经网络。

图卷积神经网络是图神经网络(Graph Neural Network,GNN)的一种,是将卷积神经网络应用于图表示学习而得到的。卷积神经网络处理的图像数据是整齐的矩阵形式,转换成关系网络结构来看,其节点的邻居数量是固定的;而图网络属于非欧几里得空间结构,节点的邻居数量不固定。因此,在欧几里得空间中,我们不能直接将用固定大小的卷积核抽取图像像素特征的操作迁移到图结构。图卷积的目的在于找到一个通用范式(与 CNN 中的卷积类似)来进行图特征的抽取,其本质是找到适用于图的可学习卷积核。而图卷积神经网络则是以图卷积层为主体,堆叠多层的神经网络模型。传统卷积核和图卷积核示例如图 3-35 所示。

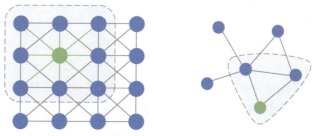

图 3-35 传统卷积核与图卷积核的对比

图卷积层可以用一个通用函数表示,见式(3-9)。

$$H^{l+1} = f(H^l, A)$$ （3-9）

其中，$H^0=X\in \mathbf{R}^{N\times M}$ 为第一层的输入，X 表示一个矩阵，$\mathbf{R}$ 为实数集合，N 为图中节点数，M 为图特征向量的维度；A 为邻接矩阵；l 为层数。图卷积的不同在于，我们对 f 函数有不同的设计。下面给出 3 种通用的设计方法。

base 方法见式（3-10）。

$$H^{l+1} = \sigma(AH^lW^l) \tag{3-10}$$

其中，W^l 为第 l 层的权重参数矩阵，$\sigma(\cdot)$ 为非线性激活函数，如 ReLU。也就是说，节点的特征由其邻居节点的特征相加生成。这个实现思路虽然简单明了，但有两个弊端：一是没有考虑节点自身的影响（邻接矩阵 A 的对角线元素为 0）；二是邻接矩阵没有归一化，度数大的节点的影响力大。为了消除上述两个弊端，我们引入了对 base 方法进行改进的两种方法。

改进方法一：引入组合的拉普拉斯矩阵 $L=D-A$，解决 base 方法中没有考虑节点自身影响的问题，见式（3-11）。

$$H^{l+1} = \sigma(LH^lW^l) \tag{3-11}$$

其中 W 是权重参数。

改进方法二：引入对称标准化的拉普拉斯矩阵，在邻接矩阵的两边乘以节点的度的平方根的逆矩阵来实现邻接矩阵的归一化，见式（3-12）。

$$L^{\text{sym}} = D^{-1/2}(D-A)D^{-1/2} = I_n - D^{-1/2}AD^{-1/2} \tag{3-12}$$

我们将该式结果代入式（3-11）替换 L 即可。式（3-12）结果中的每个元素可以表示为式（3-13）。

$$L^{\text{sym}}_{i,j} = \begin{cases} 1, & i=j \text{ 且 } \deg(v_i) \neq 0 \\ -\dfrac{1}{\sqrt{\deg(v_i)\deg(v_j)}}, & i\neq j \text{ 且 } i,j \text{ 相邻} \\ 0, & \text{其他} \end{cases} \tag{3-13}$$

其中，$\deg(v_i)$、$\deg(v_j)$ 分别是节点 i 和节点 j 的度。

图卷积神经网络与卷积神经网络的对比如下。

- 如果将图像像素点视作节点，像素之间空间坐标的连线视作边，则图像就是一种规则的图数据。
- 二者都是局部连接的，即节点下一层的特征计算只依赖该节点的邻居节点。
- 二者的卷积核都作用于图的所有节点，在每个节点的计算中，权重参数都是可以共享的。
- 二者的感知视野都随卷积层的增加而变大，每加入一个卷积层，都可以抽取节点更加抽象的特征表示。

2）实践应用

图卷积神经网络可用于分类预测。接下来，我们基于业务订单数据，使用 PyTorch 搭建一个拥有两层卷积核的图卷积神经网络，以此对客户进行分类，预测结果可以作为特征在其他模型中使用。

输入数据（业务订单数据）主要包含下列 3 部分内容。

（1）订单特征：order.x 文件中存储了订单特征，一行表示一个客户的特征，本例共 2000 名客户，订单特征为 104 维。

（2）客户违约标签：order.y 文件中存储了客户违约标签，标签取值为 0 或 1，0 表示没有违约的客户，1 表示有违约记录的客户。

（3）客户关系网络：order.graph 文件中存储了基于业务数据搭建的客户之间的关系网络，每行第一个数字为客户 ID，后面的列表中记录了与当前客户存在关联关系的客户 ID。

首先，我们读入数据并进行数据预处理，将数据转换为 PyTorch 的标准输入。然后，我们使用 PyTorch 搭建图卷积神经网络。其中，GraphConv 类定义了图卷积核，GcnNet 类基于图卷积核搭建了一个两层的图卷积神经网络，输入特征维度设置为 104，隐藏层维度设置为 16，输出特征维度设置为客户类别数 2。下面为图卷积神经网络配置的关键代码。

```python
1.  class GraphConv(nn.Module):
2.      def __init__(self, input_dim, output_dim, use_bias=True):
3.          """
4.          :param input_dim int: 输入特征维度
5.          :param output_dim int: 输出特征维度
6.          :param use_bias bool: 偏置
7.          :return:
8.          """
9.          super(GraphConv, self).__init__()
10.         self.input_dim = input_dim
11.         self.output_dim = output_dim
12.         self.use_bias = use_bias
13.         self.weight = nn.Parameter(torch.Tensor(input_dim, output_dim))
14.         if self.use_bias:
15.             self.bias = nn.Parameter(torch.Tensor(output_dim))
16.         else:
17.             self.register_parameter('bias', None)
18.         self.reset_parameters()
19.
20.     def reset_parameters(self):
21.         init.kaiming_uniform_(self.weight)
22.         if self.use_bias:
23.             init.zeros_(self.bias)
24.
25.     def forward(self, adjacency, fea_input):
26.         """
27.         :param adjacency torch.sparse.FloatTensor: 邻接矩阵
28.         :param fea_input torch.Tensor: 输入特征
29.         :return:
30.         """
31.         support = torch.mm(fea_input, self.weight)
32.         output = torch.sparse.mm(adjacency, support)
33.         if self.use_bias:
34.             output += self.bias
35.         return output
36.
37. class GcnNet(nn.Module):
38.     def __init__(self, input_dim):
39.         super(GcnNet, self).__init__()
40.         self.gcn1 = GraphConv(input_dim, 16)
41.         self.gcn2 = GraphConv(16, 2)
42.
43.     def forward(self, adjacency, feature):
44.         h = F.relu(self.gcn1(adjacency, feature))
45.         logits = self.gcn2(adjacency, h)
46.         return logits
```

在下面代码的 model_train() 函数中，我们对 GCN 进行训练。另外，代码中的 model(tensor_adjacency, tensor_x) 实现了前向传播，CrossEntropyLoss() 函数实现了损失计算，

loss.backward() 函数实现了通过反向传播计算梯度，optimizer.zero_grad() 函数实现了梯度更新。模型迭代 300 轮，可以在测试集上获得的精确率为 0.762。下面为训练 GCN 的关键代码。

```python
# GCN关系网络节点预测
def model_train(tensor_x, tensor_y, tensor_adjacency, train_mask,
     val_mask, epochs, learning_rate, weight_decay):
    # 模型定义:Model、Loss和Optimizer
    model = GcnNet(tensor_x.shape[1]).to(cpu_type)
    optimizer = optim.Adam(model.parameters(),
                           lr=learning_rate,
                           weight_decay=weight_decay)

    loss_list = []
    test_accuracy_list = []
    model.train()
    train_y = tensor_y[train_mask].long()

    for epoch in range(epochs):
        # 前向传播
        lg = model(tensor_adjacency, tensor_x)
        train_mask_logits = lg[train_mask]
        loss = nn.CrossEntropyLoss().to(cpu_type)(train_mask_logits, train_y)
        optimizer.zero_grad()
        # 反向传播
        loss.backward()
        optimizer.step()
        # 准确率
        train_accuracy = cal_accuracy(tensor_y[train_mask],
             model_predict(model, tensor_x, tensor_adjacency, train_mask))
        test_accuracy = cal_accuracy(tensor_y[val_mask],
             model_predict(model, tensor_x, tensor_adjacency, val_mask))

        loss_list.append(loss.item())
        test_accuracy_list.append(test_accuracy.item())
        if epoch % 10 == 1:
            print("epoch {:04d}: loss {:.4f}, train accuracy {:.4}, test accuracy
     {:.4f}".format( epoch, loss.item(), train_accuracy.item(), test_accuracy.item()))
    return model, loss_list, test_accuracy_list
```

至此，通过图卷积神经网络，我们预测出图中每一个节点所属的类别，此类别标签可作为后续模型或规则的特征使用。

3.4 风控特征画像体系的搭建

风控特征画像是从多个维度描述客户风险的工具。为了描述客户风险，我们需要对客户有全面且准确的认识。风控特征画像从多个维度尽量全面地描述客户在各个维度的风险属性；维度细分有助于我们准确地刻画每个具体维度的差异，达到准确认识客户的目的。风控特征画像体系可以针对营销、贷前、贷中和贷后 4 个场景，选取合适的数据维度分别进行搭建。本节根据不同场景先给出每个场景下的可用数据维度，再给出可用特征维度，直观地展示每个场景下的特征画像。

3.4.1 营销特征画像

关于营销特征数据，对于历史存量客户，包括客户基本信息、历史申请记录信息和多头借贷信息等；对于全新客户，数据积累较少，可能有浏览行为数据、客户的部分基本信息和第三方数据。

以对历史存量客户做客户召回场景为例，我们给出主要数据维度和基于这些数据维度创建的特征画像。营销特征画像可用的数据维度如图3-36所示。

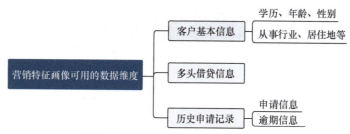

图3-36 营销特征画像可用的数据维度

客户基本信息主要是客户在历史申请时自填的信息，通常包含客户本人的学历、年龄、性别、从事行业和居住地等；对于多头借贷信息，我们通常从第三方数据服务提供商有偿获取，这类信息通常包含客户在多个机构的申请、放款和逾期情况；历史申请记录是指客户在本机构的历史申请情况。基于上述信息，我们可以描绘出某一类客户的营销特征画像，如图3-37所示。

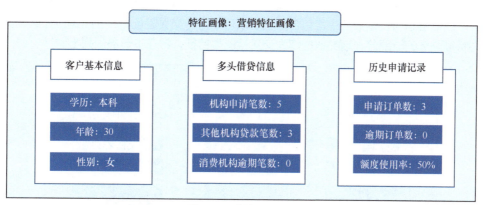

图3-37 营销特征画像

3.4.2 贷前特征画像

贷前特征画像可以应用在反欺诈、信用风险评估和风险定价阶段。我们以新客户申请阶段中的信用风险评估和风险定价的应用为例进行介绍。在决定是否对客户放款和放款额度时，我们主要考虑客户的偿还能力、守约概率。这些需要考虑的信息可以从客户基本收入情况、自有资产情况、历史借贷情况、社交关系和行为习惯上体现，它们也是贷前特征画像主要依赖的数据维度。

贷前特征画像可以使用的数据包括客户基本信息、客户行为数据、历史订单数据、客户授权数据和ID关联数据等。从数据获取来源上来说，有些数据来自客户申请时自填或授权获取，有些数据来自外部接入。贷前特征画像可用数据维度如图3-38所示。

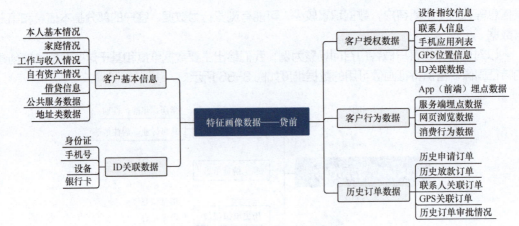

图3-38 贷前特征画像可用数据维度

1. 客户基本信息

客户基本信息是贷前特征画像紧密依赖的一类数据,可以体现客户偿还能力。客户基本信息主要来自客户注册时自填,还有部分数据来自客户征信报告中的基本信息项。客户基本信息通常包含客户本人的基本情况,工作与收入情况,家庭情况,借贷信息,公共服务数据,以及地址类数据等。通过客户基本信息,我们可以描绘某类客户的贷前特征画像,如图3-39所示。客户注册信息与征信报告中均包含的信息项可以进行交叉验证,产生"是否一致"类特征并作为特征画像的一部分,这类数据作为交叉验证类特征,将在本节最后列出。

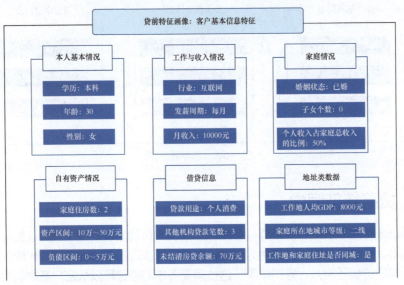

图3-39 贷前特征画像——客户基本信息特征

2. 客户授权数据

客户授权数据是指客户填写、上传或授权抓取的数据。客户授权数据体现了客户的行为习惯、社会关系,这些数据有助于对客户进行风险评估。例如,客户使用的手机的品牌、手机价格是客户消费习惯的一种体现,结合客户的职业、收入情况等,我们可以评估客户的风险,如收入偏低但短期内用多个高端手机申请借款的客户,其违约的概率会偏高。客户授权数据通常包含设备指纹信息、联系人信息、手机应用列表和 GPS 位置信息等。需要注意的是，客户授权数据是在客户授权的情况下获得的，一些数据可能因客户未授权而缺失。贷前基于客户授权数据创建的特征画像如图 3-40 所示。

图 3-40　贷前特征画像——客户授权数据特征

3. 客户行为数据

客户行为数据包括 App（前端）埋点数据、服务端埋点数据、消费行为数据和网页浏览数据。这些数据可以描述客户在操作行为上的偏好。贷前基于客户行为数据搭建的特征画像如图 3-41 所示。

图 3-41　贷前特征画像——客户行为数据特征

4. ID 关联数据

ID 关联数据是指多个标识客户唯一身份类 ID 的数据。此类数据中通常会隐含一些客户自身信息或客户之间的关联关系，通过挖掘这些关系，我们可以提升对客户风险评估的准确性。例如，我们可以将某客户的身份证号码作为索引，在数据库中，查询与此身份证号码关联的订单，以获取此客户利用其他手机号申请的订单，从而丰富客户画像。贷前利用 ID 关联数据可以生成的特征画像如图 3-42 所示。

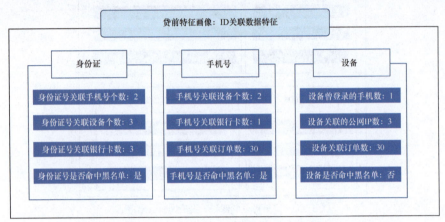

图 3-42 贷前特征画像——ID 关联数据特征

5. 历史订单数据

历史订单数据反映了客户对历史订单的守约或违约情况，是贷前特征画像依赖的重要数据。我们可以从多个角度分析历史订单数据并生成特征画像，如通过唯一身份标识（身份证号、手机号、设备 ID），订单类型（申请订单与放款订单），联系人和 GPS 关联订单，以及订单额度相关指标生成客户特征画像，如图 3-43 所示。

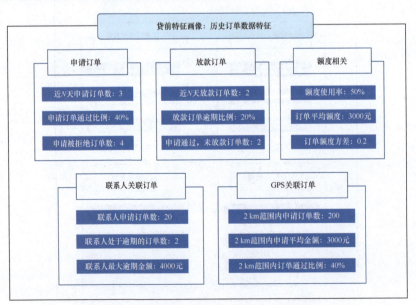

图 3-43 贷前特征画像——历史订单数据特征

客户基本信息、客户授权数据、客户行为数据、ID 关联数据和历史订单数据是贷前特征画像依赖的主要数据。另外，从外部获取的多头数据、征信数据也可以用来丰富贷前特征画像。

除单一数据源维度以外，我们还可以通过跨数据源交叉验证的方式创建贷前特征画像，如客户自填收入和征信报告中客户月收入的差值过大，可能意味着客户未如实填写收入信息，与如实填写的客户相比，这类客户的违约风险高。交叉验证类特征画像如图 3-44 所示。

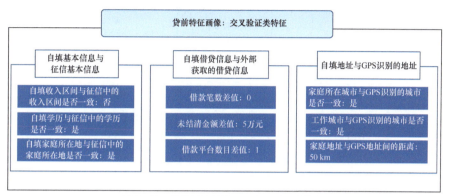

图 3-44　贷前特征画像——交叉验证类特征

3.4.3　贷中特征画像

在数据维度上，贷中特征画像可以使用贷前特征画像的所有数据（但特征取值可能和贷前时间点不同），如"客户安装贷款类 App 的个数"在贷前时间点和贷中时间点特征的变化值可以反映客户在首笔订单放款之后对资金的需求情况。除此之外，贷中特征还可以使用当前未完结订单数据（可能有已完结账单）、贷中行为埋点数据、审批结果和还款提醒数据。贷中特征画像可用数据维度如图 3-45 所示。

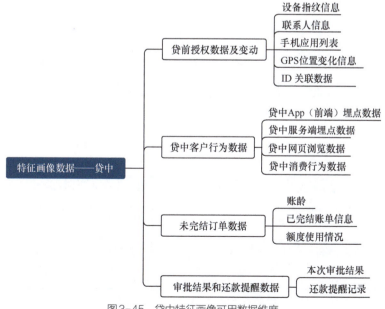

图 3-45　贷中特征画像可用数据维度

1. 贷中行为及订单数据

贷中特征画像可以使用贷中客户行为数据、未完结订单数据、审批结果和还款提醒数据，使用这些数据创建的特征维度如图 3-46 所示。

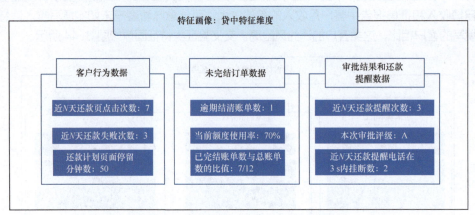

图3-46　特征画像——贷中行为及订单特征

2. 客户授权数据及其变化

除贷中产生的数据以外，用户授权数据的变化信息也可用在贷中特征画像。客户授权数据的变化可能预示着客户违约风险的变化。挖掘相关特征，有助于我们捕捉这种动态变化，达到准确了解客户违约风险变化的目的。此类特征示例如图 3-47 所示。

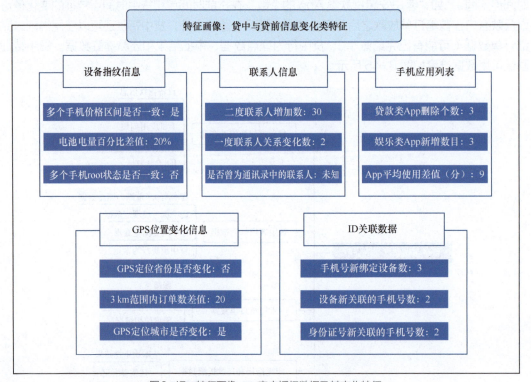

图3-47　特征画像——客户授权数据及其变化特征

3.4.4 贷后特征画像

贷后特征画像反映了客户在贷后的违约风险（主要体现为客户还款的意愿和能力），我们可以将其用于贷后风险模型或规则中。贷后特征画像可使用历史订单的审批结果和贷后跟进记录，贷后客户行为数据，以及贷前与贷中的所有数据维度来挖掘不同时间点信息变化类特征。贷后特征画像可用数据维度如图3-48所示。

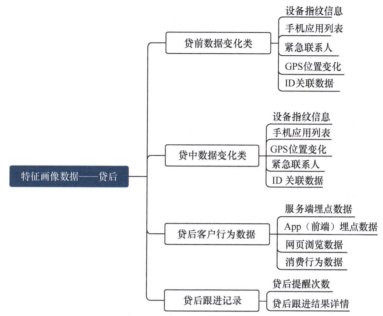

图3-48 贷后特征画像可用数据维度

贷后特征画像可用数据维度分为两类：一类是包含贷后客户行为、审批结果和贷后跟进记录的数据；另一类是与贷前和贷中相比信息变化的数据。贷后特征画像的生成方式与贷前特征画像和贷中特征画像类似，此处不再赘述。

3.5 特征监控和特征异常处理

特征监控是指监控特征的准确性、有效性、稳定性和一致性，以及特征依赖的原始字段的分布情况。特征监控可以保证特征稳定运行。通过特征监控，我们可以及时发现原始字段或特征分布的偏移，以便分析原因并采取合理的方式来处理，避免特征异常带来的业务损失。

本节介绍特征监控一致性（特征的准确性、有效性和稳定性已在第2章介绍）和特征异常处理。

3.5.1 特征监控

1. 一致性

特征的一致性监控是指监测特征离线回溯与线上调用是否一致，以及线上不同时间点的调用是否一致，其通常包括特征的线上与线下一致性，以及特征的前后一致性。特征的线上与线下不一致是指，对于同一个客户，基于相同业务时间点，离线回溯计算的特征值和线上调用特征计算的结果不一致；特征前后不一致是指，对于同一个客户，基于相同业务时间点，在不同时间点回溯计算特征时，我们得到了不同结果。这两种不一致情况都可能导致模型开发和应用方面的问题。特征的一致性监控方法通常是定期采样一定比例的客户离线回溯特征，并将其与线上调用特征进行对比。

特征监控可以小时、天、周或月为周期，监控结果可采用邮件方式反馈和可视化报表方式展示。特征的一致性监控报表见表 3-13，此监控以天为周期。

表3-13 特征的一致性监控报表

特征名称	线上调用日期	线下计算日期	样本数	特征一致样本数	特征一致的比例
feature_1	2020-10-01	2020-10-02	1000	1000	100%
feature_2	2020-10-01	2020-10-02	1000	1000	100%
feature_3	2020-10-01	2020-10-02	1000	1000	100%
feature_4	2020-10-01	2020-10-02	1000	1000	100%
feature_5	2020-10-01	2020-10-02	1000	1000	100%

2. 原始字段分布

原始字段分布监控是指监测原始字段分布的变化情况。原始字段的分布变化通常会带来相关特征取值分布的变化。我们对原始字段分布情况进行监控，可以直接、迅速地发现潜在的数据问题。原始字段分布监控包含覆盖度监控和取值分布监控。覆盖度监控通常是将最近一段时间的客户按天汇总，监控空值占比的变化。原始字段的取值分布监控报表的样式可参考 2.7 节中的特征稳定性监控报表和特征分布监控报表。原始字段的覆盖度监控报表见表 3-14。

表3-14 原始字段的覆盖度监控报表

字段名称	日期	样本数	空值样本数	覆盖度
field_1	2020-10-01	1000	0	100%
field_2	2020-10-01	1000	100	90%
field_3	2020-10-01	1000	100	90%
field_4	2020-10-01	1000	500	50%
field_5	2020-10-01	1000	1000	0%

特征的准确性、稳定性和有效性的预警方式可以参考 2.7 节中的模型预警相关内容。对于特征的一致性，我们一般会要求一致比例为 100%。对于原始字段的覆盖度，我们可以将偏差率 r 定义为式（3-14）。

$$r = \frac{|x - \text{base}|}{\text{base}} \quad (3\text{-}14)$$

其中，x 为监控时段覆盖度，base 为基准覆盖度。我们可以设置 $r > 0.1$ 时触发预警。

3.5.2 特征异常处理

特征异常处理是指，在发现特征异常时，我们需要快速分析原因，并给出解决方案，尽量减少异常对线上业务的影响。随着时间的推移，特征效果可能逐步减弱，因此，我们需要定期升级和更新特征。

1. 特征不一致

特征不一致的原因通常有 3 种：一是在线数据和离线数据不一致；二是在线特征和离线特征的处理逻辑不同；三是数据状态曾发生变化。前两种原因会导致特征在线上和线下不一致，后两种原因会导致特征前后不一致。如果是在线和离线数据不一致，那么我们需要查明原因并将数据恢复一致，然后，重新验证特征的一致性；如果在线和离线特征的处理逻辑不同，那么我们直接修复并评估影响；对于数据状态曾发生变化的情形，我们需要评估这种变化是否合理，评估之后，尽量保持数据与未来线上数据一致。

2. 原始字段异常

原始字段的覆盖度及取值分布出现异常的原因有多种，数据的采集、处理、存储和应用环节都可能出现上述异常，业务团队需要与技术团队配合，具体问题具体分析。在发现原始字段的覆盖度或取值分布异常后，我们需要追踪受影响的特征及其应用情况。如果特征已在决策模型或规则中应用，那么我们需要尽快评估其影响。在字段影响较大，我们不能及时消除此影响时，我们需要切换模型或规则应用方案。

3.6 本章小结

充分挖掘数据并生成高质量的特征是提升模型效果的基础。特征质量直接影响了风控模型的质量，特征效果决定了模型效果的上限。本章首先给出了特征挖掘的方法论，从原始数据分析，数据清洗，中间数据集构建，特征的设计和生成，特征效果的评价，以及特征上线方面，介绍了特征挖掘的方法和需要注意的问题，然后介绍了特征挖掘可用的智能算法，接着介绍了贷前、贷中和贷后 3 个阶段的特征画像的生成方法，最后介绍了特征监控和特征异常处理方法。特征和模型只有在有效的风控策略中得到应用，才能产生收益。如何应用特征和模型搭建智能风控策略体系是第 4 章将要讨论的内容。

第 4 章　搭建智能风控策略体系

完整的智能风控体系包含模型、特征和策略，模型和特征是工具，策略是基于工具的应用。本章给出风控策略的方法论，并介绍其在实际场景中的应用，包括风控策略相关概念，风控策略的方法论与智能算法，风控策略体系的搭建，策略监控与预警，以及策略异常处理等。

术语介绍

1）坏账

坏账是指金融机构发放的贷款未能按预先约定的期限、利率收回，并且很大程度上被认定为将来也无法收回。对于坏账具体的认定口径，不同机构可能存在差异。坏账损失是指金融机构由于发生坏账而产生的损失。

2）转化率

转化率是指在一个统计周期内，完成某过程的次数与参与该过程的总次数的比值。转化率主要有下列 3 种。

- 机审转化率：在一个统计周期内，风控系统自动审核通过的订单数与申请订单数的比例。
- 人审转化率：在一个统计周期内，信审人员审核通过的订单数与进入人工审批阶段的订单数的比例。
- 风控转化率：在一个统计周期内，放款订单数与总申请订单数的比例。

4.1　风控策略概述

风控策略是指，根据不同业务场景和客群，通过一系列规则策略与模型策略的组合，对客户的风险进行判断，从而实现准入、反欺诈、授信、风险定价和催收等阶段目标，最终达到风险控制的目的。

风控策略的核心目标是将风险控制在合适的范围。注意，风险并不是越低越好，我们应该在遵守监管政策和满足客户利益的前提下，实现收益的最大化。金融机构的收益与业务量有很大关系。风险控制得很好但业务规模不大，或者业务规模很大但风险太高，均对金融机构不利。因此，有效的风控策略是在保证业务稳步发展的前提下，寻求风险和收益的平衡。

想要实现收益最大化，我们要先了解信贷业务的利润。在信贷业务中，风险、收益和业务规模的权衡发生在每个决策中。一般来说，信贷业务的利润 = 息费收入 − 运营成本 − 坏账损失，如图 4-1 所示。

利润 = 息费收入 − 运营成本 − 坏账损失

图 4-1　信贷业务的利润

息费收入是金融机构的主要收入来源。注意，息费收入并不是越高越好，因为我们首先需要满足金融行业的政策要求，其次，息费的高低会直接影响信贷产品吸引的客群的质量。我们可以通过合理的风险定价策略给予不同客户合适的费率。

运营成本是指金融机构运营过程中产生的各项成本。金融机构想要获取更高的利润，可以提高运营效率，降低运营成本。在金融机构中，运营成本主要包含营销"获客"成本、数据成本、人力成本和资金成本等。因此，在风险可控的前提下，我们需要持续优化运营成本，如将外部有成本规则（如第三方提供的黑名单）的决策位置调整到自有规则之后、提高机审比例等。

坏账损失是评估金融机构中的业务是否健康的重要指标。注意，坏账损失并非越低越好，我们需要平衡业务的发展速度和盈利水平。坏账损失的降低主要依赖于风控策略的实施，也是本章要讲述的重点内容。

综上所述，金融机构应该通过合理定价以提高收入、优化流程以降低运营成本、改进风控策略以降低风险，找到风险与收益的平衡点，从而实现收益的最大化。

风控策略方法论中主要包含规则分析方法、模型策略分析方法和额度策略分析方法。这3种分析方法的流程基本一致，包括样本提取、制订策略、策略评估、策略上线和策略回顾环节，如图4-2所示。

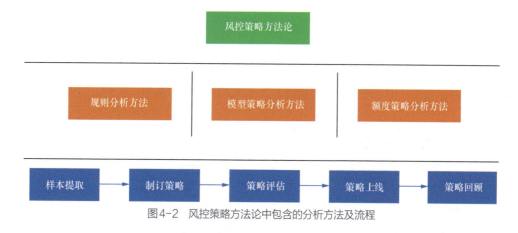

图4-2 风控策略方法论中包含的分析方法及流程

4.2 风控策略方法论

在实际应用中，规则分析方法、模型策略分析方法和额度策略分析方法中都会用到A/B测试（4.2.4节将会介绍）。

4.2.1 规则分析方法

规则是基于特征的一系列判断条件组合，如基于"年龄""性别"特征，制订"年龄大于50岁且为男性"规则。规则策略是指通过一系列规则对客户进行细分筛选，使得筛选出来的客户在风险或其他维度上与未被选中的客户存在显著差异，从而可以拒绝客户或接受规则命中的客户。我们经常应用的规则是风控规则。风控规则的作用是准确识别出高风险人群，然后拒绝这部分客户，有效规避特定风险。

相对于模型,规则有以下优势:规则能够识别出某些特定风险,如某些地区的欺诈风险;规则明确,具有较好的可解释性;规则的灵活性较高,我们可以根据风险变化对规则进行快速调整。

规则挖掘流程分为"人工"和"量化"两种,如图4-3所示,其中,A流程是"人工"规则策略选取流程,其在反欺诈规则挖掘中使用较多;B流程则是以"量化"为主的规则选取流程,即通过已开发的特征进行规则挖掘。

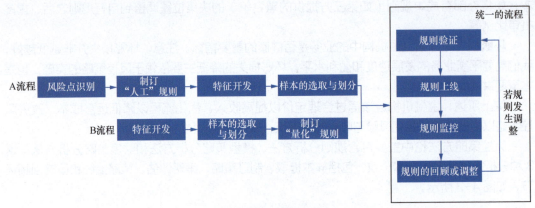

图4-3 规则挖掘流程

两种方法各有优劣,人工方法能够快速解决已知的风险问题,业务逻辑清晰;而量化方法可以挖掘潜在的风险点,但其可解释性略差。我们应该结合使用两种方法,尽可能多地寻找欺诈和信用风险点。下面将介绍如何制订"人工"规则和"量化"规则,以及规则评估和规则上线。

1. 制订"人工"规则

"人工"规则的制订分为两步:第一步,寻找风险点;第二步,根据已知风险点制订"人工"规则。

1)寻找风险点

寻找风险点是风控人员对市场上已有的或潜在的欺诈或信用风险点进行收集和整理的过程。通过对风险点的收集和整理,我们可以发现当前业务面临的风险,及时对市场上潜在的风险进行预判,识别出未被量化的风险。

如何有效地识别风险点呢?我们通常使用下列5种方式。

(1)市场调研。

市场调研是指通过公开信息、同业反馈等方式进行调研,为风控策略提供可参考与借鉴的风险信息。例如,在公开报道中,某地区出现较多"撸贷"和"骗贷"事件,或者同业在某地区的客户的逾期风险非常高,那么,在设计类似的信贷产品时,我们应考虑制订对应的规则,以排除这些区域。

(2)信审人员和催收人员反馈。

信审人员和催收人员会审阅贷款申请人的相关资料,或者通过电话与其直接沟通,此过程容易发现异常案件。我们对信审人员和催收人员发现的异常案件开展有针对性的专题分析,这样有助于发现风险点。例如,信审人员发现多个借款人填写的居住地址一致或身份证上的照片有修改痕迹等,我们对这些异常案件进行进一步分析,就可发现更多欺诈风险点。

（3）关联图谱识别。

关联图谱是一种基于图的数据结构，它是借款人之间有效的关系表达方式。通过分析关联图谱，我们可及时地发现复杂关系中存在的潜在风险。

例如，在图4-4中，借款人小王和借款人小张填写的电话号码属于同一家公司，但两人填写的公司名称却不一样，这种不一致情况可能是欺诈风险点。

（4）"黑产"分析。

"黑产"分析是指通过互联网或线下渠道，收集相关的欺诈情报或线索，并基于此开展专题分析。我们要持续关注"黑产"动态，了解和掌握"黑产"的最新套路和作案手段，有针对性地进行自身反欺诈策略的优化。

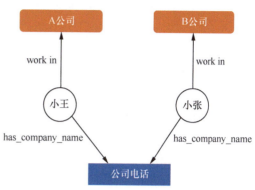

图4-4 利用关联图谱进行欺诈识别

（5）实时数据监控。

通过分析和监控设备指纹（IMEI、WiFi等）聚集性、地点（GPS、申请表中的自填地址等）聚集性，我们可以发现潜在的风险。

2）根据已知风险点制订"人工"规则

制订"人工规则"是指将风险点识别过程中的潜在风险点量化成规则。其大致过程是设计特征和规则阈值。

为了使规则可灵活调整，在设计特征时，我们需要考虑特征的兼容性和可塑性。例如，为了实现拒绝"共用同一个紧急联系人"规则，我们可以设计"紧急联系人号码是否已被其他申请人使用"，或"紧急联系人号码被其他申请人使用的次数"特征，在实践中，后者更为合理，因为后者携带的信息更多，如果我们在将来需要调整规则阈值，如将规则调整为"紧急联系人被使用次数超过2"的申请人才会被拒绝，那么，针对后者，我们只需要在决策引擎中更改规则阈值，而若使用前者，则需要重新开发特征。

在确定风险点来源之后，为了尽快落实"人工"规则的线上应用，我们需要进行特征的挖掘和开发工作，相关内容见第3章。

2. 制订"量化"规则

"人工"规则的制订主要以业务经验和市场调查结果为依据，"量化"规则的制订则基于数据和事实。下面将阐述"量化"规则的制订流程。

1）样本选取

样本选取需要遵守代表性、充分性、时效性和排除性4个原则。与风控模型开发相比，规则开发的样本选取对时效性的要求更高，即我们需要尽可能地选取近期有表现的样本集，因为只有近期样本的贷后风险，才能代表当前环境下的真实风险情况，早期样本的风险点可能已被其他风险规则或模型策略覆盖。

目标变量的定义非常重要，因为我们需要根据不同需求和业务场景定义不同的目标变量。例如，为了识别欺诈风险，我们可将客户首期还款时的逾期表现作为目标变量。

在样本选取结束时，我们需要划分数据集。数据集一般分为训练集（Train）和跨时间验证集（OOT），训练集用于规则开发，跨时间验证集用于规则效果验证。划分数据集的目的是保证规则在训练集上产生效果的同时，验证规则在未来的适用性，如图4-5所示。

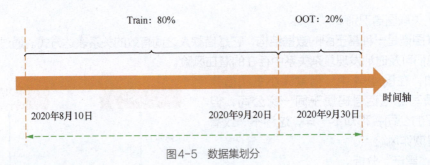

图4-5 数据集划分

2）单规则的制订

单规则是指由单个特征形成的风险规则。其优点是可解释性较强，便于线上监控和调整。单规则的制订有 IV 分析法和极端值检测法两种方式。

（1）IV 分析法。

IV 分析法是指基于特征分箱后的结果与目标变量，进行交叉统计，通过 IV 值的大小，选择对目标变量区分度大的特征，计算特征每一分箱对应的逾期率，发现特征中高风险的分箱区间，从而提取有效的风险规则。IV 分析法主要遵循的规则制订流程如图 4-6 所示。

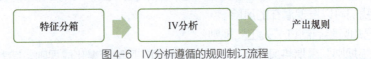

图4-6 IV分析遵循的规则制订流程

特征分箱是指将连续特征离散化。我们通常选择等距分箱或决策树分箱方式进行特征分箱，因为等频分箱会将少数极端样本与正常样本划分到一箱，"掩盖"可能的高风险群体，不利于规则的制订。

toad 库中的 transform.Combiner 类提供了 5 种分箱方法，下面以等距分箱为例进行说明。

```
1.  import toad
2.  import pandas as pd
3.  import numpy as np
4.  from utils import data_utils
5.  from toad.plot import bin_plot
6.  from matplotlib import pyplot as plt
7.
8.
9.  german_credit_data = data_utils.get_data()
10.
11. # 生成分箱初始化对象
12. bin_transformer = toad.transform.Combiner()
13.
14. # 采用等距分箱训练
15. bin_transformer.fit(german_credit_data,
16.                    y='creditability',
17.                    n_bins=6,
18.                    method='step',
19.                    empty_separate=True)
20.
21. # 分箱数据
22. trans_data = bin_transformer.transform(german_credit_data, labels=True)
```

上述代码首先初始化 transform.Combiner 类，然后利用 method='step'（即等距分箱）进行特征分箱，并设置分箱数 n_bins=6，将缺失值单独划分到一箱，即 empty_separate=True。除可设置为 step（等距分箱）以外，method 还可设置为 chi（卡方分箱）、dt（决策树分箱）、kmean（聚类分箱）和 quantile（等频分箱）。

在利用 toad 库进行特征分箱后，分箱的逾期率如图 4-7 所示。经过下面代码的计算，我们发现，特征 'credit.amount' 的 IV 值为 0.13559，其后两箱的逾期率明显高于前 4 箱。

```
# IV计算函数
def cal_iv(x, y):
    """
    :param x: feature
    :param y: label
    :return:
    """
    crtab = pd.crosstab(x, y, margins=True)
    crtab.columns = ['good', 'bad', 'total']
    crtab['factor_per'] = crtab['total'] / len(y)
    crtab['bad_per'] = crtab['bad'] / crtab['total']
    crtab['p'] = crtab['bad'] / crtab.loc['All', 'bad']
    crtab['q'] = crtab['good'] / crtab.loc['All', 'good']
    crtab['woe'] = np.log(crtab['p'] / crtab['q'])
    crtab2 = crtab[abs(crtab.woe) != np.inf]

    crtab['IV'] = sum(
        (crtab2['p'] - crtab2['q']) * np.log(crtab2['p'] / crtab2['q']))
    crtab.reset_index(inplace=True)
    crtab['varname'] = crtab.columns[0]
    crtab.rename(columns={crtab.columns[0]: 'var_level'}, inplace=True)
    crtab.var_level = crtab.var_level.apply(str)
    return crtab

# 查看特征credit.amount的分箱结果
bin_plot(trans_data, x='credit.amount', target='creditability')
plt.show()

# 查看特征credit.amount的分箱图
cal_iv(trans_data['credit.amount'], trans_data['creditability'])

# 构建单规则
german_credit_data['credit.amount.rule'] = np.where(german_credit_data['credit.amount'] > 12366.0, 1, 0)
```

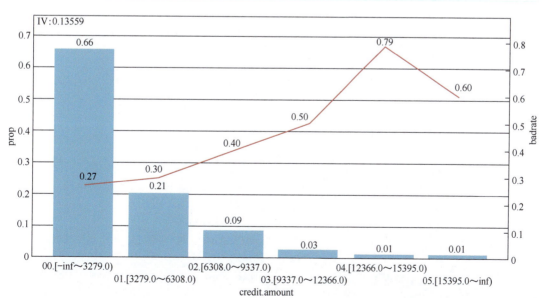

图4-7 特征credit.amount的分箱结果

特征credit.amount的分箱IV数据如图4-8所示。

	var_level	good	bad	total	factor_per	bad_per	p	q	woe	IV	varname
0	00.[-inf ~ 3279.0)	483	176	659	0.659	0.267	0.587	0.690	-0.162	0.136	credit.amount
1	01.[3279.0 ~ 6308.0)	145	61	206	0.206	0.296	0.203	0.207	-0.019	0.136	credit.amount
2	02.[6308.0 ~ 9337.0)	53	35	88	0.088	0.398	0.117	0.076	0.432	0.136	credit.amount
3	03.[9337.0 ~ 12366.0)	14	14	28	0.028	0.500	0.047	0.020	0.847	0.136	credit.amount
4	04.[12366.0 ~ 15395.0)	3	11	14	0.014	0.786	0.037	0.004	2.147	0.136	credit.amount
5	05.[15395.0 ~ inf)	2	3	5	0.005	0.600	0.010	0.003	1.253	0.136	credit.amount
6	All	700	300	1000	1.000	0.300	1.000	1.000	0.000	0.136	credit.amount

图4-8 特征credit.amount的分箱IV数据表

（2）极端值检测。

极端值检测方式假定不良（bad）客户异于大部分其他客户，他们在特征上的表现为集中在极端值处，即特征取值越小或越大，不良（bad）客户的"浓度"均越高。基于此，我们巧用分位数，枚举可能的极端值，并将它们作为阈值，制订单规则。极端值检测示例的Python代码如下所示。

```python
import pandas as pd
from utils import data_utils


def rule_evaluate(selected_df, total_df, target, rate=0.15, amount=10000):
    """
    :param selected_df: 子特征列表
    :param total_df: 特征宽表
    :param target: 目标变量
    :param rate: 息费（%）
    :param amount: 平均每笔借款金额
    :return:
    """
    # 命中规则的子群体指标统计
    hit_size = selected_df.shape[0]
    hit_bad_size = selected_df[target].sum()
    hit_bad_rate = selected_df[target].mean()
    # 总体指标统计
    total_size = total_df.shape[0]
    total_bad_size = total_df[target].sum()
    total_bad_rate = total_df[target].mean()
    # 命中率
    hit_rate = hit_size / total_size
    # 提升度
    lift = hit_bad_rate / total_bad_rate
    # 收益
    profit = hit_bad_size * amount - (hit_size - hit_bad_size) * rate * amount
    res = [total_size, total_bad_size, total_bad_rate,
           hit_rate, hit_size, hit_bad_size, hit_bad_rate, lift, profit]
    return res


def rule_discover(data_df, var, target, rule_term, rate=0.15, amount=10000):
    """
    :param data_df: 特征宽表
    :param var: 特征名称
    :param target: 目标变量
    :param rule_term: 分位数列表或规则条件
```

```
39.         :param rate: 息费(%)
40.         :param amount: 平均每笔借款金额
41.         :return:
42.         """
43.         res_list = []
44.         if rule_term is None:
45.             rule_term = [0.005, 0.01, 0.02, 0.05, 0.95, 0.98, 0.99, 0.995]
46.         if isinstance(rule_term, list):
47.             for q in rule_term:
48.                 threshold = data_df[var].quantile(q).round(2)
49.                 if q < 0.5:
50.                     temp = data_df.query("'{0}' <= @threshold".format(var))
51.                     rule = "<= {0}".format(threshold)
52.                 else:
53.                     temp = data_df.query("'{0}' >= @threshold".format(var))
54.                     rule = ">= {0}".format(threshold)
55.                 res = rule_evaluate(temp, data_df, target, rate, amount)
56.                 res_list.append([var, rule] + res)
57.         else:
58.             temp = data_df.query("'{0}' {1}".format(var, rule_term))
59.             rule = rule_term
60.             res = rule_evaluate(temp, data_df, target, rate, amount)
61.             res_list.append([var, rule] + res)
62.         columns = ['var', 'rule', 'total_size', 'total_bad_size', 'total_bad_rate',
63.                    'hit_rate', 'hit_size', 'hit_bad_size', 'hit_bad_rate', 'lift',
64.                    'profit']
65.         result_df = pd.DataFrame(res_list, columns=columns)
66.         return result_df
```

下面演示特征 credit.amount 如何利用分位数列表生成单规则集,结果如图 4-9 所示。

```
1.  # 数据读入
2.  german_credit_data = data_utils.get_data()
3.  german_credit_data.loc[german_credit_data.sample(
4.      frac=0.2, random_state=0).index, 'sample_set'] = 'Train'
5.  german_credit_data['sample_set'].fillna('OOT', inplace=True)
6.  # 使用分位数列表构建单规则集
7.  rule_table = rule_discover(data_df=german_credit_data, var='credit.amount',
8.                  target='creditability',
9.                  rule_term=[0.005, 0.01, 0.02, 0.05, 0.95, 0.98, 0.99, 0.995])
10. print(rule_table)
```

	var	rule	total_size	total_bad_size	total_bad_rate	hit_rate	hit_size	hit_bad_size	hit_bad_rate	lift	profit
0	credit.amount	<= 361.9	1000	300	0.300	0.005	5	0	0.000	0.000	-7500.000
1	credit.amount	<= 425.83	1000	300	0.300	0.010	10	0	0.000	0.000	-15000.000
2	credit.amount	<= 570.02	1000	300	0.300	0.020	20	3	0.150	0.500	4500.000
3	credit.amount	<= 708.95	1000	300	0.300	0.050	50	12	0.240	0.800	63000.000
4	credit.amount	>= 9162.7	1000	300	0.300	0.050	50	29	0.580	1.933	258500.000
5	credit.amount	>= 12169.7	1000	300	0.300	0.020	20	14	0.700	2.333	131000.000
6	credit.amount	>= 14180.39	1000	300	0.300	0.010	10	8	0.800	2.667	77000.000
7	credit.amount	>= 14899.78	1000	300	0.300	0.005	5	3	0.600	2.000	27000.000

图4-9 特征credit.amount利用分位数列表生成的单规则集

使用极端值检测方式制订的规则容易受到样本量小的影响而产生波动,因此,我们需要平衡规则命中率(hit_rate)和命中坏样本率(hit_bad_rate)的关系,可参考图 4-9 中的 lift 和 profit 指标。lift 为规则提升度,表示此规则对不良客户的识别能力高于随机识别的倍数; profit 为利润,表示使用此规则后为业务带来的盈利。

最后，我们需要从业务角度对利用上述两种方式生成的单规则逐个进行判断和确认，以生成最终的单规则集。

3）组合规则的制订

组合规则是指基于常识、业务经验或数据挖掘技术，将两个或多个不同特征进行组合而形成的规则。相比单规则，组合规则可以筛选出同时满足多个特征的细分人群，实现人群的精准刻画。在大部分情况下，组合规则是采用量化方式生成的，但有时也会有人工干预。例如，我们将{高学历，低学历}和{男性、女性}两组特征进行组合，可得到4个特征，如表4-1所示。根据对历史数据的统计，我们会发现，{低学历，男性}组合的贷后逾期率明显高于其他组合，因此，我们可利用特征组合生成的细分客群，有针对性地制订规则。

表4-1 特征组合

特征	男性	女性
高学历	{高学历,男性}	{高学历,女性}
低学历	{低学历,男性}	{低学历,女性}

组合规则的量化生成可借助机器学习中的决策树模型。此外，我们还可以利用其他机器学习算法生成规则，如异常点检测等。相关算法将在4.3节介绍。

3. 规则评估

在制订规则后，我们需要对规则进行合理评估。规则评估可以帮助我们从不同角度发现规则的价值和不足。我们通常从以下3个方面进行规则评估。

1）规则效果

规则效果是规则评估的重点维度。在不同时间窗口，若规则效果评估的差异较大，则我们需要判断是规则无效还是客群变化引起的，必要时，我们需要重新调整规则阈值，再次进行评估。规则效果主要体现在命中样本逾期率（hit_bad_rate）与整体逾期率（total_bad_rate）的倍数差异，即提升度（lift）。我们需要根据业务经验，确定提升度，或者判断命中样本逾期率的值是否达到业务拒绝阈值，以确定规则是否有效。

规则效果评估的 Python 代码如下所示，执行该段代码，即可得到规则效果评估结果，如图4-10所示。

```
# 规则效果评估
rule_analyze = german_credit_data.groupby('sample_set').apply(
    lambda x: rule_discover(data_df=x, var='credit.amount',
                            target='creditability', rule_term='>12366.0'))
print(rule_analyze)
```

sample_set	var	rule	total_size	total_bad_size	total_bad_rate	hit_rate	hit_size	hit_bad_size	hit_bad_rate	lift	profit
OOT 0	credit.amount	>12366.0	800	242	0.302	0.021	17	12	0.706	2.333	112500.000
Train 0	credit.amount	>12366.0	200	58	0.290	0.010	2	2	1.000	3.448	20000.000

图4-10 规则效果评估结果

2）规则的稳定性

除规则效果以外，规则的稳定性也是我们需要持续关注的规则评估指标，其主要体现在不同时间窗口的规则命中率、命中量是否稳定。在训练样本上命中样本个数较少的规则一般不稳定，这有可能是随机波动导致的，因此，我们需要重点验证其在 OOT 样本上的命中率和逾期率的稳定性。

3）规则的收益性

规则能够拒绝一部分不良客户，但有时还会"误伤"一部分好客户，另外，规则本身可能有额外的数据成本，因此，我们应该对规则的收益性进行评估。规则的收益性评估是指，从"利润最大化"角度出发，评估引入的规则是否能真正为业务带来利润。

我们给出一个评估规则的收益性示例，评估项见表 4-2。

表 4-2 规则的收益性评估项

评估项	值
数据单价	0.5元
命中率	1%
规则命中坏账率	15%
盈亏平衡坏账率	10%
件均	8000元

各评估项的说明如下。

- 数据单价：规则使用的数据源单次调用价格。
- 命中率：外部规则在放款样本上的命中率。
- 规则命中坏账率：命中放款样本上的坏账率。
- 盈亏平衡坏账率：当坏账率为此数值时，放款的收益等于成本与损失之和。
- 件均：放款金额平均值。

在本示例中，假设当前有 100 个客户命中了相关规则，那么，我们可以通过计算得到以下结果。

- 应用规则带来的数据成本 =100/ 命中率 × 数据单价 =100/0.01×0.5=5000 元（此处假设新规则添加在原规则集之后，在实际业务中，我们需要根据具体规则应用的位置进行调整）。
- 应用规则减少的损失 =100× 件均 ×（规则命中坏账率 - 盈亏平衡坏账率）=100×8000×(0.15-0.1)=40000 元。
- 应用规则带来的最终收益 = 应用规则减少的损失 - 应用规则带来的数据成本 =40000-5000=35000 元。规则命中一次的期望收益为 350 元，规则查询一次的期望收益为 3.5 元。

综上所述，该规则的应用带来的收益为正，因此，我们应该采用该规则。

4. 规则上线

规则上线是指将已制订完成且评估有效的规则在决策引擎中进行配置并发布到生产环境中。决策引擎是一套用于部署风控规则、机器学习模型，进行风控策略实验并输出决策结果的系统。风控决策引擎交互流程如图 4-11 所示。决策引擎为风控策略的快速实施带来了极大便利，其主要功能包括配置规则、决策表、评分卡、决策流、模型管理和额度管理等。

规则上线需要遵守如下原则：对于有强业务含义且评估后效果稳定的规则，可直接全流量上线决策以尽快控制风险，如黑名单规则；对于有明确业务含义且评估中发现稳定性可能存在风险的规则，可通过分流测试进一步验证线上的实际效果，如多头类规则；对于业务含义不明确但评估效果较好的规则，可先上线"陪跑"，在确认线上的实际效果后，再全面应用。

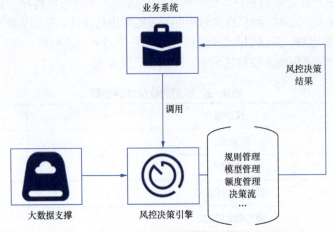

图4-11 风控决策引擎交互流程

在规则上线成功后，我们需要对已上线的规则及时地进行上线验证，确保规则的实际执行效果与预期一致。我们主要从以下4个方面对已上线的规则进行上线验证。

1）阈值是否正确

关于规则能否正确执行，我们主要判断线上应用的规则阈值与线下制订规则时的阈值是否一致。以多头规则为例，表4-3所示的DS1分流中的规则为"近7天多头借贷数>3"就拒绝，故可验证通过此规则的样本多头数是否小于或等于3。表4-3所示的DS2分流中的规则为"近7天多头借贷数>10"就拒绝。与DS1相比，DS2为"阈值放松组"。

表4-3 规则验证阈值示例

分流	规则名	规则条件	通过规则的样本特征最大值	是否正确
DS1(70%)	近7天多头借贷数	>3	3	正确
DS2(30%)	近7天多头借贷数	>10	10	正确

2）A/B测试分流比例是否正确

A/B测试分流比例也是验证项。如果决策引擎中A/B测试分流比例配置正确，那么，在正常情况下，实际分流比例与配置比例基本一致，我们需要验证进入规则样本数比例是否符合预期。具体验证内容如表4-4所示。

表4-4 A/B测试分流验证示例

分流	规则名	进入规则样本数	实际分流比例	是否正确
DS1(70%)	近7天多头借贷数	696	69.7%	正确
DS2(30%)	近7天多头借贷数	302	30.3%	正确

3）规则命中率是否正常

规则命中率是触发规则数量与进入规则数量的比值。规则命中率异常将直接影响线上实际业务的风控转化率，因此，验证规则上线后的命中率与线下测算的规则命中率的差值是否在允许的误差范围内，显得尤为重要。实际上，线下测算的规则命中率分为放款命中率和前置命中率，前者通过在放款样本上测算得到，后者通过在规则对应位置的授信样本上测算得到。在通常情况下，前者小于后者。

如表 4-5 中的 DS1 分流所示，线下测算时，预期放款命中率为 3%，预期前置命中率为 4%。在规则上线后，我们应对比实际命中率与预期前置命中率，判断实际命中率是否符合预期。如果实际命中率与预期前置命中率差异较大，那么也可能是客群变化所致，我们需要具体问题具体分析。

表4-5 规则验证命中率示例

分流	进入规则样本数	命中数	实际命中率	预期放款命中率	预期前置命中率	是否符合预期
DS1(70%)	696	28	4.02%	3%	4%	符合预期
DS2(30%)	302	5	1.66%	1%	1%	符合预期

通过上面 3 个方面的验证，我们基本可以判定规则在线上运行是否正常。若验证结果与预期结果相差较大，我们应及时排查原因并给出合理的解决方案。

4）规则回顾

规则回顾是指对线上测试中"陪跑"或"阈值放松"分流组再次进行效果评估，目的是验证规则上线后的实际效果是否得到延续。假设上线时设置的规则条件为"近 7 天多头借贷数 >10"就拒绝，如表 4-6 所示，我们会发现线上"陪跑组"中命中规则的逾期率远高于未命中规则的逾期率，故从当前数据表现来看，此规则表现符合预期。

表4-6 规则回顾示例

分流	规则名称	是否决策	样本数	分流比例	坏样本数	逾期率
DS1(70%)	近7天多头借贷数	决策	210	70%	15	7.1%
DS2(30%)	近7天多头借贷数	"陪跑"	90	30%	27	30%

若线上规则测试评估结果与线下测算结果相符，则应加大"决策组"分流比例；若线上规则测试评估结果与线下测算结果差异较大，则应先排查特征层面是否有线上与线下不一致问题，再利用"陪跑组"或"阈值放松组"对应的特征，重新进行规则分析，指定新阈值。我们如此反复多次，并不断总结经验以指导实践，可将规则的实际效用发挥到最大。

另外，对于线上已经全流量决策的规则，我们需要持续监控并定期或适时实施"陪跑"或"阈值放松"小流量测试，才可确保结果稳定。

4.2.2 模型策略分析方法

模型策略是基于已有风控模型制订最优决策的整体方法，它决定了模型价值是否能够被充分发挥，直接影响信贷业务的盈利水平。模型策略分析流程主要包含样本提取，模型策略的制订，模型策略评估，模型策略的上线与验证，以及模型策略回顾，如图 4-12 所示。

图4-12 模型策略分析流程

1. 样本选取

样本选取是指选取制订模型策略所需的样本集，通常包含风控模型开发时的跨时间验证集（OOT）和近期授信样本集（BackScore），如图4-13所示。在模型策略开发中，我们只需要准备模型分和逾期标签。跨时间验证集包含逾期标签，一般是近期放款且有表现的样本集，主要用于衡量同时期新模型相对于旧模型的模型效果提升度和制订决策点（Cut-off）时的效果预估。近期授信样本集是指近期所有进入模型打分阶段的样本集，包含被模型通过和拒绝的所有样本，主要用于设定新模型在预期通过率下的模型阈值。

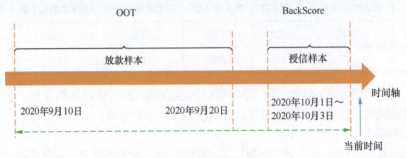

图4-13 模型策略样本划分

跨时间验证集需要包含订单标识、模型分和逾期标签列，近期授信样本集需要包含订单标识和模型分列。

2. 模型策略的制订

模型策略的制订主要决定模型的组合方式和阈值。在制订相关方案时，我们需要在转化率和坏账率之间进行权衡，以实现最大收益。模型策略应用方案可分为单模型策略和多模型组合策略。

1）单模型策略

单模型策略是指利用单一模型分进行决策，故只需要确定单一模型的最优决策点。单模型适用场景：①信贷业务开展前期，线上只有一个模型；②信贷业务开展中期，虽然线上模型增多，但是模型间关联性较强，此时，大多以单模型决策为主。单模型策略的制订决策点设定方式如下。

（1）基于模型通过率与坏账率的决策点设定。

在模型通过率与坏账率之间寻找一个决策点，理想的状态是该决策点的设立可提高通过率并降低坏账率。而在实际使用过程中，可能出现下列情形。

- 保持目标模型通过率，降低坏账率。迭代后的新模型上线后，其性能（AUC、KS等指标）通常比线上正在决策的模型好。因此，在信贷业务稳定时，我们可使用此方式，在保证当前通过率的情况下，期望新模型降低坏账率。例如，当前模型通过率为30%，我们可利用近期授信样本集找到通过率30%对应的模型分，并将其作为新模型的决策阈值。

- 提升模型通过率，保持坏账率。由于不同金融机构所处的发展时期不同，故对业务的诉求会有差异。当金融机构的信贷业务高速发展时，金融机构不一定要降低坏账率，而是需要在保持当前坏账率的同时，提升通过率。例如，当前坏账率为5%，我们需要利用跨时间验证集和近期授信样本集评估得到坏账率为5%时的模型分，并将其作为决策阈值。
- 提高模型通过率，同时降低坏账率。当新模型的效果较旧模型有大幅提升时，新模型可以同时满足目标通过率和坏账率的需求。此时，我们需要绘制决策曲线，横轴表示模型通过率，纵轴表示坏账率。通过观察决策曲线的走势，我们可以选择合适的决策点。

决策曲线示例如图4-14所示，当前的决策点在A点，此时，我们可以选择D点为新决策点，模型通过率和坏账率都会有所优化；如果选择B点为新决策点，即保持模型通过率为40%，那么坏账率将从15%优化到5%；如果选择C点为新决策点，即保持坏账率为15%，那么模型通过率将从40%提升到60%。

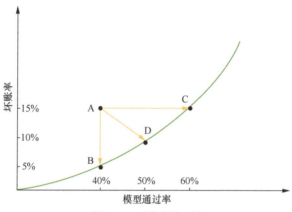

图4-14　决策曲线示例

（2）基于lift的决策点设定。

lift表示风控模型对预测目标中不良客户的识别比例高于随机识别比例的倍数。以1为标准，lift小于1表示该模型比随机识别捕捉了更少的不良客户，lift等于1表示该模型的表现等同于随机识别，lift大于1表示该模型比随机识别捕捉了更多的不良客户。在通常情况下，lift的值越大越好。

我们将所有客户的模型评分分为10～20箱，从低到高排序，按分数排序累计至该分箱的不良客户占所有不良客户的比例（Cumulative Bad(%)by model）与随机排序累计至该分段的不良客户占所有不良客户的比例（Cumulative Bad(%)randomly）的比值即lift。图4-15为实际的lift计算示例，图4-16为对应的lift提升图。

序号	分箱	Obs	Bad	Bad(%) captured by model	Bad(%) captured randomly	Cumulative Bad(%) by model	Cumulative Bad(%) randomly	lift
0	(-inf, 444.0]	7572	4565	31.33%	10.00%	31.33%	10%	3.13
1	(444.0, 478.0]	7582	2683	18.41%	10.00%	49.74%	20%	2.49
2	(478.0, 503.0]	7906	2031	13.94%	10.00%	63.68%	30%	2.12
3	(503.0, 522.0]	7241	1468	10.07%	10.00%	73.76%	40%	1.84
4	(522.0, 541.0]	7899	1243	8.53%	10.00%	82.29%	50%	1.65
5	(541.0, 560.0]	7598	908	6.23%	10.00%	88.52%	60%	1.48
6	(560.0, 580.0]	7325	680	4.67%	10.00%	93.19%	70%	1.33
7	(580.0, 605.0]	7465	480	3.29%	10.00%	96.48%	80%	1.21
8	(605.0, 642.0]	7610	341	2.34%	10.00%	98.82%	90%	1.10
9	(642.0, inf]	7484	172	1.18%	10.00%	100.00%	100%	1.00
Total		75682	14571					

图4-15　lift计算示例

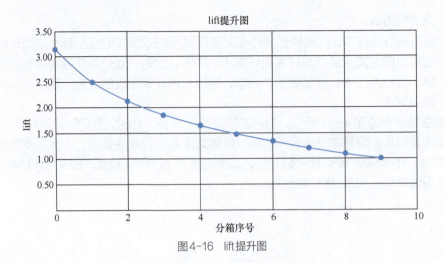

图4-16　lift提升图

通过观察图4-16，我们可以发现，第一箱（序号0）的lift值为3.13，即该模型预测分数最低的10%客户坏账率是随机识别客户坏账率的3倍多。通过lift的大小，我们可以设定模型的决策阈值。

模型策略本质上是通过科学方法选择模型的最优决策点。上面两种决策点设定方法可以帮助我们快速设定模型决策点并上线应用，但它们主要依靠人的经验，没有考虑到决策阈值对通过率、坏账率和其他成本的多重影响，因此，它们未必是利润达到最大的决策方案。4.3节将介绍最优化算法在模型策略制订中的应用。

2）多模型组合策略

多模型组合策略是基于两个或两个以上模型分组合生成的模型应用方案。多模型组合策略的优势：①能够充分发挥多个模型性能互补的优势；②内外部模型组合的使用能够有效降低数据成本。多模型组合策略的应用方式如下。

（1）多模型融合准入。

多模型融合准入是指利用加权或其他方式将多个模型分融合成一个模型分，再划分风险等级上线决策，如图4-17所示。从本质上来说，融合后的多模型与单模型是一样的。我们通常采用等频或等距方式对模型分进行划分，一般划分为9个等级（RG1～RG8，RGX），RG1的风险等级最低，RG8的风险等级最高，RG1～RG8表示通过，RGX表示直接拒绝。

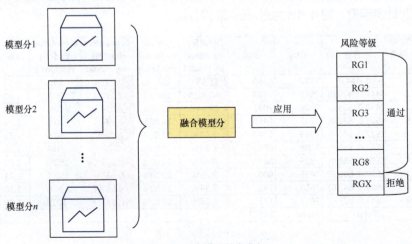

图4-17　多模型融合准入

（2）多模型串行准入。

多模型串行准入是指将多个模型以串行方式按先后顺序依次决策准入，前一个模型决策通过的样本再经过下一个模型决策进行评估，依此类推，由最后一个模型生成风险等级，如图 4-18 所示。

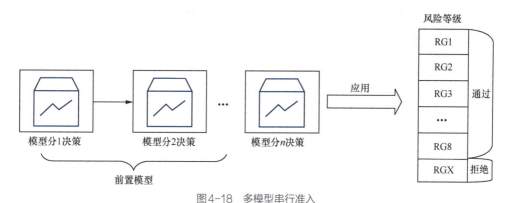

图4-18　多模型串行准入

在实际业务场景中，多模型串行准入较为常用，适用于多个优势互补的模型分，既有助于多个模型分发挥最大价值，又可节省数据成本。通常，无成本模型先于有成本模型决策。

（3）多模型交叉准入。

多模型交叉准入分为两个阶段：准入阶段，由前置模型完成；交叉阶段，由后置的两个模型共同生成风险等级，如图 4-19 所示。在此方法中，直接由后置的两个模型交叉进行准入。

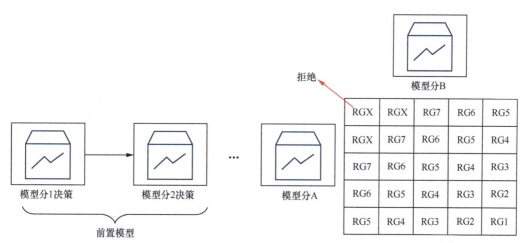

图4-19　多模型交叉准入

该方法的优势在于，利用模型分交叉生成的风险等级矩阵更能体现多模型的优势，风险等级的划分也更细。需要注意的是，在生成风险等级的过程中，我们要充分考虑每个交叉格子中样本量，保证其具有统计学意义。

在开发新模型时，在同一 OOT 样本集上，新模型在相关技术指标（AUC、KS、Gini 等）上一定优于旧模型。如果我们贸然使用新模型决策，那么仍然具有潜在的风险：一是新模型训练样本集的特征一般通过回溯得到，有可能发生特征线上与线下不一致风险；二是新模型是在旧模型决策后的样本上评估的，相对于将来应用时的样本存在一定的差异，虽然新模型和旧模型是在同一样本上进行对比的,但这依然对旧模型不公平。

因此,即使线下评估新模型的效果更好,在上线初期,我们也不建议使用新模型进行全流量决策。在通常情况下,我们需要采用分流测试方式,即在保持相同通过率的条件下,对比新旧模型,观察贷后逾期率的差异,从而选择更优的模型策略。

3. 模型策略评估

在制订完模型策略后,我们需要对其进行评估。当应用新版挑战者(Challenge)模型替换线上冠军(Champion)模型决策时,我们需要从业务角度关注新版挑战者模型与线上冠军模型之间的性能差异,这通常会用到**交换集分析**(swap set analysis)。交换集分析又称**换入换出分析**。

1)交换集分析

交换集分析是指利用新旧模型通过和拒绝的客户不一致的情况,通过分析这些不一致的客户对坏账率和通过率的影响以评价模型策略的效果。换出(swap out)是指新模型拒绝而旧模型通过的客群,换入(swap in)是指新模型通过而旧模型拒绝的客群。通常,我们希望新模型能换出更多的不良客户,换入更多的好客户,从而用好客户代替不良客户,以降低整体坏账率。

新旧模型策略以新模型的通过和拒绝为横向维度,以旧模型的通过和拒绝为纵向维度两两组合,形成一个矩阵,如图4-20所示。

		样本数 新模型			
		通过	拒绝	总计	
旧模型	通过	45000	5000	50000	Swap-in population
	拒绝	5000	75000	80000	Swap-out population
	总计	50000	80000	130000	No change

图4-20 交换集样本数示例

由此,客群被划分为下面3个子客群。

(1)**Swap-in population**:指被旧模型拒绝但被新模型通过的客户。通常,这部分人是之前被拒绝的客户,其好坏标签未知,我们可以采用拒绝推断方式进行预估。

(2)**Swap-out population**:指被旧模型通过但被新模型拒绝的客户。通常,这部分人是放款客户,其好坏标签已知。

(3)**No change**:指被新旧模型同时拒绝或通过,因此,审批状态没有差异且通过样本好坏标签已知。

通过交换集分析,我们可以得出,若新策略替换旧策略,那么,在通过率(38.5%)保持不变的情况下,我们可以使坏账率从6.6%降到5.5%,如图4-21和图4-22所示。因此,我们可以从业务角度看出新模型的优势。

		坏账率 新模型		
		通过	拒绝	总计
旧模型	通过	5.0%	21.0%	6.6%
	拒绝	10.0%	未知	未知
	总计	5.5%	未知	未知

图4-21 交换集坏账率示例

		样本占比 新模型		
		通过	拒绝	总计
旧模型	通过	34.6%	3.9%	38.5%
	拒绝	3.9%	57.6%	61.5%
	总计	38.5%	61.5%	100.0%

图4-22 交换集样本占比示例

2)拒绝推断

新模型优于旧模型的本质在于新模型换入的客群的风险更低。如图4-23所示,旧模型通过客群为 A,新模型通过客群为 B,C 为新旧模型均通过的客群,$A-C$ 为换出客群,$B-C$ 为换入客群。对于 $A-C$ 和 C 客群,我们由历史贷后数据可以准确地评估新旧模型策略替换带来的影响,但对于 $B-C$ 客群,由于旧模型未审批通过,因此其贷后表现未知,需要推断这部分客户的贷后表现,即进行拒绝推断(reject inference)。这里的拒绝推断不等同于模型部分的拒绝推断。

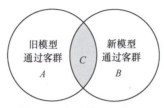

图4-23 新旧模型客群置换

如何进行合理的拒绝推断?直接方式是利用新模型各分数段在有表现样本上的坏账率来估算旧模型拒绝样本上的坏账率。如图4-24所示,左侧列表展示的是新模型在有表现样本上的坏账率排序,右侧列表展示的是同等分数段下旧模型拒绝样本的分布,若标黄部分为新模型的Cut-off,就可以估算旧模型拒绝客群的坏账率和 $B-C$ 客群(换入)的坏账率,这里假设旧模型通过或拒绝的样本在新模型上打分时,在同分数段的情况下,其坏账率是一致的。

model	分箱	样本数	坏样本数	坏账率	模型通过率	通过样本坏账率	KS	AUC		旧模型拒绝样本分布	
new_model	(-inf,515.0]	901	287	31.85%	100.00%	9.73%	0.172	0.720		200	
new_model	(515.0,550.0]	881	177	20.09%	93.20%	8.11%	0.250	0.720		120	
new_model	(550.0,574.0]	883	143	16.19%	86.54%	7.19%	0.299	0.720		100	
new_model	(574.0,593.0]	887	102	11.50%	79.87%	6.44%	0.313	0.720		80	
new_model	(593.0,610.0]	886	88	9.93%	73.18%	5.98%	0.314	0.720		50	
new_model	(610.0,625.0]	869	75	8.63%	66.49%	5.58%	0.306	0.720		20	
new_model	(625.0,640.0]	953	90	9.44%	59.92%	5.24%	0.304	0.720		10	
new_model	(640.0,653.0]	840	70	8.33%	52.73%	4.67%	0.294	0.720		10	
new_model	(653.0,666.0]	880	45	5.11%	46.38%	4.17%	0.259	0.720		5	旧模型拒绝客群
new_model	(666.0,679.0]	897	54	6.02%	39.74%	4.01%	0.230	0.720	$B-C$ 客群	2	
new_model	(679.0,692.0]	855	57	6.67%	32.96%	3.60%	0.208	0.720		1	
new_model	(692.0,707.0]	883	33	3.74%	26.51%	2.85%	0.162	0.720		1	
new_model	(707.0,724.0]	891	34	3.82%	19.84%	2.55%	0.117	0.720		1	
new_model	(724.0,748.0]	889	18	2.02%	13.11%	1.90%	0.058	0.720		0	
new_model	(748.0,inf]	847	15	1.77%	6.40%	1.77%	0.000	0.720		0	

图4-24 交换集坏账率估计

但这里存在一个低估换入客群坏账率问题,因为此时的坏账率是在旧模型通过的条件下得到的,通常情况下,我们会对利用上述方式推断得到的换入客群坏账率做系数修正。我们可以结合下列3种方式进行推断。

(1)Universe Test 推断。

在通常情况下,模型分只有高于我们预先设置的 Cut-off 值,才会被审批通过,但为了持续验证风控策略的有效性,我们有时会设置 0.5%~1% 的 Universe Test 分流组,即此分流组的客户不会执行模型策略而会被直接审批通过。如果我们在风控策略的实施中使用过 Universe Test,那么,会有一小部分 $B-C$ 客群的放款客户,利用这部分放款客户的历史贷后数据,就能较为准确地估算 $B-C$ 客群的坏账率。

(2)A/B 测试组推断。

若旧模型在上线模型策略初期采用了 A/B 测试,那么甲组模型只打分,决策不生效,乙组模型打分并决策生效。由于乙组中低于 Cut-off 值的客户已被策略拒绝，因此可以用甲组中低于 Cut-off 值的放款客群的坏账率作为乙组拒绝客户坏账率的近似估值。

（3）线性拟合推断。

若在之前的风控策略的实施中，既没有进行 Universe Test 的设置，又没有 A/B 测试，那么我们还可以使用什么方式来推测 B-C 客群的贷后逾期表现？有。我们可以用线性拟合推断旧模型拒绝样本的坏账率。如图 4-25 所示，旧模型在线上决策的 Cut-off 值为 478，因此，对于旧模型的模型分在 478 以上的客户，我们能从历史数据中获得其贷后逾期表现，表中最后两行（标示黄色）是我们需要预测的部分。

序号	model_label	分箱	样本数	坏样本数	坏账率
0	old_model	(642.0, inf]	7484	172	2.3%
1	old_model	(605.0, 642.0]	7610	341	4.5%
2	old_model	(580.0, 605.0]	7465	480	6.4%
3	old_model	(560.0, 580.0]	7325	680	9.3%
4	old_model	(541.0, 560.0]	7598	908	12.0%
5	old_model	(522.0, 541.0]	7899	1243	15.7%
6	old_model	(503.0, 522.0]	7241	1468	20.3%
7	old_model	(478.0, 503.0]	7906	2031	25.7%
8	old_model	(444.0, 478.0]	7582		
9	old_model	(-inf, 444.0]	7572		

图 4-25　旧模型分排序

如图 4-26 所示，因为分箱采用等频方式，所以我们可将图"分箱序号"作为横轴，"逾期率"作为纵轴，绘制坏账率拟合曲线（即图中虚线部分），并用 Excel 显示拟合公式 $y=0.0029x^2+0.0125x+0.0263$，即图 4-25 中标为黄色的两箱的"坏账率"可通过上述公式计算得到，结果可作为预估值。此外，我们可看到 $R^2=0.9987$，这说明本例中的拟合的准确性非常高。

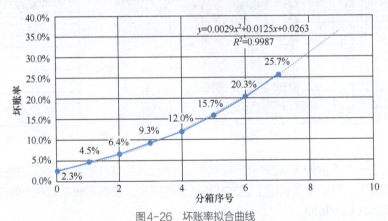

图 4-26　坏账率拟合曲线

上述 3 种推断方式各有优劣。在实际应用中，我们应基于不同的环境选择适合企业自身的测算方法。由于新模型的效果较旧模型略好，因此，在正常情况下，旧模型拒绝且新模型通过样本的坏账率要低于旧模型通过且新模型拒绝样本的坏账率。根据作者的经验，前者一般是后者的 60% ~ 90%，会由于实际业务和模型效果的不同而略有差异，实际使用时，我们可加以验证。

3）应用案例

如表 4-7 所示，在针对新模型（V2）制订模型策略并使用交换集分析进行贷后坏账率预估后，我们发现，在与旧模型（V1）同通过率的情况下，V2 模型策略对应的贷后坏账率预估较 V1 模型策略降低 1%。从业务指标来看，V2 模型比 V1 模型略优。

表 4-7 模型评估示例

	分流	占比	模型通过率	风控转化率	阈值	模型	坏账率预估
调整前	整体	100%	30.0%	19.0%		V1	6.0%
调整后	DS1	50%	30.0%	19.0%	500	V1	6.0%
	DS2	5%	40.0%	22.0%	520	V1	7.0%
	DS3	45%	30.0%	19.0%	500	V2	5.0%
	整体	100%	30.5%	19.2%			5.6%

线下坏账率预估的结果很好并不表示上线后一定能达到预期，因为模型训练、特征部署和模型部署过程中都可能出现"意外"。谨慎起见，在线上，我们应采用 A/B 测试，即保证在新旧模型同通过率的情况下观察线上的实际贷后坏账差异，对应表 4-7 中的 DS1 和 DS3。

表 4-7 中 DS2 分流的模型通过率比 DS1 分流高 10%，其他条件都是相同的，我们特意设置了 DS2 分流，并称其为"下探组"，通过提高通过率，测试放松后坏账率的变化，从而不断进行迭代，调整到最优的模型策略。

4. 模型策略的上线与验证

与规则上线类似，模型策略上线是指在制订策略后，及时在决策引擎上配置相应的模型应用规则，并确保准确发布。

在模型策略上线的一段时间内，为了确保其线上实际的执行效果与预期一致，我们需要进行模型策略上线验证。模型策略上线验证与规则上线验证类似，我们需要从以下 3 个方面进行验证。

1）模型阈值是否正确

为了确保模型实际使用的阈值与预先设置的阈值一致，我们需要将模型准入阈值与通过模型样本的最低分数做比较，如表 4-8 所示。

表 4-8 模型策略上线验证中的阈值示例

模型	分流	模型准入阈值	进入模型数	通过模型样本最低分数	是否正确
V1	DS1(50%)	423	1508	424	正确
V2	DS2(50%)	452	1511	453	正确

2）A/B 测试的分流比例是否正确

模型策略中 A/B 测试的分流比例验证方式与规则上线验证类似，我们主要观察实际进入 A/B 测试的分流的比例，如表 4-9 所示。

表 4-9 模型策略上线验证中的分流示例

模型	分流	进入模型数	实际分流比例	预期分流比例	是否正确
V1	DS1	1501	49.8%	50%	基本正确
V2	DS2	1511	50.2%	50%	基本正确

3）模型通过率是否符合预期

模型通过率是模型策略上线验证中的重要指标。在模型策略上线后，若模型通过率异常，那么可能造成线上事故且对业务产生较大影响。如表 4-10 所示。

表 4-10　模型策略上线验证中的模型通过率示例

模型	分流	模型准入阈值	进入模型数	通过模型数	预期通过率	实际通过率
V1	DS1(50%)	423	1501	434	30%	29%
V2	DS2(50%)	452	1511	450	30%	30%

在模型策略上线后，除验证模型通过率以外，我们还要监控规则通过率、机审通过率等整体性指标随时间而产生的变化，如表 4-11 所示。

表 4-11　模型策略上线验证中的规则通过率、模型通过率和机审通过率示例

日期	申请数	规则通过率	模型通过率	机审通过率
2019/12/10	3379	89.1%	30.1%	26.8%
2019/12/9	3779	90.0%	29.9%	26.9%
2019/12/8	3557	88.9%	28.8%	25.6%
2019/12/7	4040	91.0%	31.2%	28.4%
2019/12/6	3871	89.8%	30.0%	26.9%
2019/12/5	3845	89.9%	30.0%	27.0%

通过对表 4-11 中的 3 种通过率的监控，我们可以快速发现模型策略在上线过程中的问题。当验证结果与预期差异较大时，我们应迅速定位问题并制订新的调整方案。

5. 模型策略回顾

新模型策略的上线经常伴随着 A/B 测试，这是因为线下模型评估的效果并不一定能反映线上的实际情况。模型策略回顾就是使用线上数据定期验证模型策略 A/B 测试的方案，最终基于数据对比情况，选择适合当前环境的方案来进行决策。A/B 测试的详细介绍在 4.2.4 节。

在新模型策略上线一段时间后，通过对表 4-12 中数据的分析，我们得到结论：在相同模型通过率情况下，V2 模型的贷后 DPD10+ 逾期率略低于 V1 模型。因此，我们可提高 V2 模型的分流比例并进一步观察，待效果确认稳定后，可全流量切换至 V2 模型并进行决策。

表 4-12　模型策略回顾示例

分流	比例	订单数	逾期数	DPD10+逾期率	模型通过率	机审通过率	模型
DS1	50%	974	51	5.2%	30.2%	26.1%	V1
DS2	50%	933	44	4.7%	29.8%	26.8%	V2

4.2.3　额度策略分析方法

额度策略是指基于产品属性或客户的某些特性制订的差异化额度方案。在符合监管要求的

前提下，差异化定价和额度管理可最大化金融机构的收益，它是金融机构的核心竞争力。从金融机构的收益角度来看，差异化额度策略可以在保持件均额度不变的情况下，降低贷后金额损失率；或者，在贷后笔数损失率不变的情况下，提升件均额度，从而为金融机构带来超额收益。

从信贷产品优化和客户体验来看，每个客户的偿债能力和风险表现不同，因此，初始的授信额度是否满足客户的实际需求是不确定的，需要持续监控和优化，提升客户满意度。

图 4-27 所示为额度策略分析流程，包括额度策略的制订，额度策略评估，额度策略的上线与验证，以及额度策略回顾。

图 4-27　额度策略分析流程

1. 额度策略的制订

授信额度是指金融机构给予借款人在一定时期内可支配的最高贷款金额。在额度有效期内，借款人可多次支用这笔资金。额度策略就是设定借款人授信额度方案。额度策略可划分为单一额度策略、单因子额度策略和多因子额度策略。

1）单一额度策略

在新的信贷业务开展之前，由于还没有收集到客户的任何数据信息，因此，金融机构一般会基于信贷产品属性和业务场景设置一个初始额度，如小额个人现金贷额度为 5000 元、小微企业现金贷额度为 20 万元等。此时，对于首贷客户，金融机构可设置相同额度，而对于复贷客户，金融机构可随着贷款次数的增加而逐步提升额度，如表 4-13 所示。

表 4-13　单一额度策略示例

贷款次数	1	2	3	4+
额度/元	2000	3000	4000	5000

产品初始额度会随着金融机构的发展和产品的成熟不断调整。在业务开展初期，由于数据积累不多，因此客户的授信额度相对单一。

2）单因子额度策略

在业务开展一段时间后，因有历史客户数据作为支撑，我们可以将具有相同贷款次数的客户进一步划分为不同群体，并给予差异化的额度。

单因子额度策略是指将单个维度数据作为额度差异化的依据我们一般基于贷前信用评分模型的风险等级给出差异化的额度。客户风险等级越高，对应的授信额度越低，如表 4-14 所示。

表 4-14　单因子额度策略示例

客户风险等级 （从低到高）	A	B	C	D
额度/元	5000	4000	3000	2000

3）多因子额度策略

多因子额度策略则将客户更多维度的数据作为额度差异化的依据，如还款能力型指标。还款能力型指标用来衡量借款人的还款能力，一般基于借款人提供的月收入证明、征信报告指标和收入预估模型分等给出。当额度策略中有两项及两项以上指标作为授信额度的决策标准时，就会形成额度授予矩阵。在确定信贷产品的额度范围后，我们选取风险表现型指标和还款能力型指标并对它们进行组合，即可得到额度授予矩阵。

表4-15 展示的是某平台业务开展初期的额度授予矩阵，其中风险等级（对信用模型分划分得到）为风险表现型指标，收入等级（对可信的收入数据划分得到）为还款能力型指标。在将该平台的信贷产品的额度范围设定为1000元~8000元的基础上，我们通过风险等级和收入等级产生额度授予矩阵：对于高收入、低风险客户，授予其8000元额度，其他额度见表4-15。

表4-15 多因子额度策略中的额度授予矩阵示例

风险等级 \ 收入等级	高收入/元	中收入/元	低收入/元
低风险	8000	6000	4000
中风险	6000	4000	2000
高风险	4000	2000	1000

需要说明的是，上述额度授予矩阵中的额度范围和梯度由主观确定，主要依据是专家经验。在通常情况下，最优额度的选取需要将A/B测试的结果作为依据，即对于同一等级的客户，我们给予不同额度。在A/B测试后，我们根据收益最大化原则选取最优方案。

此外，在业务开展初期，若选取的风险表现型指标或还款能力型指标的实际效果不佳，那么，对于可信度较高的指标（如风险等级），可适当增加其等级梯度；对于可信度较应用低的指标（如收入等级），可适当减少其等级梯度。

2. 额度策略评估

额度策略评估，即对比额度策略使用后与使用前的真实贷后差异，如在件均额度不变的情况下，我们观察额度策略能够降低多少坏账率。图4-28为某平台使用的单因子额度策略示例，可以看出，使用额度策略后的件均额度为3071元（加权计算结果），与此前使用的单一额度策略时的件均额度（3000元）差异不大。

分箱	样本数	坏样本数	占比	坏账率	额度等级	额度	加权额度
(-inf, 487.0]	2640	560	6.69%	21.21%	H	800	53
(487.0, 510.0]	2770	480	7.02%	17.33%	G	1400	98
(510.0, 550.0]	7910	1230	20.04%	15.55%	F	2000	401
(550.0, 571.0]	5210	630	13.20%	12.09%	E	2600	343
(571.0, 591.0]	5260	550	13.32%	10.46%	D	3200	426
(591.0, 614.0]	5180	350	13.12%	6.76%	C	3800	499
(614.0, 648.0]	5290	260	13.40%	4.91%	B	4400	590
(648.0, inf]	5220	100	13.22%	1.92%	A	5000	661
							3071

图4-28 单因子额度策略示例

经过效果评估，在同等总授信额度下，使用额度策略时的坏账率相较于不使用额度策略下降22.10%，同时，"金笔"系数（即金额坏账率与笔数坏账率的比值）为0.778，充分体现了额度策略的有效性，如表4-16所示。

表4-16 额度策略评估

是否使用额度策略	金额坏账率	笔数坏账率	金额坏账率下降	"金笔"系数
否	10.54%	10.54%	—	1
是	8.21%	10.54%	22.10%	0.778

不同"金笔"系数对应的额度策略效果如表 4-17 所示。

表4-17 额度策略效果评价表

"金笔"系数	额度策略效果
<0.6	极度有效
[0.6,0.8)	相当有效
[0.8,0.9)	一般有效
[0.9,1)	略微有效
>1	失效

在初步确定额度授予矩阵后，我们通常需要进行额度的 A/B 测试。在上述额度方案中，一种风险等级和收入等级组合对应一种额度，但额度的 A/B 测试需要在平均额度不变的情况下，设计多种额度方案，即一种风险等级和收入等级组合对应多种额度。额度的变化可能带来风险的变化，额度的 A/B 测试的目的是通过线上不同分流，执行不同额度方案，从利润最大化的角度选择较优方案。

3. 额度策略的上线与验证

在明确额度的 A/B 测试方案后，我们需要在决策引擎中配置相应的额度方案，设置分流比例等其他参数，确保及时、准确地发布决策流。

为了确保额度策略上线后的实际运行效果与预期一致，我们通常需要做额度策略验证。额度策略主要从下列 3 个方面进行验证。

1）额度等级区间的配置是否正确

通过对比每个额度等级区间与对应区间的模型分的最大值和最小值，即可判断额度等级区间的配置是否正确，如表 4-18 所示。

表4-18 额度策略验证额度等级区间配置

额度等级	额度等级区间	样本数	模型分最大值	模型分最小值
H	(-inf,487]	2135	487	410
G	(487,510]	2265	510	488
F	(510,550]	7405	550	511
E	(550,571]	4705	571	551
D	(571,591]	4755	591	572
C	(591,614]	4675	614	592
B	(614,648]	4785	648	615
A	(648,inf]	4715	768	649

2)额度策略验证 A/B 测试分流比例是否正确

额度策略验证 A/B 测试分流比例方式与模型策略验证类似,主要看进入 A/B 测试的分流的比例(实际分流比例),如表 4-19 所示。

表4-19 额度策略验证A/B测试分流比例

分流	进入授信样本数	实际分流比例	预期分流比例	是否正确
DS1	696	49.8%	50%	基本正确
DS2	702	50.2%	50%	基本正确

3)件均额度是否符合预期

上文提到过,差异化额度策略可以在件均额度与之前差异不大的情况下降低坏账率,故当额度策略上线后,我们需要持续关注件均额度随时间变化的趋势是否平稳,以及日均放款额是否符合预期,如图 4-29 所示。若数据出现明显的"跳跃",则要判断客群是否有明显变动,更进一步,可以监控额度等级的分布是否发生变化。

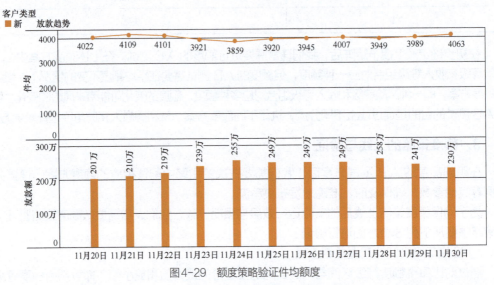

图4-29 额度策略验证件均额度

此外,根据业务侧重点,我们还需要监控其他指标,如总放款额、各额度等级下的额度使用情况等。

4. 额度策略回顾

在额度的 A/B 测试方案线上稳定运行一段时间且有贷后数据表现后,我们需要及时进行额度策略回顾。因为即使同一风险等级,在额度有差异的情况下,坏账率也可能有显著差异,所以我们需要从利润最大化的角度选择适合金融机构当前阶段的最优额度方案。另外,随着信贷市场的变化,即使当下选择最优额度方案决策,我们也需要定期重新制订额度的 A/B 测试方案并适时执行,只有如此,才能适应市场变化、满足客户需求。

本小节讲述的额度策略分析流程主要针对客户初始授信额度差异化管理方案,但在客户获得初始授信额度并使用授信额度之后,金融机构就要对其进行贷中额度管理(提额、降额和冻额),调整的主要依据是基于客户的贷中行为数据制订的行为评分卡,额度设计的思路与本小节所述基本一致。

4.2.4 A/B测试

A/B 测试也称为冠军/挑战者实验,是指在同一时间、同一对象上测试多种方案,并通过分析找到最优方案。也就是说,首先设计多种方案,然后对同一客群的不同客户应用不同方案,分别记录每种方案对应的客户的使用或转化指标,最后,通过分析,选出最优方案,并确定是否可推广到全部流量中。

1. A/B 测试方案设计

A/B 测试方案设计主要包含:①确定实验组和对照组的内容;②流量分配。在金融风控领域,A/B 测试通常用来验证新旧模型或规则的效果是否有显著差异,即实验组对应新模型策略,对照组对应旧模型策略。在流量分配方面,因为新模型策略的实际线上效果未知,所以一旦出错,容易造成资金损失。因此,在流量分配方面,我们会向实验组分配较少流量,向对照组分配较多流量。

以新模型上线应用为例,在同一时间窗口,对照组采用线上冠军模型决策,流量分配 80%,实验组则在保持相同模型通过率的情况下,采用挑战模型决策,流量分配 20%,其他条件相同。在进行 A/B 测试方案设计时,我们需要控制变量,如典型的方案设计是让模型通过率相同,判断两组的贷后逾期率是否有显著差异。如图 4-30 所示。

图 4-30 新模型上线 A/B 测试

我们对新上线的模型采用 A/B 测试,一段时间后,可以收集到各个模型的表现,然后,根据其实际效果,动态调节流量分配比例。持续进行 A/B 测试,可以达到内部竞争、多模型并行和择优进化效果,并形成策略优化的长效机制。

在正式进行 A/B 测试时,如果流量充足,那么稳妥的实验方案是同时进行 A/A 测试,即有实验组、对照组和验证组。A/A 测试增加了一个与对照组有相同方案的验证组,用来统计随机误差,从而更好地获得实验组与对照组的真正差异。

2. 测试结果分析

A/B 测试结果分析主要基于两部分:实验有效性判断和测试结果的比较。

1)测试有效性判断

测试有效性判断主要包含:①判断测试的样本量是否达到所需的最小样本量,从而可以尽可能地避免两类统计错误(有效误判为无效,无效误判为有效)的发生;②判断样本的有效性,即判断采用 A/A 测试结果的两组之间是否有显著差异,若不存在显著差异,则认为测试结果有效。

2)测试结果的比较

在对测试有效性做出判断之后,我们就可以进行结果的比较了,通常对比实验组与对照组的结果,判断它们之间是否存在显著差异,从而判断新方案相对旧方案在业务效果方面是否有显著提升。

【案例】为了验证新模型线上的实际效果,我们对新旧模型策略做了 A/B 测试,实验组使用新模型策略,流量分配 30%;对照组使用旧模型策略,流量分配 70%。在模型通过率设置相同的情况下,经过一段时间,我们得到测试结果:实验组样本量为 6000,逾期样本量为 300；对照组样本量为 14000，逾期样本量为 850。在逾期率方面，我们是否可以认为新模型明显优于旧模型？

分析：假设 μ_1 和 μ_2 分别表示新模型与旧模型的真实逾期率，$\hat{\mu}_1$ 和 $\hat{\mu}_2$ 分别表示实验组与对照组的逾期率，$\hat{\mu}_1$ 和 $\hat{\mu}_2$ 分别是 μ_1 与 μ_2 的无偏估计量，n_1 和 n_2 分别表示实验组与对照组的样本量，y_1 和 y_2 分别表示实验组与对照组的逾期样本量。

在总体样本量较大的情况下，A/B 测试可以采用双样本对照的 Z 检验，其公式如式（4-1）所示。

$$z = \frac{\mu_1 - \mu_2}{\sqrt{\frac{\sigma_1^2}{n_1} + \frac{\sigma_2^2}{n_2}}} \tag{4-1}$$

其中，μ_1、μ_2 分别是两个样本的均值，σ_1、σ_2 分别是两个样本的标准差。

具体计算步骤如下。

（1）由于我们要检验新模型的效果是否优于旧模型，因此称其为单边检验。下面构建原假设和备择假设，如式（4-2）所示。

$$\begin{aligned} H_0 &: (\mu_1 - \mu_2) \geq 0 \\ H_1 &: (\mu_1 - \mu_2) < 0 \end{aligned} \tag{4-2}$$

（2）计算检验统计量，如式（4-3）所示。

$$\sigma_{(\hat{\mu}_1 - \hat{\mu}_2)} = \sqrt{\frac{\hat{\mu}_1(1-\hat{\mu}_1)}{n_1} + \frac{\hat{\mu}_2(1-\hat{\mu}_2)}{n_2}} \tag{4-3}$$

根据案例提供的数据，计算得到：

$$\hat{\mu}_1 = 300/6000 = 0.05$$
$$\hat{\mu}_2 = 850/14000 \approx 0.06$$
$$\sigma_{(\hat{\mu}_1 - \hat{\mu}_2)} = \sqrt{\frac{0.05(1-0.05)}{6000} + \frac{0.06(1-0.06)}{14000}}$$

将上述统计量代入 Z 检验公式，可得：

$$Z = \frac{\hat{\mu}_1 - \hat{\mu}_2}{\sigma_{(\hat{\mu}_1 - \hat{\mu}_2)}} \approx -2.89$$

（3）计算拒绝域。

对于单边检验，拒绝域为 $\{Z < z_\alpha\}$，通过如下 Python 代码可计算得到 P 值约为 0.0019。

```python
# 导入库
from scipy import stats
z = -2.89
# 计算P值
pvalue = stats.norm.sf(abs(z))
# out:0.0019
```

（4）得出结论。

设定显著性水平 $\alpha=0.05$，因为 $P < \alpha$，所以落入拒绝域，即我们有充足的理由拒绝原假设，接受备择假设。我们可由此认为，新模型线上的实际效果优于旧模型。

3. 注意事项

A/B 测试的原理简单，但在实际执行时，我们仍需要注意以下 3 点。

1)流量分配

在进行流量分配时,我们应保证同时性、同质性、唯一性和均匀性。同时性体现在分流同时进行,同质性要求测试客户为特定的客户群体(各维度特征相似),唯一性强调同一客户不被重复计入测试,均匀性要求每组流量均匀。

2)上线后的数据验证

在 A/B 测试开始后,我们需要对其进行密切观察,并及时做数据验证。我们需要确保实验组和对照组指标符合预期,否则需要排查和修复异常并重新开始测试。

3)多测试同时展开

A/B 测试不是只能同时开展一个测试,在确保其他变量可控和流量可分的情况下,我们可开展多个测试,如图 4-31 所示。

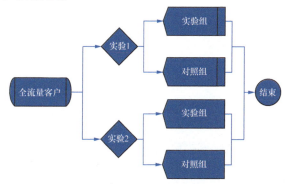

图 4-31 两个 A/B 测试同时展开

由于实验 1 分流之后又经过聚合,因此客户将随机分配到实验 2 的两个测试组中。只要样本量充足,理论上,两个实验组都满足 A/B 测试要求,我们可以分别对它们进行分析并得到测试结论。

4.3 风控策略智能算法

4.2 节介绍了风控策略方法论,主要包含常规和通用流程,而其中一些关键环节的效果可通过机器学习、最优化算法等得到进一步提升,以便让风险识别更加精准,风控决策更加科学。

在风控策略应用中,智能算法主要分为规则挖掘智能算法和决策优化智能算法两类。规则挖掘智能算法能够快速挖掘有效的风险规则,实现更加精准的风险识别;决策优化智能算法则是从收益最大化的角度帮助我们制订风控策略,实现更加科学的风控决策。下面将介绍这两类算法,以及它们在风控策略中的应用。

4.3.1 规则挖掘智能算法

规则挖掘智能算法是指在规则挖掘方面应用的机器学习算法,主要包含决策树和异常点检测。

1. 决策树

决策树是机器学习中常用的分类算法,属于有监督学习算法。除在风控模型中经常被使用以外,它还因易于理解的特点,在规则挖掘方面也颇受欢迎。

1)算法原理

决策树的基本思想是将数据集合依次按特征的重要程度(从高到低),不断进行划分,最终形成树状结构。决策树最终的叶子节点，即满足分支路径上所有条件的样本集合。实际上，这些条件组合等价于多个变量组合的规则。决策树的生成过程类似人工逐步增加条件并组合出规则的过程，只是每次选择变量和条件时利用了科学、高效的指标计算和大量试算，因此，决策树更容易被人接受，且使用效率更高，效果更好。另外，我们可将构建的决策树模型可视化，这样有助于我们理解树模型的结构和规则生成方式。本节将给出决策树模型（CART 算法），在规则挖掘方面的应用示例。

2）实践应用

基于决策树构建规则的示例如下。

（1）加载数据并构造数据集，这里采用德国信用卡数据集。

```
1. import sklearn.tree as st
2. import graphviz
3. from utils import data_utils
4.
5. # 加载数据
6. german_credit_data = data_utils.get_data()
7.
8. # 构造数据集
9. x = german_credit_data[data_utils.numeric_cols].copy()
10. y = german_credit_data['creditability']
```

（2）训练决策树模型，生成基于决策树的算法的规则挖掘可视化结果。

在下面的代码中，参数 criterion 设置为 'gini'，表示将基尼不纯度（Gini impurity）作为最优属性选择方法；参数 max_depth 设置为 3，表示树的最大深度为 3；参数 min_samples_leaf 设置为 0.01，表示叶子节点的最小样本比例为 1%，在防止过拟合的同时；可及时发现异常风险点。

```
1. def decision_tree_resolve(train_x, train_y, class_names=None,
2.                          max_depth=3, fig_path=''):
3.     """
4.     决策树可视化
5.     :param train_x: data of train
6.     :param train_y: data of y
7.     :param class_names:  标签名称
8.     :param max_depth: 树的最大深度
9.     :param fig_path: 图片的路径和名称
10.    :return:
11.    """
12.    if class_names is None:
13.        class_names=['good', 'bad']
14.    clf = st.DecisionTreeClassifier(max_depth=max_depth,
15.                                   min_samples_leaf=0.01,
16.                                   min_samples_split=0.01,
17.                                   criterion='gini',
18.                                   splitter='best',
19.                                   max_features=None)
20.    clf = clf.fit(train_x, train_y)
21.
22.    # 可视化
23.    dot_data = st.export_graphviz(clf, out_file=None,
24.                                 feature_names=train_x.columns.tolist(),
25.                                 class_names=class_names,
26.                                 filled=True,
27.                                 rounded=True,
28.                                 node_ids=True,
```

```
29.                                       special_characters=True,
30.                                       proportion=True,
31.                                       leaves_parallel=True)
32.     graph = graphviz.Source(dot_data, filename=fig_path)
33.     return graph
34.
35. graph = decision_tree_resolve(X, y, fig_path='data/tree')
36. graph.view()
```

运行上述代码,生成基于决策树的算法的规则挖掘可视化结果,如图 4-32 所示,通过观察,我们不难发现,决策树的叶子节点 #5、#9 和 #12 的逾期率明显高于其他叶子节点。

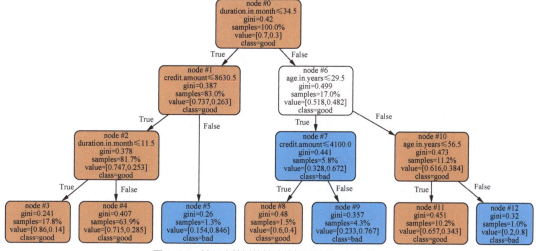

图 4-32　基于决策树的算法的规则挖掘可视化结果

(3) 将叶子节点转化成组合规则。

依据图 4-32 所示的基于决策树的算法的规则挖掘可视化结果,可对决策树叶子节点 #5、#9 和 #12 进行特征组合,并转化为组合规则,代码如下所示。

```
1. # 转化为组合规则
2. X['node_5'] = X.apply(lambda x: 1 if x['duration.in.month'] <= 34.5 and
3.     x['credit.amount'] > 8630.5 else 0, axis=1)
4. X['node_9'] = X.apply( lambda x: 1 if x['duration.in.month'] > 34.5 and
5.     x['age.in.years'] <= 29.5
6.     and x['credit.amount'] > 4100.0 else 0, axis=1)
7. X['node_12'] = X.apply(lambda x: 1 if x['duration.in.month'] > 34.5 and
8.     x['age.in.years'] > 56.5 else 0, axis=1)
```

基于决策树的算法依据训练数据寻找最优结果,因此,利用决策树生成的规则在很大程度上会受到训练集样本选择的影响,需要避免过拟合。在应用决策树挖掘规则时,我们可以通过设置合适的叶子节点所需的最小样本数和限制树的最大深度等提升规则的泛化能力。同时,在跨时间验证集上,充分验证规则后才可上线应用。

2. 基于异常点检测的算法

在金融领域,与众不同意味着风险。异常点检测通过发现异于常规范围的点来识别风险。
1) 算法原理

异常点检测(outlier detection),又称为**离群点检测**,是找出与预期对象的行为差异较大的对象的过程。这些被检测出的对象称为异常点或离群点,如图 4-33 所示。

常用的异常点检测方法有 Z-Score 异常点检测、KNN（K-Nearest Neighbor）异常点检测、局部异常因子（local outlier factor）和孤立森林（isolation forest）。下面将着重介绍孤立森林算法。

孤立森林是一种基于树的无监督机器学习算法，其核心思想："异常点是容易被孤立的离群点"，可以理解为分布稀疏且距离高密度群体较远的点。从统计学角度来看，在数据空间，若一个区域内只有分布稀疏的点，那么表示数据点落在此区域的概率很低，我们可以认为这些区域中的点是异常的。孤立森林的基本理论基础：①异常数据量与总样本量的比例很小；②异常点的特征值与正常点的特征值差异很大。

虽然孤立森林与随机森林类似，但孤立森林每次选择的划分属性和划分点（值）都是随机的，而不是根据信息增益或基尼指数来选择。在构建树的过程中，如果一些样本很快到达了叶子节点（即叶子节点到根节点的路径很短），那么这些样本很有可能是异常点，因为那些路径较短的样本距离主要样本点分布中心较远。也就是说，我们可以通过计算样本在所有树中的平均路径长度来寻找异常点。

如图 4-34 所示，我们用孤立森林"切割" 4 个数据，b 和 c 的高度为 3，a 的高度为 2，d 的高度为 1。由于 d 最先被孤立，因此它最有可能是异常点。

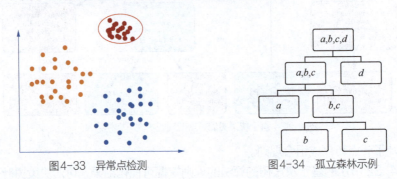

图4-33 异常点检测　　　　图4-34 孤立森林示例

2）实践应用

（1）加载数据集，这里使用的数据集与基于决策树的算法中使用的数据集相同。

（2）首先初始化模型，然后训练模型并预测结果，这里将预测概率大于 0.7 的样本设定为异常点。

在下面的代码中，参数 n_estimators 表示树的数量，设置为 500；max_samples 表示训练每棵树时需要抽取的样本数，设置为 'auto'，即默认选择 256 个样本构建树；max_features 表示训练每棵树时需要抽取的特征数，设置为 1.0，即抽取所有特征，当训练数据为高维数据时，不必分割所有特征。

```
1.  # 初始化模型
2.  clf = IForest(behaviour='new', bootstrap=False, contamination=0.1, .max_features=1.0,
3.          max_samples='auto', n_estimators=500, random_state=20, verbose=0)
4.
5.  # 训练模型
6.  clf.fit(X)
7.
8.  # 预测结果
9.  german_credit_data['out_pred'] = clf.predict_proba(X)[:, 1]
10. # 将预测概率大于0.7的样本设定为异常点
11. german_credit_data['iforest_rule'] = np.where(german_credit_data['out_pred'] > 0.7,
12.      1, 0)
```

（3）规则效果评估。

```
1.  # 规则效果评估
2.  rule_discover(data_df=german_credit_data, var='iforest_rule',
3.      target='creditability',rule_term='==1')
```

上述代码运行结果如图 4-35 所示。

var	rule	total_size	total_bad_size	total_bad_rate	hit_rate	hit_size	hit_bad_size	hit_bad_rate	lift	profit
0	iforest_rule	==1	1000	300	0.300	0.031	31	14	0.452	1.505	114500.000

图 4-35 孤立森林算法运行结果

在利用孤立森林挖掘规则时，我们发现，命中异常点检测规则的样本违约率为 45.2%，规则的提升度为 1.505，规则经过充分评估后可上线应用。

4.3.2 决策优化智能算法

风控策略在风险与收益之间做权衡，换言之，就是寻找最优决策。决策优化智能算法，即寻找最优决策过程中使用的智能算法，包括最优化算法和强化学习（马尔可夫决策过程），前者侧重单步（当前决策过程）收益最优化，后者侧重全局（整体决策过程）收益最优化。

1. 最优化算法

最优化算法属于运筹学的范畴，解决的主要问题是在给定条件下，按指定目标来寻找最优方案。在某种程度上，生活中的许多问题都可以看成一个最优化问题，并通过最优化算法得到解决。

1）算法原理

最优化问题是指在某些约束条件下，决定某些可选择的变量应该取何值，使所选定的目标函数达到最优的问题，即求解函数在满足约束条件时的极大值或极小值的问题。

最优化问题的一般表达形式如下。

$$\min f(x)$$
$$满足 \ x \in X, X \subseteq \mathbf{R}^n$$

其中，x 为**决策变量**（decision variable），$f(x)$ 为**目标函数**（objective function），X 为**约束集**（constraint set）或**可行域**（feasible region），$\mathbf{R}^n$ 为 n 维实数集。当 $X=\mathbf{R}^n$ 时，称为**无约束优化**（unconstrained optimization）问题，否则称为**约束优化**（constrained optimization）问题。约束优化问题的一般表达形式如下。

$$\min f(x)$$
$$满足 \ c_i(x) = 0, i \in E$$
$$c_i(x) \geqslant 0, i \in I$$

其中，$c_i(x)=0, i \in E$ 为**等式约束**（equality constraint），$c_i(x) \geqslant 0, i \in I$ 为**不等式约束**（inequality constraint），$c_i(x)$ 为**约束函数**（constraint function），E 和 I 分别是等式约束的指标集与不等式约束的指标集。当目标函数与约束函数均为线性函数时，约束优化问题可称为**线性规划**（linear programming），只要目标函数与约束函数有一个不为线性函数，就可称为**非线性规划**（nonlinear programming）。

通常的非线性规划模型的描述形式如下。

$$\min f(x)$$
$$\text{满足条件 } g_i(x) \geqslant 0, \quad i=1,2,\cdots,k$$

其中，$f(x)$ 和 $g_i(x)$ 中至少有一个为非线性函数。非线性规划常用的搜索算法有梯度法和牛顿法，感兴趣的读者可通过阅读《运筹学：原理、工具及应用》中的相关章节进行了解。

下面我们将利用约束优化方法解决模型策略中的最优化决策问题。

2）实践应用

我们以模型策略中决策点选择为例进行介绍，额度策略中的最优额度选取可参考此过程。

我们需要确定优化的目标是使盈利最大化。我们设计单元经济盈利（UE）= 件均额度 ×（收入率 − 通过样本坏账率 − 运营成本率），其中每一项可能包含多个子项，如运营成本包含流量成本、数据成本、资金成本和人工成本等，因为其计算复杂，故没有单独展开，读者可根据实际情况进行折算。因此，利润最大化转化成了如何实现 UE 最大化。

我们设单元经济盈利为 P，其计算公式如式（4-4）所示。

$$P = Q \times (R - L(x) - C(x)) \tag{4-4}$$

其中，x 为模型通过率；Q 为件均额度，我们将其设为固定值 10000；R 为收入率，假设利率为固定值 16%，收入率可表示为 $0.16 \times (1-L(x))$；$L(x)$ 为通过样本坏账率，它会随模型通过率 x 的变化而变化；$C(x)$ 为运营成本率，运营成本率 = 单个进件综合成本 / 风控转化率 / 件均额度，风控转化率 = 模型通过率 × 规则通过率，规则通过率设为固定值 60%，单个进件综合成本设为 30 元。我们将已知数值代入式（4-4），可得：

$$P = 10000 \times [0.16 \times (1-L(x)) - L(x) - 30/(x \times 0.6)/10000]$$

想要求解 P 的最大值，我们需要进一步明确 $L(x)$ 与 x 的关系，即明确通过样本坏账率与模型通过率的关系。

（1）求解通过样本坏账率与模型通过率的关系。

想要求解通过样本坏账率与模型通过率的关系，我们需要使用每个订单的模型分（score 列）和订单的逾期标签（creditability 列）数据。下面仍以德国信用卡数据集为例进行介绍。

通过执行如下代码，我们可将不同模型分作为切割点，并得到模型通过率与通过样本坏账率的关系。

```python
import pandas as pd
import numpy as np
import matplotlib.pyplot as plt
from numpy import polyfit, poly1d
from sklearn.metrics import r2_score
from scipy.optimize import minimize


def calculate_pass_loss_decile(score_series, y_series):
    """
    不同模型分作为切分点时模型通过率与通过样本坏账率的关系
    :param score_series: 模型分
    :param y_series: Y标签
    :return:
    """
    decile_df = pd.crosstab(score_series, y_series).rename(columns={0:
        'N_nonEvent', 1: 'N_Event'})
    decile_df.loc[:, 'N_sample'] = score_series.value_counts()

    decile_df.loc[:, 'EventRate'] = decile_df.N_Event * 1.0 / decile_df.N_sample
    decile_df.loc[:, 'BadPct'] = decile_df.N_Event * 1.0 / sum(decile_df.N_Event)
```

```
22.        decile_df.loc[:, 'GoodPct'] = decile_df.N_nonEvent * 1.0 / sum(decile_df.
23.            N_nonEvent)
24.        decile_df.loc[:, 'CumBadPct'] = decile_df.BadPct.cumsum()
25.        decile_df.loc[:, 'CumGoodPct'] = decile_df.GoodPct.cumsum()
26.
27.        decile_df = decile_df.sort_index(ascending=False)
28.        decile_df.loc[:, 'ApprovalRate'] = decile_df.N_sample.cumsum() /
29.            decile_df.N_sample.sum()
30.        decile_df.loc[:, 'ApprovedEventRate'] = decile_df.N_Event.cumsum() /
31.            decile_df.N_sample.cumsum()
32.        decile_df = decile_df.sort_index(ascending=True)
33.        return decile_df
34.
35.  german_score = pd.read_csv('data/german_score.csv')
36.  decile_df = calculate_pass_loss_decile(german_score['score'],
37.        german_score['creditability'])
```

上述代码运行结果如图 4-36 所示，其中的第一列为模型分切割点，ApprovalRate 为模型通过率，ApprovedEventRate 是指此模型分数为 Cut-off 时的通过样本坏账率。

creditability score	N_nonEvent	N_Event	N_sample	EventRate	BadPct	GoodPct	CumBadPct	CumGoodPct	ApprovalRate	ApprovedEventRate
266.0	0	1	1	1.0	0.003333	0.000000	0.003333	0.000000	1.000	0.300000
289.0	1	0	1	0.0	0.000000	0.001429	0.003333	0.001429	0.999	0.299299
291.0	1	1	2	0.5	0.003333	0.001429	0.006667	0.002857	0.998	0.299599
293.0	0	1	1	1.0	0.003333	0.000000	0.010000	0.002857	0.996	0.299197
294.0	0	1	1	1.0	0.003333	0.000000	0.013333	0.002857	0.995	0.298492
...	...	...	...	...	...	...	...	...	...	...
585.0	1	0	1	0.0	0.000000	0.001429	1.000000	0.994286	0.005	0.000000
587.0	1	0	1	0.0	0.000000	0.001429	1.000000	0.995714	0.004	0.000000
588.0	1	0	1	0.0	0.000000	0.001429	1.000000	0.997143	0.003	0.000000
600.0	1	0	1	0.0	0.000000	0.001429	1.000000	0.998571	0.002	0.000000
641.0	1	0	1	0.0	0.000000	0.001429	1.000000	1.000000	0.001	0.000000

221 rows × 10 columns

图 4-36　通过样本坏账率与模型通过率的关系

下面将采用多项式回归拟合 ApprovalRate 与 ApprovedEventRate 的函数关系，采用可决系数 R^2 作为评估指标。

```
1.  def poly_regression(x_series, y_series, degree, plot=True):
2.      """
3.      多项式回归拟合
4.      :param x_series: x数据
5.      :param y_series: y数据
6.      :param degree: 指定多项式次数
7.      :param plot: 是否制图
8.      :return:
9.      """
10.     coeff = polyfit(x_series, y_series, degree)
11.     f = poly1d(coeff)
12.     R2 = r2_score(y_series.values, f(x_series))
13.
14.     print(f'coef:{coeff},R2: {R2}')
15.
16.     if plot:
17.         # 用来正常显示中文标签
18.         plt.rcParams['font.sans-serif'] = ['Microsoft YaHei']
19.         plt.rcParams['axes.unicode_minus'] = False
```

```
20.
21.        plt.figure(figsize=(10, 5))
22.        plt.plot(x_series, y_series, 'rx')
23.        plt.plot(x_series, f(x_series))
24.        plt.xlabel('模型通过率', {'size': 15})
25.        plt.ylabel('通过样本坏账率', {'size': 15})
26.        plt.show()
27.    return coeff
28.
29. # 数据准备
30. x = decile_df['ApprovalRate']
31. # 逾期率折算为通过样本坏账率
32. y = decile_df['ApprovedEventRate'] / 2.5
33.
34. poly_coef = poly_regression(x, y, 2, plot=True)
35. # 通过样本坏账率L(x)与模型通过率x的关系
36. l_x = poly1d(poly_coef)
37. print(l_x)
```

输出如下结果：

$$-0.04796\ x^2 + 0.1214\ x + 0.04076$$

我们通过实验发现，随着多项式的阶数增加，拟合的效果越来越好。样本数据量较小，为了防止过拟合，这里取多项式的阶数为 2，其拟合的准确度相当高，R^2 为 0.905。通过样本坏账率 $L(x)$ 与模型通过率 x 的函数关系见式（4-5）：

$$L(x) = -0.04796x^2 + 0.1214x + 0.04076 \tag{4-5}$$

绘制的模型通过率与通过样本坏账率的拟合关系图如图 4-37 所示，拟合效果良好。

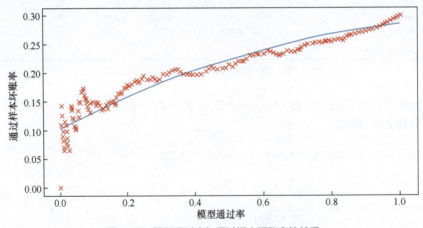

图4-37 模型通过率与通过样本坏账率的关系

（2）利用最优化算法求解模型通过率。

基于上述情况，以及模型通过率 x、通过样本坏账率 $L(x)$ 满足 0～1 的约束，构建的有约束条件的非线性规划如下。

$$\min f(x) = -10000 \times [0.16 \times (1-L(x)) - L(x) - 30/(x \times 0.6)/10000]$$
$$\text{满足 } L(x), x > 0$$
$$L(x), x < 1$$
$$L(x) = -0.04796x^2 + 0.1214x + 0.04076$$

最优化算法的 Python 代码实现如下。

```python
def find_best_approval_rate(x_to_loss_func, score_df):
    """
    定义最优化函数
    定义通过样本坏账率L(x)与模型通过率x的关系函数
    :param x_to_loss_func: 通过样本坏账率与模型通过率的函数关系
    :param score_df: 模型分与通过率的关系，第一列为模型分，"ApprovalRate" 列为模型通过率
    :return:
    """

    # 定义目标函数，求解最大值，取负即为最小值
    def fun(x_array):
        # x_list[0]为模型通过率x,x_array[1]为对应的通过样本坏账率L(x)
        return -10000 * (0.16 * (1 - x_array[1]) - x_array[1]
                - 30 / (x_array[0] * 0.6) / 10000)

    # eq表示函数结果等于0；ineq 表示表达式大于或等于0，下面公式中的1e-6可确保相应变量不等于0或1
    cons = ({'type': 'eq', 'fun': lambda x_array: x_to_loss_func
            (x_array[0]) - x_array[1]},
            {'type': 'ineq', 'fun': lambda x_array: x_array[0] - 1e-6},
            {'type': 'ineq', 'fun': lambda x_array: x_array[1] - 1e-6},
            {'type': 'ineq', 'fun': lambda x_array: 1 - x_array[0] - 1e-6},
            {'type': 'ineq', 'fun': lambda x_array: 1 - x_array[0] - 1e-6}
            )

    # 设置初始值
    x_base = np.array((0.10, 0.10))
    # 采用SLSQP进行最优化求解
    res = minimize(fun, x_base, method='SLSQP', constraints=cons)
    print('利润最优：', "{:.2f}".format(-res.fun))
    print('最优解对应的模型通过率：', "{:.2%}".format(res.x[0]), '通过样本坏账率：', "{:.2%}".
        format(res.x[1]))
    print("模型分阈值：", score_df[score_df['ApprovalRate'] >= res.x[0]].index.
        max())
    print('迭代终止是否成功：', res.success)
    print('迭代终止原因：', res.message)


find_best_approval_rate(l_x, decile_df)
```

上述代码输出结果如图 4-38 所示。

```
利润最优： 617.84
最优解对应的模型通过率： 20.59%  通过样本坏账率： 6.37%
模型分阈值： 479.0
迭代终止是否成功： True
迭代终止原因： Optimization terminated successfully
```

图 4-38　利用最优化算法求解模型通过率的结果

在实际业务中，如何精准估计 UE 所有包含项是一个难点，如收入项还可能包含逾期费，运营成本包含流量成本、资金成本、支付成本和人工成本等，这些都与决策变量有关，这使得精准测算的复杂度大大增加，因此，如果我们想有效应用最优化算法，那么还需要进行长期的业务积累和实践优化。

2. 强化学习

最优化算法是基于当前步骤决策的收益最大化算法，而金融机构更加关注客户在整个客户生命周期中的累积收益最大化。为了达到这一目标，我们可借助强化学习进行建模。

1）算法原理

机器学习算法除有监督学习、无监督学习以外，还有强化学习。强化学习是机器学习的一个重要领域，强化学习中智能体通过执行各种动作与环境交互，执行动作后，获得一定的奖励值。强化学习的目标是通过不断与环境交互，根据短期收益和长期收益不断学习策略，使得获取的总奖励值最大。

强化学习的基本思想是让智能体在环境中自我学习和迭代优化。强化学习的基本结构如图 4-39 所示，智能体（Agent）在当前状态（State,S_t）下，做出某种动作（Action，A_t），之后得到某种奖励（Reward，R_t）。强化学习的四要素为状态（State）、动作（Action）、策略（Policy）和奖励（Reward）。通过与环境的不断交互，智能体可以提高自己做决策的正确性，从而获取整个交互过程的最大收益。

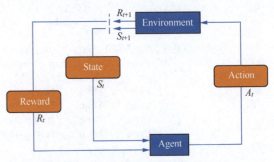

图4-39 强化学习的基本结构

马尔可夫决策过程（Markov Decision Processes，MDP）是强化学习中的一个基本框架。在马尔可夫奖励过程中，引入动作因子，就可将其转化为马尔可夫决策过程。马尔可夫决策过程中的每个状态都满足马尔可夫性质。一个马尔可夫决策过程包含一个五元组 $\{S, A, P_{sa}, R, \gamma\}$，各项介绍如下。

- S 为有限状态空间集，$S = \{s_1, s_2, \cdots, s_n\}$，$s_i$ 表示时间步 i 的状态。
- A 为动作空间集，$A = \{a_1, a_2, \cdots, a_n\}$，$a_i$ 表示时间步 i 的动作。
- P_{sa} 为状态转移概率矩阵，$P(s'|s,a)$ 表示一个马尔可夫状态 s，经过动作 a 转移到下一个状态 s' 的概率。
- R 为奖励函数，$R(s,a) = E[R_{t+1}|S_t = s, A_t = a]$，表示在 t 时刻的状态 s 下，采取动作 a 的期望奖励。
- γ 为折扣因子，体现了未来的奖励在当前时刻的价值比例，$\gamma \in [0,1]$。

策略可定义为给定状态下动作的概率分布，描述了智能体在特定状态下如何选择动作。策略完全定义了智能体的行为，如式（4-6）所示。

$$\pi(a|s) = P[A_t = a | S_t = s] \tag{4-6}$$

价值函数（Value Function）是对未来累积奖励的期望，用于评估给定策略下状态的好坏。从状态 s 开始，按照策略 π 执行动作 a 后，得到的累计奖励期望可以表达为式（4-7）。

$$V_\pi(s) = \sum_{a \in A} \pi(a|s)(R(s,a) + \gamma \sum_{s' \in S} P(s'|s,a) V_\pi(s')) \tag{4-7}$$

在强化学习中，我们假设马尔可夫决策过程是有限马尔可夫决策过程，即状态和动作的集合项都是有限的，那么，在求解过程中，一定存在一个最优策略，强化学习的目的就是找到最优策略 π_*，并使得价值函数最大化。

2）实践应用

强化学习的目的是控制智能体，让智能体基于当前状态做出相应动作，以便未来得到更多奖励。如图 4-40 所示，在状态 S_t 下，智能体会做出动作 A_t，然后，环境会根据 (S_t, A_t) 更新状态，给出新的状态 S_{t+1}，获得奖励 R_{t+1}，不断重复此过程。

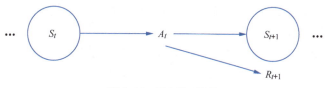

图 4-40　强化学习流程

马尔可夫决策过程应用于金融风控时的大致过程：用户授信一段时间后，系统会根据其个人特征和当前还款状态，基于价值函数最大化给出当前客户最优策略，待状态更新后，将新数据加入系统并不断优化。

具体应用场景：金融机构希望针对客户不同状态下执行差异化策略，以得到客户在整个客户生命周期的收益最大值。这里的状态可定义为客户当笔贷款的还款状态集合 { 提前还款，正常还款，逾期还款，逾期 }，策略可定义为客户在当前订单状态结束后可执行的策略集合 { 提额（0），降额（1），等额（2）}，我们通过历史数据统计得到客户在不同状态之间的转移概率矩阵，以及定义不同状态下分别执行不同策略的奖励。

基于上述场景和假设，我们就可以有针对性地训练强化学习模型。在模型训练完成后，系统会基于客户特征和当前还款状态给出最优执行策略，以获取最大收益。强化学习的实践应用的 Python 代码示例可参考 *Hands-on Reinforcement Learning with Python* 一书相关章节。

由于金融业务的复杂性和金融机构对风险的容忍度低等因素，因此，强化学习目前在金融风控领域的应用还处于初级阶段，但其算法的基本思想天然适合客户生命周期累积收益最大化管理。随着智能风控的进一步发展，强化学习会给金融风控领域带来更多的价值。

4.4　风控策略体系的搭建

风控策略体系的搭建是指搭建贯穿营销、贷前、贷中和贷后的完整策略体系架构。我们需要在各阶段设置合理的风控流程，灵活应用规则和模型的组合，才能做到有效的风险控制并取得收益最大化。

4.4.1　营销策略

营销策略是指在营销获客阶段执行的策略，用于排除高风险客户，选择高响应客户，以达到降本增效的目的。从客户的类型来划分，营销可分为针对纯新客的营销和针对存量客户的营销。纯新客是指尚未在本机构完成借款的客户，机构可获取的这部分客户的信息较少；而存量客户是指在本机构已有借款记录的客户，机构可以获得的信息较为丰富。从客户的来源来划分，客户可以分为已有名单的客户和第三方流量导流的客户。虽然客户的来源不同，但基本的营销策略相似。我们应该首先排除高风险客户，接着选择高响应客户，然后针对高响应客户进行营销和后续的授信。

1. 排除高风险客户

在营销阶段，首先需要排除高风险客户，因为这类客户并非机构的目标客户。排除高风险客户可以采取以下措施。

- **黑名单**：将营销名单中命中黑名单库或逾期库的客户去除。
- **风险规则**：在营销阶段，利用部分贷前和贷中的风险规则可以获取部分数据，此时，即可应用这部分规则排除营销名单中的高风险客户，如应用贷前准入中的地区排除规则，即可在营销阶段避免对这部分客户的触达。
- **流量筛选模型**：在规则的基础上，我们可以通过流量筛选模型，识别高风险的部分客户，将这部分客户剔除出营销名单。

2. 选择高响应客户

在排除高风险客户后，我们可以进一步筛选那些对营销响应概率更高的客户，这样既避免打扰那些没有借款需求的客户，又能够节省运营成本。我们可以通过以下方法实现。

- **高响应规则**：根据历史数据，我们可以制订一系列高响应规则，如登录 App 并浏览借款次数较多的客户、曾经借款多次的客户等。
- **营销响应模型**：通过营销响应模型，我们可以排除响应概率低的客户。同时，针对不同营销响应等级的客户，我们可制订差异化营销方式。

4.4.2 贷前策略

贷前策略是针对客户的信贷申请制订的策略，用于拦截逾期概率高的客户，并对客户匹配适合的产品。贷前策略主要包括风险准入策略、反欺诈策略、信用评估策略和贷前额度策略。

1. 风险准入策略

风险准入策略是判断借款申请客户身份是否符合当前业务准入条件的策略。风险准入策略可降低非目标客群带来的风险。风险准入策略主要依据信贷产品定位和政策要求制订，主要包含身份信息认证、基础信息准入、黑/白名单策略和其他准入策略。

1）身份信息认证

身份信息认证可确保借款操作人是身份信息的拥有人，防范虚假身份信息和冒用他人信息恶意申请。身份信息认证包含身份证信息认证、人脸对比认证、银行卡四要素认证和运营商三要素认证。在正常情况下，身份信息认证成功后，客户才可进行后续借款流程。

（1）身份证信息认证。

身份证信息认证可确认借款人的身份证信息是否准确，主要包括身份证信息是否真实有效，身份证是否在有效期内，姓名与身份证号码是否对应，以及身份证上的照片与官方备案的照片是否一致等。

（2）人脸对比认证。

人脸对比认证包含客户活体检测，以及人脸与照片的一致验证。客户活体检测要求客户对着手机摄像头随机进行点头、摇头、眨眼和张嘴等动作，以确认摄像头拍摄的对象是真实客户而非图片或视频。在采集客户的真实图像后，人脸对比认证会进一步执行人脸与照片的一致验证，判断摄像头获取的人脸照片与申请资料中的身份证上的照片是否一致，当二者相似度大于预设阈值时，人脸对比认证通过，否则予以拒绝或要求客户重新认证。经过上述两步，即可远程自动化确认进行借款申请的人与身份信息拥有人一致，也就确保是客户本人申请。

（3）银行卡四要素认证。

银行卡四要素认证是判断借款人的银行卡号、姓名、身份证号和银行预留手机号是否与银行留存信息一致，防止借款的资金发放到其他人的银行卡中。

（4）运营商三要素认证。

运营商三要素认证是判断借款人的身份证号、手机号和姓名是否与移动运营商留存信息一致。当前，国内移动运营商已经全面实行实名制，因此，借款人在移动运营商注册的信息必须是本人的真实信息，以此确保客户使用自己的手机号进行信贷申请。

2）基础信息准入

基础信息准入是判断借款人是否符合当前信贷政策标准，以验证借款人身份是否符合法律法规和相关政策的要求。

为了规范银行业金融机构个人贷款业务行为，原中国银行业监督管理委员会在2010年颁布的《个人贷款管理暂行办法》中指出，个人贷款申请应具备以下条件。

（一）借款人为具有完全民事行为能力的中华人民共和国公民或符合国家有关规定的境外自然人。

（二）贷款用途明确合法。

（三）贷款申请数额、期限和币种合理。

（四）借款人具备还款意愿和还款能力。

（五）借款人信用状况良好，无重大不良信用记录。

（六）贷款人要求的其他条件。

依据上述政策，我们将客户的基础信息的准入归纳为以下4种。

（1）年龄准入。

年龄是判断借款人是否成年并拥有稳定收入的必要条件。考虑借款人须是具有完全民事行为能力的公民，因此，年龄准入条件应该是18～60岁。另外，我们还要考虑还款能力和工作情况，如为了避免大学生借款，我们通常的年龄的准入条件从18岁提高到22岁。

（2）贷款用途准入。

贷款用途反映借款人的借款需求和借款目的。在大部分情况下，贷款用途与信贷产品是相互绑定的。我国监管机构明确要求金融机构必须对借款人的贷款用途进行严格调查和监管，贷款资金需要专款专用，并且不能用于投资、炒股和炒房等。

（3）地域准入。

地域的差异一般会导致贷后风险的差异。地域准入策略需要考虑下列4个方面：①风险重灾区，如历史频发重大风险事件、欺诈团伙聚集等；②政策敏感度，如特定区域受某些政策影响；③区域的社会稳定性因素；④地区经济发展水平，如经济相对落后区域的客户的还款能力可能弱于经济发达地区的客户。

此外，随着信贷业务的开展，需要对已准入的区域进行贷后还款水平监控，若某区域经过长时间观测，其贷后还款水平依然较差，那么金融机构需要对地域准入策略进行调整，将该区域加入限制区域名单。

（4）行业准入。

借款人从事的行业能反映其从事工作的合法性和稳定性。在通常情况下，金融机构厌恶高风险、稳定性差的行业。

值得一提的是，对于学生贷款（可通过年龄、所在学校的IP地址和学籍等信息识别），除国家允许的银行以外，其他金融机构一般不得涉猎。

3）黑/白名单策略

（1）黑名单拒绝。

黑名单中包含金融机构拒绝放款的客户，主要有历史严重逾期客户、有欺诈行为的客户、有违法行为的客户和恶意投诉客户等。由于黑名单客户一旦借款成功，对金融机构造成损失是大概率事件，因此，目前，金融机构的通用应对策略是对命中黑名单的客户全部拒绝借款。但对于第三方接入的黑名单，金融机构在初始阶段会随机对5%～10%的客户做A/B测试，目的是验证第三方黑名单是否适合当前信贷业务。

在金融机构中，黑名单的来源一般有自建和外部引入两种。在业务开展初期，金融机构通常会以外部黑名单为主，如第三方黑名单、法院失信执行人和在逃人员等。随着业务的开展，金融机构自身也会建立完善的内部黑名单库。

（2）白名单准入。

白名单是金融机构将一部分资信良好的客户单独整理出来的一个名单库。与黑名单的策略"命中即拒绝"对应，白名单的策略是"命中即通过"。白名单准入策略的好处：①确保风险可控；②提升审批通过率，扩大业务规模；③快速积累数据，优化风控策略。

在通常情况下，生成白名单的方式如下。

- 自有数据挖掘：基于自身平台积累的存量客户，金融机构已经拥有这部分客户的风险表现，结合数据挖掘和专家经验，共同设定白名单。
- 联合建模：将本机构客户的特征，与其他机构的客户特征和风险表现相结合，进行联合建模挖掘，建立风险评分模型，通过模型分，可将存量客户进行分层，选出低风险客户并组成白名单。
- 外部数据匹配：引入第三方数据，如学历、社保、公积金、客户交易信息和征信报告等，这些数据对客户信用的区分能力强，可选择其中符合标准的客户并导入白名单。

4）其他准入策略

金融机构根据自身的风险偏好，可将历史上总结出的简单、可靠的判断准则纳入风险准入策略。例如，在客户最近的申请被拒绝后，其再次申请借款时，可以在准入环节直接加以拦截。客户被拒说明其风险较高，再次申请一般也无法通过，从降低风险评估成本和提高转化的角度来看，可以在准入环节进行拦截。更精细化的方式，可以将历史上客户被拒绝的原因进行细化，根据细化的原因，制订差异化的准入策略。

2. 反欺诈策略

反欺诈策略是为防范恶意客户采取欺诈行为谋取利益而制订的策略，目的是通过对欺诈行为的识别，遏制欺诈风险，为金融机构止损。

根据欺诈的不同维度，欺诈的分类如图4-41所示。

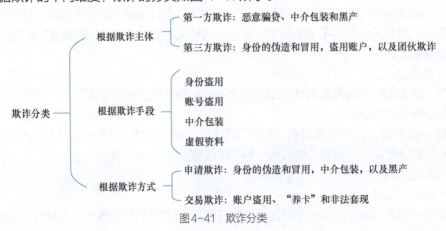

图4-41 欺诈分类

目前，应对欺诈风险的有效措施包括反欺诈规则和反欺诈模型。

1）反欺诈规则

反欺诈规则的优点：①能够有效遏制特定的欺诈行为；②可解释性强，应对欺诈手段时可快速调整。基于反欺诈调研的结果，金融机构可有针对性地进行反欺诈规则挖掘。常见的反欺诈规则如下。

（1）**ID 关联异常**：如身份证号、手机号、银行卡号和设备号等身份识别信息存在一对多的异常关联。

（2）**App 操作行为异常**：如总操作时间过短或某些环节操作时间间隔过短等。

（3）**位置行为异常**：如短时间内设备的 GPS 定位移动距离过大、短时间内手机号检测地址移动距离过大。

（4）**安装高风险类 App**：如安装作弊类、欺诈类、赌博类和模拟类等高风险类 App，或者此类 App 占比过大。

（5）**移动设备异常**：如设备有 root 记录、安装模拟器、设备中的 App 数量极少和使用 VPN 等。

（6）**交叉验证信息不一致**：如 GPS 定位地址、工作地、居住地、IP 解析地址、身份证上的地址和手机号归属地等，两两核验不一致次数过多。

（7）**特殊手机号码**：如借款人手机号是虚拟手机号码（专门接收短信）等。

（8）**特殊银行卡**：如借款人绑定的银行卡是虚拟银行卡、特殊渠道银行卡和具有某些前缀的银行卡号。

（9）**紧急联系人异常**：如借款人与其他借款人共用紧急联系人信息等。

（10）**团伙欺诈特性**：如利用相同公司、相同地址集中申请，GPS 定位范围内集中关联的逾期案件量或比例较高等。

（11）**社交关系网络风险**：如一度 / 二度联系人申请比例、一度 / 二度联系人逾期或欺诈比例和一度 / 二度联系人命中黑名单比例过高等。

（12）**疑似撸贷**：如短期内频繁出现提前还款后立即再次借款的行为。

（13）**身份欺诈**：同一人像对应不同证件，活体与身份证上的人像不一致，以及命中人像黑名单等。

2）反欺诈模型

反欺诈模型是通过机器学习算法将客户各个维度的数据特征与欺诈行为建立关联关系，并给出欺诈的概率。反欺诈模型的优点：①可以充分利用弱特征；②对抗性好，可增加欺诈的成本。反欺诈模型与反欺诈规则有很好的互补性。常见的反欺诈模型包括有监督学习和无监督学习。

（1）有监督学习。在第 3 章中，我们已经介绍了反欺诈模型的开发。应用反欺诈模型，划定合理的阈值，形成反欺诈规则，对于命中规则的客户，予以拒绝。

（2）无监督学习。相对于有监督学习的反欺诈模型的构建，无监督学习的反欺诈模型的构建不需要对欺诈行为进行标记，而是通过聚类算法对多维特征进行聚类，找出与大部分客户行为差异较大的客户群体，并予以拒绝。例如，异常点检测中的孤立森林算法可用于反欺诈模型的开发。

3. 信用风险策略

信用风险是指借款人在有偿还意愿的前提下因偿还能力不足而产生的风险，即借款人有偿还意愿但可能因其他种种原因未能及时、足额偿还贷款。信用风险注重借款人的资产负债情况。如果一个人的资产负债比重过大,那么,他一旦发生资不抵债的情况,对金融机构发放的贷款违约的可能性大大增加。

信用风险策略是为防范正常客户因偿还能力不足导致逾期风险而制订的策略。其目标是合理评估借款人的偿还能力,保证借款人在借款到期时能够及时履约。目前,有效的信用风险策略包括信用风险规则和信用风险模型。

1)信用风险规则

信用风险规则侧重衡量借款人的资产负债情况,如收入水平、多头借贷等。其优点在于:①识别准确性较高;②可根据业务变化及时调整。常用的信用风险规则如下。

(1)收入水平。

借款人的收入水平在整个信贷流程中起到了非常重要的作用,会直接影响借款人的信用风险。对于还款意愿较低但收入稳定的客户,金融机构可通过贷后催收进一步提升还款率,但对于收入水平较差的客户,贷款更容易变成坏账。因此,金融机构通常要求借款人的收入达到一定水平,这个值可以根据各金融机构的偏好和各地区的经济水平综合确定。

反映客户收入水平的数据有直接数据和间接数据。直接数据包含客户申请借款时提交的银行流水、公积金数据等;间接数据包含体现客户消费能力的消费账单、电商购物数据和运营商数据,以及客户个人信息,如学历,是否有车和有房等。

(2)负债水平。

负债水平是指借款客户需要定期偿付从其他金融机构借款的总和。我们一般要求借款人的负债水平与收入水平相匹配。我们可以计算借款人的负债比例:(核算负债的月供 + 信用卡已用额度的10%)/月还款能力 ≤ X,其中 X 为 70%、75% 或 80%,可根据各金融机构的偏好设定;核算负债的月供 = 房贷月供 + 消费抵押贷月供 + 经营性贷款月供 + 汽车贷款月供 + 其他贷款月供 + 一切对外担保贷款。

我们可以通过中国人民银行征信报告获得负债数据,但不可能全面覆盖。我们还可以补充接入借款客户的多头申贷数据,这部分数据可以从第三方数据源获取,主要统计借款人在其他非银行金融机构申请借款次数、申请机构数、申请最大间隔天数、申请最小间隔天数、最大月申请次数和最小月申请次数等维度特征。

(3)信用历史。

信用历史是指借款人历史上的所有信贷业务的借还款记录,一般出现在央行征信报告中。金融机构可参照借款人的历史还款表现情况,综合判定其信用状况。我们一般会拒绝出现严重逾期或逾期次数过多的借款人。

2)信用风险模型

信用风险模型是将客户多维数据特征整合,利用机器学习算法训练得到,通常采用有监督学习方式。目标变量采用逾期客户标签,即有违约风险的客户,考查的是客户的还款能力。信用风险模型的应用,需要权衡成本、收益和损失之间的关系,即制订合理的 Cut-off 值。

从数据成本角度划分,信用风险模型可分为内部信用风险评分和外部信用风险评分。内部信用风险评分根据内部数据训练得到,外部信用风险评分根据第三方数据训练得到。在应用方面,我们应遵循"先内部,后外部"的数据成本最小原则,即无成本模型策略必须在有成本的模型策略之前,如图 4-42 所示。

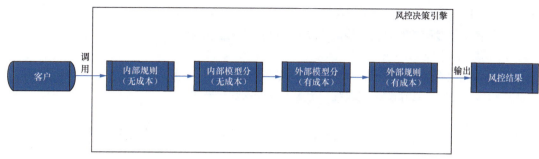

图4-42 风控决策流程

在平衡风险和收益的同时,风控策略实现了数据成本的合理控制。

4. 贷前额度策略

贷前额度策略是为新客户授予初始额度的策略,额度设定方法已在 4.2.3 节进行了说明。信贷产品的设计分为两类,一类是对客户单次授信单次借款的模式,另一类是对客户授予总额度并可多次支用的循环额度模式。第一类的授信额度等于借款额度,而第二类的借款额度可能低于授信额度。对于单次授信单次借款的模式,我们需要对客户的总授信额度进行限制,客户的多次借款额度不能超过总授信额度。

4.4.3 贷中策略

贷中策略是针对在贷客群制订的一系列策略,用于降低在贷客户风险,提高在贷客户价值。贷中策略主要针对循环额度模式的信贷产品。当申请人通过了贷前审核,成为我们的客户之后,我们总是希望客户持久和更多地使用我们的信贷产品,为我们持续带来营收。为了最大限度地留住客户,延长其使用周期,我们需要注重制订贷中策略。随时间的发展,借款人的还款能力有可能发生变化,影响其正常还款,金融机构需要及时做出调整,这体现了贷中策略的重要性。

1. 贷中支用策略

客户在获得授信后,可能在贷中发生多次支用行为,然而,客户的资质在持续变化,因此,在每次支用时,我们都需要检查客户的风险情况。

1)支用风险规则

在支用维度方面,我们需要制订一系列风险规则。相比贷前风险规则,支用风险规则中可以增补一部分与贷中行为相关的规则,如在从授信到支用的过程中,我们查询到某客户在其他机构的借款产生逾期、支用时的多头借贷申请次数比授信时增加了 3 次以上。

2)支用风险模型

除支用风险规则以外,我们还可以结合支用风险模型对每一笔支用行为进行风险判断,即通过模型进一步拦截高风险支用。

2. 贷中额度策略

我们通常需要对在贷客户进行风险评估,重新确定客户的授信额度并加以调整,以提升客户满意度,提高客户价值。对于低风险客户,额度的调高是对其直接的激励方式。另外,我们可以对优质客户的守信行为进行奖励,这可以增加客户黏性,提高收益。对于高风险客户,降低额度可以控制风险敞口，减少损失。

对于贷中额度策略的调整，我们可以从下列 3 个方面入手。

1）风险规则

对于潜在风险较高的客户，我们应该禁止额度调整，可以通过类似贷前和贷中支用的风险规则进行风险拦截，如年龄超过限制、历史上逾期次数较多等。

2）使用规则

对于额度使用率过低的客户，我们没必要进行额度调整，可以通过制订规则将额度使用率低于一定值的客户排除。

3）贷中行为模型

贷中行为模型对在贷客户进行风险评估，并基于贷中风险和其他维度更新客户额度，从而计算得到客户应该调整的额度。

在额度策略实施方面，我们可以定期（如每个月月初）对满足一定条件（如借款超过 3 个月）的存量客户进行批量评估，从而实现金融机构的主动额度调整；也可以基于客户的提额申请，进行实时的个别额度评估。额度调整可以是显性的，也可以是隐性的。隐性的额度调整是指在客户侧显示的额度不变，但真实额度已经调整，若客户发起的支用超过新额度，则会被拦截，或者以低额度进行放款。针对额度降低调整，我们建议采用隐性额度调整方法，以免伤害客户的感情。

4.4.4 贷后策略

贷后策略主要是针对逾期客户制订的一系列策略，用于提高催收效率，提升催收回款率。常见的催收方式有短信、电话、电子邮件、上门催收和法院诉讼等。按照渠道，催收分为内部催收和委外催收，内部催收即金融机构安排内部员工催收，委外催收就是委托第三方机构或人员来催收。

根据逾期持续的时长，催收可被划分为早期催收、中期催收和晚期催收 3 个阶段，具体时间可根据每个机构的产品形态和回款率衰减情况进行设定。我们可以根据还款概率将每个催收阶段的客户进行等级划分，通常采用催收规则和催收模型结合的方式。

- **催收规则**：根据客户行为制订规则，以识别逾期后难以催收的客户，如提醒阶段无法联系、已经在其他机构严重逾期。
- **催收模型**：根据客户的贷中和贷后行为，建立催收模型，可以很好地预测客户在一定时间内是否还款。根据模型预测的还款概率，我们可以轻松地进行风险等级划分。

例如，在早期催收阶段的客户逾期入催当日，通过催收模型分，我们可以将逾期客户分为 A ~ E 5 个风险等级。针对不同风险等级的逾期客户，我们可采取差异化的催收方式，如表 4-20 所示。

表 4-20 催收管理策略

逾期客户风险等级	短信提醒	电话提醒	电话催收
A	√		
B	√		
C	√	√	
D	√	√	
E	√	√	√

注：A 等级的回款概率最高，继续逾期的风险最低，依此类推。

基于各个催收阶段的逾期客户风险等级划分，我们采取的催收方式和催收重点不同。

1. 早期催收

早期催收阶段（如逾期在 10 天以内）是整个催收管理流程中最为重要的一个阶段。在该阶段，客户逾期时间较短。该阶段的逾期客户的特点：①逾期客户量较大；②还款率较高。大部分风险等级较低的逾期客户并非恶意拖欠，可能是忘记还款日或临时资金紧缺，一旦得到提醒，就会还款。在该阶段，催收重点是风险等级较高的客户，我们应加大对这部分客户的催收力度，避免这部分客户流转到更长的逾期周期中。在催收人员方面，我们可以进行差异化管理，难催的逾期事件由专业的催收人员处理。

2. 中期催收

中期催收阶段（如逾期 10 ~ 30 天）的客户的风险较高，相较短期逾期客户，还款率大幅降低。在此阶段，我们应对各个风险等级的客户均衡发力，加大催收力度，多采用电话催收方式。

通过失联预估模型，我们还能够识别出哪些客户的失联概率高，对于这部分客户，一方面，提前收集更多的联系方式，包括本人和紧急联系人；另一方面，根据客户的还款意愿，考虑逾期事件的提前委外处理。

3. 晚期催收

在晚期催收阶段（如逾期 30 天以上），逾期客户数已经大幅减少，但每个逾期客户的还款率都极低。一般来说，逾期至晚期催收阶段的客户没有还款意愿或没有还款能力。在此阶段，我们可以关注催收风险等级较低的客户，因为这部分客户的还款概率相对较高，通过加强催收，可以有所产出；而对于催收风险等级较高的客户，我们可以委外处理或资产转让，以避免浪费自身的人力成本。

4.5　风控策略的监控、预警和异常处置

风控策略制订并部署上线后，其执行的准确性和稳定性对信贷业务而言至关重要。本节将详细介绍风控策略的监控、预警和异常处置。

4.5.1　风控策略的监控与预警

为了能够在第一时间发现风控策略的异常问题，我们需要进行全面的动态监控。下面从贷前转化监控、贷后逾期监控和资产监控 3 个维度介绍监控的具体内容，同时介绍风险预警。

1. 贷前转化监控

贷前转化监控是对客户从激活 App 到放款的整个流程中各环节转化率的变化进行监控。转化主要涉及激活 App、注册、进件和放款环节，我们可将其理解为一个虚拟漏斗，如图 4-43 所示。根据信贷业务流程，我们可以将贷前转化监控拆分为产品转化（从激活 App 到进件）监控和风控转化（从进件到放款）监控。

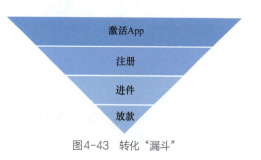

图 4-43　转化"漏斗"

1）产品转化监控

产品转化监控一般是指对客户从激活 App 之后到申请借款之前的转化率进行监控。通过产品转化监控，我们可以发现客户在使用产品过程中出现流失的主要环节，然后，我们可优化相应步骤，从而提升产品性能和客户体验水平。

产品转化监控的主要对象包括激活量、注册量和进件量等指标，时间周期可以是天、周或月等。必要时，可加上实时监控，如监控过去 1 小时的转化情况。例如，在表 4-21 所示的贷前产品转化监控报表中，近期注册到进件的转化率总体较为平稳，但 12 月 10 日的进件注册比下降了 3.8%，我们需要关注并进一步分析原因。

表 4-21 贷前产品转化监控报表示例

日期	激活量	注册量	注册激活比	四要素认证	资料填写	进件量	进件注册比
2019年12月10日	3379	3128	92.5%	2980	2420	2019	64.6%
2019年12月9日	3779	3097	81.9%	2950	2495	2118	68.4%
2019年12月8日	3557	3103	87.2%	2956	2500	2122	68.4%
2019年12月7日	4040	3072	76.1%	2927	2475	2101	68.4%
2019年12月6日	3871	3100	80.1%	2953	2497	2120	68.4%
2019年12月5日	3845	3093	80.4%	2947	2492	2115	68.4%

2）风控转化监控

风控转化监控是监控客户从进件到放款的漏斗转化，涉及的策略有规则策略、模型策略和人审策略等。

风控转化监控的监控对象包括规则命中率、模型通过率、机审转化率、人审通过率和风控转化率等。时间周期一般以天、周、月和小时等时间粒度为主。

图 4-44 所示为贷前风控转化监控报表，我们可看出每日规则通过率、模型通过率、机审通过率和风控转化率的变化情况，当客群发生明显偏移时，规则或模型的通过率会发生明显变化。通过风控转化监控，我们能及时发现客群或数据的变化，据此可以有针对性地制订策略调整方案。当产品涉及多个获客渠道时，我们可拆分渠道以进行风控转化监控。当采用相同风控策略的不同渠道对应的风控转化率出现明显差异时，我们可根据不同渠道风控转化率与贷后表现实施差异化的投放策略，从而提高优质渠道的比例。

日期	进件数	规则通过数	规则通过率	模型通过数	模型通过率	机审通过率	人审通过数	人审通过率	放款数	风控转化率
2019/12/10	3379	3011	89.1%	906	30.1%	26.8%	680	75.0%	679	20.1%
2019/12/9	3779	3401	90.0%	1017	29.9%	26.9%	753	74.0%	752	19.9%
2019/12/8	3557	3162	88.9%	911	28.8%	25.6%	665	73.0%	664	18.7%
2019/12/7	4040	3676	91.0%	1147	31.2%	28.4%	803	70.0%	802	19.9%
2019/12/6	3871	3474	89.8%	1042	30.0%	26.9%	750	72.0%	750	19.4%
2019/12/5	3845	3457	89.9%	1036	30.0%	27.0%	756	73.0%	756	19.7%

图 4-44 贷前风控转化监控报表示例

此外，对规则策略步骤的转化率进行细化、拆分和监控，可以更好地发现规则异常。图 4-45 所示为贷前规则命中率监控报表，其能监控每日的不同规则命中率情况。若线上出现欺诈聚集行为或数据问题，那么相应规则（设备反欺诈、黑名单等）的命中率会发生较大变化，通过规则明细监控，能够及时发现异常。

4.5 风控策略的监控、预警和异常处置

日期	黑名单规则	设备反欺诈规则	多头限制规则	年龄限制规则	第三方黑名单规则
2019/12/10	1.87%	0.14%	1.09%	2.28%	0.44%
2019/12/9	1.46%	0.47%	1.27%	2.21%	0.91%
2019/12/8	2.27%	0.31%	1.40%	2.21%	0.53%
2019/12/7	2.56%	0.30%	0.90%	1.97%	0.70%
2019/12/6	2.18%	0.13%	1.57%	1.90%	0.68%
2019/12/5	1.97%	0.14%	1.68%	1.90%	0.89%
2019/12/4	1.86%	0.44%	1.34%	1.78%	0.74%
2019/12/3	1.96%	0.14%	1.84%	1.89%	0.59%
2019/12/2	2.02%	0.31%	1.07%	1.89%	0.96%
2019/12/1	2.17%	0.00%	1.61%	2.14%	0.78%

图4-45 贷前规则命中率监控报表示例

2. 贷后逾期监控

贷后逾期监控是指对放款客户的逾期率相关指标进行监控。贷后逾期监控可以及时反映风控策略的有效性，发现市场的风险变化，以利于及时制订并调整风控策略，保证风险持续可控。

不同信贷产品，贷后逾期监控的指标有所不同，设计监控方案时，我们应针对新老客、不同渠道客群等分别进行监控。对于监控指标的设计，我们可以考虑以下 5 点。

- 统计样本的口径，可以按照一个放款周期进行统计（统计逾期率），也可以按照每一个还款周期进行统计（统计入催率、回款率）。
- 统计的表现时间范围，可以包含 MOB0、MOB3、MOB6 和 MOB12 等。
- 统计的对象，可以为首期还款的逾期天数（FPD0+、FPD10+ 和 FPD30+ 等），也可以是截至统计表现期末时间点的逾期天数（DPD0+、DPD10+ 和 DPD30+ 等），或者统计其间历史最大的逾期天数（EVER0+、EVER10+ 和 EVER30+ 等），以及入催率、回款率等指标。
- 统计的数值，可以是订单数量口径或订单金额口径。
- 监控的更新周期包括天、周和月等。

图 4-46 所示为贷后逾期率/回款率监控报表，我们可从中看出某段时间的贷后逾期情况和回款走势。

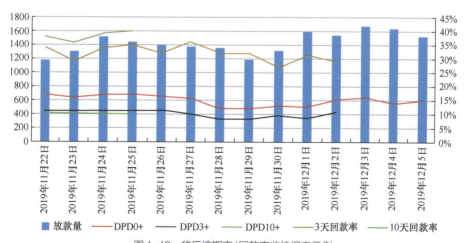

图4-46 贷后逾期率/回款率监控报表示例

3. 资产监控

资产监控是指在一个周期（一般是月或季度）内对信贷业务放款量、放款金额和贷款余额等指标进行的监控。通过资产监控，我们可以清晰地看到各阶段的放款额实际情况，从而方便地控制放款节奏。资产监控包括交易量监控和资产余额监控。

1）交易量监控

交易量监控主要关注信贷业务实际放款情况，监控周期一般以日为单位，监控指标有不同渠道的放款金额、放款量、平均放款额、平均期限和预计全月放款额，如表4-22所示。

表4-22 交易量监控示例

统计量 渠道	放款金额/元	放款量	平均放款额/元	平均期限	预计全月放款额/元
A					
B					
C					
D					
合计					
月至今					
季度至今					
年至今					

2）资产余额监控

资产余额监控主要关注贷款余额变化，监控周期一般以周为单位，监控指标有贷款余额、未到期余额和逾期余额等，如表4-23所示。逾期余额又可拆分为不同逾期天数的在逾金额。

表4-23 资产余额监控示例

监控周期 统计量	2020年12月7日~ 2020年12月13日	2020年12月14日~ 2020年12月20日	2020年12月21日~ 2020年12月27日	2020年12月28日~ 2021年1月3日
贷款余额（剔除坏账）				
未到期余额				
逾期余额（剔除坏账）				
0<逾期天数≤10				
10<逾期天数≤30				
30<逾期天数≤60				
逾期天数>60				

4. 风险预警

风险预警是在监控指标的变化超过合理阈值后进行报警，主要包含贷前转化预警和贷后风险预警。通过风险预警，我们可以及时发现风控流程中的异常问题。风险预警通常通过企业微信、电子邮件、短信和电话等方式进行。

1）贷前转化预警

贷前转化预警的触发条件是某一时段（一般是天或小时）的转化率指标值超过预警阈值。

预警阈值需要根据实际业务情况具体设置，可根据产品、渠道等维度拆分。例如，机审通过率的预警阈值为过去 7 天同时段机审通过率的平均值的 1.2 倍，在发现某地过去 3 小时的机审通过率大于该预警阈值时，需要发出报警信息。

2）贷后风险预警

贷后风险预警的触发条件是到期日的风险指标值超过预警阈值。预警阈值可设置为过去 7 天风险指标的平均值的 1.2 倍，当实际值大于该阈值时，就触发预警。在设置预警阈值时，我们需要排除周期性事件带来的影响。例如，周末或节假日时，人力不同程度的欠缺，可能导致催收相关指标的周期性波动。

4.5.2 风控策略异常处置

风险预警只是通知我们风控流程中是否发生异常，以及所处阶段，异常处置则需要有针对性地分析预警的异常，并给出应对方案。应对方案一般分为临时性解决方案、根本性解决方案和防止复发解决方案等。实施的解决方案往往需要根据具体原因来确定。在没有找到根本原因时，一般先采用临时性解决方案进行紧急处理，而后基于数据、事实的分析找到真正原因，并依据具体原因制订应对方案，从根本上解决问题。

1. 转化异常处置

转化异常处置的情况大部分是某时段的转化率突然升高或降低，需要对此进行原因分析并给出应对方案。原因分析往往需要花费一定的时间，为了尽快使异常生成环境损失降到最低，首先会采取临时性解决方案，即收紧通过率到正常水平，然后进行原因排查分析。目前来说，转化异常处置主要分为如下 6 个方面。

- **统计问题**：确认各项指标的统计逻辑和数据报表显示是否正常。针对此类问题，我们应及时协调相关部门确认数据的正确性，待数据逻辑正常后，继续观察。
- **产品异常**：产品流程变更导致客户进件流程出现异常等。针对此类问题，我们应联合相关人员进行产品异常排查并修正。
- **规则策略问题**：检查相应日期是否有规则调整且调整是否符合预期，若符合，则需要继续观察；若不符合，则需要拆分规则命中率并做下一步分析。
- **模型策略问题**：检查相应日期是否有模型策略调整且调整是否符合预期，若符合，则需要继续观察；若不符合，则需要分析模型分偏移情况。
- **数据问题**：检查规则和模型用到的数据是否出现问题，包括自有数据和第三方数据。
- **客群变化**：在其他环节都没有问题的情况下，我们需要判断是否为客群变化导致的异常。我们可以将转化指标通过渠道、地域和客户等维度拆分，并确认细分客群的转化指标变化是否正常。另外，从模型分的分布进行分析，判断客群是否有明显偏移，即决策模型分 PSI 的变化。必要时，我们需要对 PSI 较大（大于 0.1）的特征逐一排查分析。在确认客群问题后，我们应与市场投放人员沟通投放策略是否需要调整，必要时，可根据不同维度制订差异化的风控策略。

2. 贷后逾期异常处置

贷后逾期异常处置的情况通常是某日的贷后逾期率大幅提高，我们需要对此进行原因分析并给出应对方案。如图 4-47 所示，2019 年 12 月 5 日的入催率明显提高。贷后逾期异常的风险原因分析维度和处置方案如下。

- **统计问题**：首先应检查当日逾期率计算逻辑是否正确、报表数据显示是否正常、样本量是否满足统计显著性需求，以排除统计问题。
- **产品异常**：检查客户还款或产品是否遇到问题，如支付通道异常、App 闪退等。若是上述原因，则应联合相关部门（如客户端开发部门）进行产品异常排查并修正。
- **风控策略问题**：检查放款当日是否有风控策略调整，如果不符合调整预期，则应尽快优化策略。
- **催收问题**：检查到期日当天是否有催收策略调整，或者催收人员管理问题，若有，则应立即解决。
- **客群或市场问题**：若对上述原因排查后，暂未发现异常，则需要对客群进行拆分以便做进一步分析。我们可以将逾期指标通过渠道、地域和客户等维度拆分，确认细分客群的逾期指标变化。若某渠道客群逾期率指标明显提高，则应分析此渠道是否进行过调整或其客群是否变差，必要时，对该渠道执行相对严格的风控策略；若某区域客群逾期率指标明显提高，则应判断此区域是否出现聚集性风险，必要时，对此区域关停进件。另外，我们还可分析决策模型各分数段对应逾期率的排序情况，确认逾期率各分数段是均上涨还是仅低分段上涨。若各分数段均上涨，则在一定程度上说明相关市场环境恶化；若只是低分段上涨，则说明客群有变差倾向，可通过收紧通过率降低贷后风险。

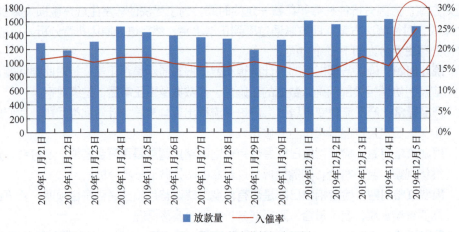

图4-47 贷后入催率监控报表示例

4.6 本章小结

本章首先介绍了风控策略分析方法论，包括规则分析、模型策略分析、额度策略分析和通用的 A/B 测试方法；然后从规则和决策两个方面介绍了策略中的智能算法；接着介绍了风控体系的搭建，以便覆盖风控全流程；最后介绍了策略监控，讨论了当监控发现异常时的处理办法。通过对本章的学习，相信读者已经对风控模型、特征画像和风控策略有了较为清晰的认识与理解。在第 5 章中，我们将介绍智能风控与人工的结合等内容。

第 5 章　智能风控与人工的结合

智能风控借助大数据与人工智能技术提升了风险管理的效率，改善了风险管理的效果。基于特征、模型和策略的智能风控已经替代了大部分人工风控决策。但是，智能风控中的关键技术机器学习其实存在一定的局限性，需要在适当的场景和假设条件下才能发挥最大价值，人工在某些场合依然具有不可替代的作用。这就需要决策者知道机器学习的局限性，合理应用智能风控决策手段，选择合理应用方案，发挥人工和智能的最大价值。

5.1　机器学习的局限性

机器学习模型是基于一定的假设条件建立于历史样本数据上的数学模型，其本质是从历史数据中"学习"一定的规律，并对未来数据做出预测。但现实世界复杂多变，历史未必重现，假设未必成立，数据未必可靠，解释性要求无法满足，以及模型自身存在风险等，这些都可能导致机器学习模型应用受到限制，因此，我们需要对潜在的风险有充分的认知。下面介绍关于机器学习局限性的 4 种典型情况。

5.1.1　数据不足

通俗来讲，模型是由数据"喂"出来的，数据不足、数据质量差和数据维度欠缺都会严重影响模型的训练效果。准确和稳定的风控模型需要一定量的总样本，尤其是其中"坏"样本的量不能过小。不同模型对样本量的需求差异较大，如对于简单模型，总样本量需要大于 1000，正样本（如逾期样本）的量需要大于 100；而对于复杂模型，10 倍于前者的样本量可能才达到基本要求。然而，在实际业务的某些场景中，我们无法获取足够的样本和特征。

大额信贷或企业类信贷产品往往在样本量方面不能满足建模需要。大额产品的单笔金额大，金融机构每年放款的笔数就比较少，再加上大额信贷产品的风控严格，往往有抵押物，逾期客户的比例就小，导致正样本稀少。另外，在大额信贷产品授信过程中，标准化程度偏低，往往根据不同企业的情况灵活收集资料并进行授信评估，这会导致模型可以使用的特征维度不统一或资料未被准确收集；在授信金额过大时，道德风险、市场风险等因素对于逾期的影响是远大于偿债能力本身的，而这些特征又很难被收集和量化；由于关联企业的互相影响，因此企业信用特征不完全取决于可获得的企业数据。这些因素综合起来，针对大额信贷产品的统计模型就很难建立。

即使在小额信贷领域，新业务启动或成熟业务面临市场环境变化时，也会遇到数据不足的问题。新业务启动时，尚未积累足够的数据用于建模，这就是典型的冷启动问题。当市场上出现新的欺诈手段时，这些欺诈方法并未在之前的历史数据中有过记录，那么原来的模型就不能捕获相应的特征，也就无法准确预测这类风险。

在进行**大额信贷**时，我们需要将人工审核或上门尽调的方式作为主导，将机器学习模型作为辅助。在模型方面，可以尝试使用小样本学习（few-shot learning）的方法建立模型；对于**冷启动问题**，在积累足够的样本后再建立模型，并可以考虑在模型中采用迁移学习思想，将利用其他相似场景建立的模型作为初始化模型；对于**市场环境变化**，因为其导致原有模型效果不佳，所以需要积累一定量的新数据，重新训练模型以提升效果。从模型角度来看，我们可以提高模型更新的频率，高效的方式是建立一套在线学习模型系统，实时引入新样本以对模型进行更新。总体来讲，模型学习的信息有一定的滞后性，尤其是在数据不足的情况下，需要有经验的风控人员与智能决策互相补充，预判风险并做出人工决策。

5.1.2 可解释性低

可解释性低是在智能风控中经常被人提及的一个问题。大多数风控人员认为规则和一些传统的机器学习方法（如逻辑斯谛回归、决策树）具有可解释性，而复杂的随机森林、XGBoost 这类集成模型，以及深度学习模型不具有可解释性。可解释性本身的定义其实是模糊的，通常是建模人员对模型的预测行为给出人们可以理解的说明。

风控业务对可解释性的需求主要来自以下 3 个方面。**一是监管需求**。银行等金融机构的信贷业务关系整个社会的系统性风险，监管机构对银行信贷业务中的各项细节，包括欺诈风险和信用风险的具体措施等，都需要进行监管，这就要求其中提供的具备核心决策能力的模型对监管人员来讲是可以理解的。**二是风控机构内部管理需求**。智能风控模型的开发部门和业务部门的沟通，以及向上级的汇报，通常需要对模型进行解释，这样才能得到信任并最后得到应用。当然，对于一些新型金融科技公司，由于目前没有那么严格的监管，以及管理层对于新型模型的接受程度较高，可解释性的需求并没有那么高。**三是可解释性本身可以带来好处**。当需要对模型进行解释时，我们必然要清楚地描述每一种输入在什么情况下会对应何种输出，解释的过程要求符合业务逻辑，这样就很容易从中发现与业务经验存在矛盾的地方，从而识别模型的风险，进而优化模型。

然而，现实情况是很多效果良好的机器学习模型可解释性比较差。一些复杂度高但可解释性较差的模型预测的准确度和稳定性优于传统的可解释模型，但是碍于可解释性的要求，很多银行还是沿用传统模型方法。可解释性的要求在一定程度上制约了创新算法的应用和推广。

目前，可解释性问题的解决有以下两个方向。**一是对可解释性本身的定义**。对于可解释性的追求，会不会随着行业人员的认知变化，逐渐变得宽松？毕竟，随着模型的复杂度逐渐提高，依然期望用简单的条件判断或数学公式解释模型不太现实。**二是从技术层面优化机器学习模型的可解释性**。人工智能研究人员没有停下来，持续探索新方法来提供模型的可解释性。2017 年，Lundberg 和 Lee 在它们的论文中提出了 SHAP 值，可以用来解释以前被认为是"黑箱"模型的 XGBoost 等集成树模型。"Learning to Explain with Complemental Examples"一文中提出了一种解释图片识别分类模型的方法，即在训练分类器时同时训练一个基于语言的解释器，告诉人们模型是通过在某些关键特征维度上检测到了预测样本与某些训练样本相似或相异，从而给出预测结果的。在《可解释机器学习：黑盒模型可解释性理解指南》一书中，作者 Christoph Molnar 分别从可解释的模型、独立于模型之外的解释方法和基于样本的解释 3 个维度详细阐述了可解释性的一些方法，值得我们借鉴。

5.1.3 因果难区分

机器学习模型从数据中"学习"的关系是相关关系而非因果关系，模型无法直接"回答"

关系模式中哪个是原因,哪个是结果。形象地说,机器学习模型并不能反映公鸡打鸣与太阳升起中的哪个是因,哪个是果,而人类在因果推理方面的能力远强于机器学习模型。

在实际业务中,很多时候,我们需要通过分析数据背后的关系来更好地进行决策。如果我们不对统计数据进行深入理解,那么往往会得到错误结论。辛普森悖论(Simpson's Paradox)由英国统计学家 E. H. 辛普森(E. H. Simpson)于 1951 年提出,即在对某个条件下的两组数据分别统计时,它们都满足某种趋势,可是一旦合并考虑,却可能导致相反的结论。例如,对于一所美国高校的两个学院,分别是法学院和商学院,我们怀疑这两个学院在新学期招生中有性别歧视问题,于是通过表 5-1 和表 5-2 分别进行统计。

表5-1 统计中的悖论:法学院统计数据

性别	录取人数	拒收人数	总数	录取比例
男生	8	45	53	约15.1%
女生	51	101	152	约33.6%
合计	59	146	205	

表5-2 统计中的悖论:商学院统计数据

性别	录取人数	拒收人数	总数	录取比例
男生	201	50	251	约80.1%
女生	92	9	101	约91.1%
合计	293	59	352	

从表 5-1 和表 5-2 来看,女生在两个学院都被优先录取,即女生的录取比例较高。现在,我们将两个学院的招生数据汇总,得到表 5-3,却发现男生的录取比例比女生高。

表5-3 统计中的悖论:合计数据

性别	录取人数	拒收人数	总数	录取比例
男生	209	95	304	约68.8%
女生	143	110	253	约56.5%
合计	352	205	557	

辛普森悖论揭示了我们看到的数据并非是事实的全貌。因此,我们不能只满足于数据本身,必须关注整个数据的生成过程,考虑因果关系,并对数据负责。当我们理解了数据产生的机制,就能站在更高的角度,找到其他潜在影响因素。

在信贷风控领域,通过模型训练,我们可能发现"借款人的申请额度越高,风险越高"这样一个关系,但不能简单地认为申请额度高导致风险高。如果我们期望通过控制客户的申请额度来控制风险,那么结果可能是徒劳的,反而可能因此损失部分收益。实际上,申请额度的高低并不是客户风险高低的原因,而是结果。基于此,我们先识别出高风险的客户,给该类客户较低的授信额度,再给低风险的客户较高的授信额度,这样才能真正地提高收益。

模型无法直接"告诉"我们因果关系，需要业务开发人员和模型应用人员基于业务经验识别其中的因果关系。如果我们不能在自动化模型的基础上进一步区分原因和结果，那么可能错过对业务进行改进的机会。如果我们颠倒了因果关系，贸然采取行动，那么可能导致无法预料的结果。

5.1.4 模型自身的风险

美联储和美国货币监理署联合发布的《模型风险管理监督指南》中对模型风险的定义：模型的使用总是会带来模型风险，模型风险是基于有缺陷或误用的模型输出和报告做出决策的潜在后果。这一定义后来成为关于模型风险的行业标准定义。智能风控中的核心决策工具是模型，应用智能风控，必然伴随着模型风险。模型的缺陷往往产生于模型开发过程中的设计问题、不规范操作和 IT 实施的错误；模型误用主要是指，在使用过程中，错误地选择模型，或者在市场条件已经发生重大变化后还使用旧模型。

模型风险有可能给金融机构带来巨大损失，例如，2012 年，摩根大通（JPMorgan Chase & Co.）因一个包含公式和操作错误的 VaR 模型而遭受巨大的交易损失。这个被摩根大通首席执行官 Jaime Dimon 称为"茶壶里的暴风雨"的事件（无关紧要的事件），给摩根大通造成了巨额损失。

只要应用模型，就需要承担风险。但是，我们还是可以通过一系列措施降低模型产生风险的概率。在模型风险监管体系方面，美国的经验较为全面，值得借鉴。这些经验概括起来就是一个"3+1"的框架：金融机构内部必须有 3 道防线，再加上 1 道外部的政府监管防线。**第一道防线**是建立标准的开发流程体系，遵守开发规范和准则；**第二道防线**是指金融机构内部独立的模型验证团队，负责独立地对模型进行验证评估；**第三道防线**是指内部的审计，负责定期对模型相关的政策进行审查；**最后是外部监管**，定期对金融机构的模型风险管理进行审查。按照美国的监管机构要求，模型监管应该从模型清单，模型开发，模型的实施与使用，模型验证，模型监控，以及文档 6 个方面执行，每一方面都有详细且明确的规范。

5.2 发挥人的价值

随着人工智能的快速发展，智能风控也许会替代那些人工重复进行的工作。在人工智能存在局限而人类具有优势的方向，长期来看，我们还需要持续投入人力进行挖掘和探索，从而保持整体风控能力处于良好的水平。我们可以看到，风控人员在异常识别、案例研究和黑产对抗方面依然能够发挥巨大价值。

5.2.1 异常识别

异常识别是利用风控人员的经验和综合分析能力，识别借款人在借款过程中的异常行为，从而判断欺诈或信用类风险。虽然机器学习方法中有一系列异常识别的算法，可以帮助我们轻松发现异常点，但是这些方法都是在有大量数据和完善的特征维度的情况下才适用。在不具备大量数据，或者特征能够捕捉的维度缺失的情况下，我们就需要借助人的识别能力了。人工智能可以在大样本、大数据情况下发挥巨大价值，但是，对于偶发的异常情况识别，人工更具优势。

为了识别异常，风控人员需要对借款过程中的行为和特点进行详细分析，并借助各类辅助工具对借款人进行综合判断。例如，审批人员可以通过手机号查询客户的微信或支付宝账户是否存在；审批人员可以通过照片等信息挖掘一些可以发现的细节，如借贷人员的工作细节。这些信息往往是难以量化的，而审批人员通过长期对案件的审核，形成"经验特征库"，可以有效地识别不良客户。

5.2.2 案例研究

案例研究是指对已经认定为欺诈或逾期的不良客户进行专门的分析和挖掘，目的是从这些案例中找出可能的风险线索或欺诈特征，从而为优化智能风控模型提供输入，或者直接产出有价值的风控策略。

之所以进行案例研究，是因为常规的模型方法都基于批量数据，往往忽略出现较少的个案情况，而潜在的风险恰恰是通过个案反映出来的。另外，通过对个案的分析和研究，我们还能够发现潜在的有效特征，这些特征可能并没有涵盖到之前的特征维度中。

案例研究通常需要多个团队协作。案例可能来自催收人员的发现、审批人员或客服人员的反馈。典型的案例分析流程如下。

（1）收集案例：从市场、客服、审批和催收等部门收集疑似欺诈案例。

（2）案例梳理：对案例涉及的个体特征和行为进行分析，尤其是未被量化的行为特征。

（3）案例定性：确定案例本身是不是真实欺诈，或者客户是不是可以提前防范的风险客户。

（4）关联案例排查：搜集具有相同特征的同类型案例，综合判断群体风险。

（5）特征提取：基于分析和同类案例调查，抽取可量化的特征。

（6）规则或模型应用：将特征总结成风险预防规则，或者放入模型进行训练。

整个流程中不但有定量分析，而且有定性分析。除针对单个案例或批量案例进行分析的常规手段以外，我们还可以借助关联图谱等可视化方法对案例进行关联分析。此阶段，我们尤其需要考虑利用可视化方法进行分析，因为数据展示的方式会影响数据的可读性和识别效果。可视化的目的是将数据以图形的形式展示，从而使得"最强"的模式识别器——人眼识别，能够发挥作用，即从直观的图中发现异常识别模式。

5.2.3 黑产对抗

信贷的市场规模巨大，一些不法分子找准了其中的漏洞，就可能获得大量的非法收益。目前，信贷欺诈已经形成了一个产业链，也就是信贷黑产。信贷黑产链条分为上游、中游和下游，各自的分工如图 5-1 所示。

黑产对抗是指针对市场上潜在的黑产欺诈群体进行跟踪分析，掌握他们制造欺诈案件的手段，有针对性地设计欺诈防范措施以对抗黑产的一系列行为。黑产从业者不断通过新的方法和手段对金融机构进行渗透，方法"灵活"，手段多样，往往会有针对性地"迷惑"常规的风控措施。信贷风控基于历史数据训练的模型和规则都有一定的滞后性，因此需要风控人员深入黑产内部，提前了解动向，从而提前防范可能产生的欺诈风险。

对于黑产的研究，初级方法是通过各种社交媒体，关注黑产动向，或者关注他人发布的黑产信息，从而获得相关线索，具体分为以下 4 点。

- 新闻：订阅信贷行业的新闻信息，尤其关注已经曝露的黑产新闻信息。

- 公众号：关注各类揭露黑产的公众号，研读相关案例。
- 贴吧：跟踪各类"撸贷"贴吧，以及"撸贷"方法的交流贴吧。
- 微信群/QQ群：通过进入"撸贷"产品的微信群或QQ群获得相关黑产信息。

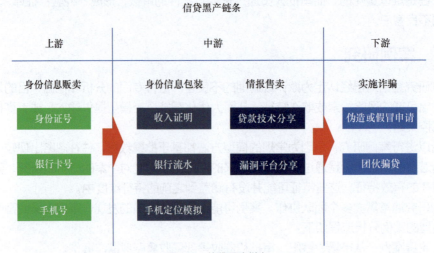

图5-1 信贷黑产链条

高级方法则需要专业人员到相关的黑产群体中收集信息。通过上述方法，我们可能获取一些关键的风险线索，如申请人员都集中在某个群、集中购买某些信贷分期商品、地址都是同一个区域、身份证是以"从图库上传"而非"拍摄"方式录入系统、身份证是拍摄屏幕上的照片和申请人设备具有相同的 WiFi 连接列表等。根据这些关键线索，我们可以进一步进行特征挖掘，为后续的反欺诈规则制订和模型应用提供输入。

5.3 决策方案的选择

机器学习模型带来了生产力的提高，价值巨大，当然，它也存在前文提到的局限性。相比之下，人在推理、异常处理和灵活性等方面有其优势，而在效率方面，具有天然瓶颈。针对不同的业务场景，我们可以合理地安排智能决策与人工决策的组合，以达到效益的最大化。通常，我们可以选择完全智能决策方案和部分智能决策方案。另外，部分传统金融机构可能采用完全人工决策模式，此处我们不再展开。

5.3.1 完全智能决策

完全智能决策是指在整个授信过程中完全由智能模型自动进行审批的方式。在小额信贷领域，可以做到完全智能决策，主要是因为小额信贷有下列3个特点。

- **单笔借款金额低**。由于金额低，每笔贷款对整个资产组合的影响较小，因此，对于小额贷款的审核，重点不是消灭坏账，而是将坏账控制在一个合理的范围。那么，在申请人数和放款人数都达到一定数量的情况下，借助模型来进行贷款审批就成为可能。
- **对成本敏感**。同样由于金额低，单笔借款的盈利对各项成本是非常敏感的。一般来说，决定每笔借款是否能盈利的主要因素有资金成本、分摊审核成本、分摊坏账成本和获客成本。人工审核的明显劣势是分摊的审核成本非常高，而且边际效应极差。在规模扩大时，人工审核会增加额外的管理成本。相比人工审核，模型自动决策会产生非常好的规模效应。也就是说，在信贷规模逐步扩大时，相应的人员不会成比例地增加，这样就可以大幅降低人力成本。

- **对客户体验的要求更高：**小额借款通常是进行临时消费或面临短期快速的资金需求，因此，客户通常的需求是希望能在很短的时间内获得授信。人工无法做到及时响应，而随着智能技术的发展，包括第三方支付、身份认证、第三方数据服务、活体及人脸识别等，在完全没有人工干预的情况下，根据预先设定的业务规则完成客户受理、审核和放款已经完全没有任何技术上的障碍。

完全智能决策具体落地，就是将整个决策过程设计到 IT 系统之中，应用身份验证、人脸识别等基础服务，由模型加策略方式进行风险判断，从而实现全自动审批放款。智能风控系统的信贷全流程，即渠道引流→客户注册→申请借款→自动信贷审核→放款→贷后智能催收→复贷，完全不需要人工参与，整个流程自动完成。

5.3.2 部分智能决策

部分智能决策是指，在信贷审批过程中，部分引入智能风控进行审核，由自动审批和人工审批一起完成整个授信流程。大额信贷，尤其是针对企业的信贷产品，人工审核还是不可或缺的，也就是说，授信金额越大，审核人员的参与度越高。大额信贷产品需要部分人工参与，主要有下列 3 个因素。

- **单笔额度大**。每一次授信对整体资产质量的影响都很大，这时，金融机构对坏账基本持"零容忍"态度。在量化模型无法提供足够的决策可信度时，只能通过人工进行审核。
- **人工审核性价比高**。大额信贷由于金额大，审核一笔借款的人工成本比例很低，大额贷款的收益足以覆盖人工成本。长期的实践表明，在大额贷款中，人工审核的效果是非常好的，能够有效控制各类风险，而自动化审核是否有效，还需要更多的时间进行实验和验证。
- **时效性方面的容忍度高**。大额借款客户对借款时效要求并没有消费信贷产品那么高，大资金需求通常会提前数周到数月进行规划，因此，这留给审核人员足够的时间进行电话调查或现场尽调。

部分智能决策的典型方式是将风控审批分为机器自动审批和人工审批两个阶段。在机器自动审批阶段，由智能风控系统自动评估借款人信用级别，进而对客户进行分层，低风险层级客户自动通过，高风险层级客户自动拒绝，处于"灰色"地带的客户会进入人工审批阶段。人工审批阶段的审核人员结合模型、策略和专业人士经验进行风险评判，最终做出放款与否的决策。

在 5.1 节中，我们提到了机器学习存在一定的局限性，因此，作者建议，采用完全智能决策的机构需要保留一定比例的人工审核。抽检部分案件（尤其针对智能风控模型识别不够准确的部分）进行核实，重点是寻找整个授信过程中的可疑点，发现潜在风险，以弥补智能风控的不足，同时能够发挥人工识别风险的优势。在这种情况下，审批人员已经不再单纯地从事审批工作，而是更多地参与到异常案件识别和案例研究中。

5.4　本章小结

本章主要介绍了如何将智能风控与人进行有效结合。我们需要了解智能风控中可能存在的局限和不足,在实践中合理地选择应用方案,在智能风控受限的地方充分挖掘人工价值。虽然目前的智能风控技术已经取得突破性进展,并在实际业务中产生了巨大价值,但是,在某些环节中,人工的灵活性能够起到关键作用。

第 6 章　智能风控管理

除技术部分以外，智能风控还离不开一系列管理原则、组织制度、标准和管理工具。前面章节主要阐述了智能风控的特征、模型和策略，以及实操技术层面的内容，本章将讨论如何保证智能风控在相关机构中得到有效实施和落地。

团队管理是一个很大的话题，作者基于自身智能风控管理工作经验，挑选了一些要点进行总结，以保证智能风控的科学性、准确性、稳定性和可持续优化。如图6-1所示，风控管理要素一般分为3个层次。底层包括建立**工作体系标准**，帮助团队明确权责分工和操作规范，确保可靠性和稳定性；应用**团队协作工具**帮助团队建立完善的知识体系，优化工作协同，实现知识的统一和传递。中间层包括制订**存档管理措施**，保持模型、策略和特征调整变化的完整记录；建立**透明的沟通渠道**，让信息在组织内部高效传递。顶层包括建立**持续复盘机制**，从历史事件不断总结经验，以便学习和提高；制订**风险预防和应对措施**，时刻准备应对潜在风险。

图6-1　风控管理要素

6.1　建立持续复盘机制

复盘是对过去的判断和决策进行重新审视，通常是在得到实际结果之后，再与最初的预估结果进行比较，找出差距并总结出未来的改进措施。智能风控中的绝大部分工作都存在不确定因素，从历史数据中获得的经验不等同于未来。通过复盘，我们可以优化方法和工具。持续、有效的复盘是整个风控体系不断完善的重要推动力量。

建立持续复盘机制可以从策略、模型和流程等多个方面进行。

（1）**风控策略需要复盘**。在风控策略上线后，检验贷前转化和贷后逾期表现是否符合预期。若不符合预期，则应及时回顾是否因策略制订时细节有严重偏差，或者其他外部条件变化而导致了偏差。此时，无论如何，我们都应该及时进行修正和调整。如果是前期制订策略时出现问题，那么我们还需要总结出可行的措施、制度或流程，避免今后发生同样的问题。

（2）**模型需要复盘**。如果我们在线下开发了效果更好的模型，那么需要验证线上效果是否达到了预期。如果存在差距，则应找出出现差距的原因，并总结成相应的模型开发准则，以便优化模型开发流程。此处尤其需要注意的是，如果线上模型已经作为决策模型使用，那么评估时不能将其与模型开发时的效果直接对比，科学的对比方式是保持对比的条件和口径一致。

（3）**风控流程需要复盘**。随着模型、策略的应用和调整，风控流程会变得愈发复杂和冗长，每次策略调整可能仅是针对局部进行的，长此以往，可能导致总体流程失衡，因此，我们需要定期检查总体流程是否存在改进空间。

（4）**制度和标准需要复盘**。在每个阶段，我们会制订一系列制度和标准，但随着技术优化和业务发展，可能导致原有的某些方案不再适用。如果不定期回顾，那么总会留下没必要实现的要求，或者遗漏新的要求。

（5）最后，对于任何**线上事故**，无论是特征、模型导致的，还是策略导致的，都应该进行全面复盘，找到问题的本质，并制订有效解决方案，更新到制度和流程中，避免后续问题的发生。

复盘是对历史的总结，从中衍生出新的方法和制度，需要团队营造这样的文化氛围，让团队成员知道发生问题不可怕，从现状中找到问题也不可怕，可怕的是隐藏问题，可怕的是不能从问题中总结规律并找到解决方案。

6.2　制订风险预防和应对措施

此处提到的风险主要是在常规信贷业务风险之外的不可控风险，如政策风险、市场风险和数据源稳定性风险等。这些风险在日常工作中时常被我们忽略，因为它们难以预估，常常是由"黑天鹅"事件引发。虽然我们难以直接干预不可控风险，但是能够提前进行准备，防患于未然，从而降低潜在的损失。

针对潜在风险，我们需要做的是制订应对措施，对可能发生的情况进行预演，并制订多个替代方案，进行**压力测试**（stress test）。压力测试是指将整个金融机构或资产组合置于某一特定的极端市场情况下，如假设出现授信数据源中断、贷款利率大幅下调和股价暴跌等异常市场变化，然后测试该金融机构或资产组合在这些关键市场变量突变的压力下的表现状况，验证它们是否能经受得住这些市场重大变化。

以数据源风险为例，当我们使用第三方数据源时，难免会遇到数据源服务异常甚至中断的情况。为了应对这种状况，我们可以事先制订应对方案，对数据源进行分级，确认哪些数据源是必不可少的，哪些数据源是可以替代的。针对可以替代的数据源，通过置空部分特征或引入其他数据方式建立备份模型，提前作为"陪跑"测试模型，在数据中断后，可以立即启用。然后，我们对不同的数据源中断进行压力测试，分析不同情况对损失率的影响，可以判断出什么情况下需要暂停业务，什么情况下可以采用替代模型保持业务继续进行，从而制订明确的风险预防计划。

注意，制订并实施风险预防计划需要额外的成本和资源，而且，在很长时间内，这些投入难以看到实际效果，因此，金融机构需要在防控潜在风险和成本投入上找到平衡点。

6.3　制订存档管理措施

智能风控过程（包括特征、模型和策略）包含立项、设计、开发、产出、结果评审和应用等多个环节，我们需要对重要环节建立可追溯的存档机制。可追溯的历史信息记录是智能风控持续发展的基础，好的历史信息记录能够帮助我们排查问题、复盘结论和迁移知识，从而帮助我们提高工作效率，持续积累个人经验和团队经验。

需要存档的内容包含原始数据、代码、文档和调整变更记录等。任何持续变更的内容需要记录其变更的日志，必须能够追溯调整的时间点，并保持更新为最新状态。通常需要存档的工作如下。

1. 模型存档

（1）模型建模过程：存储建模时的样本数据、建模代码和模型训练结果。我们需要做到模型训练过程和结果的可复现。

（2）模型结果文档：主要用于模型训练结果的展示汇报，记录模型效果、关键参数、特征使用情况、准确性指标情况和稳定性指标情况等，便于日后回顾模型效果。

（3）模型汇总日志：记录所有模型的基础身份信息，以及上线、调整和下线信息。

（4）模型线上运行日志：记录模型线上稳定性变化指标、效果指标，以及运行过程中的数据异常等。

2. 特征存档

（1）特征挖掘过程：存储每个特征模块挖掘时的样本数据、计算代码和计算结果。我们需要做到特征挖掘过程和结果的可复现。

（2）特征结果文档：每个特征模块挖掘完成后的特征结果文档，主要用于特征挖掘结果的展示汇报，记录特征评估效果。

（3）特征汇总日志：记录所有特征模块的基本信息，以及上线、调整和下线信息。

（4）特征字典集合：汇集所有特征模块的全量特征字典，记录特征名称、中文解释、数值类型和取值范围等信息。

（5）特征线上运行日志：主要记录特征线上运行稳定性和异常情况。

3. 策略存档

（1）策略分析过程：存储策略分析样本数据、分析代码和策略分析结果。我们需要做到策略分析过程和结果的可复现。

（2）策略评审文档：主要用于策略分析结果的展示汇报，记录策略效果、策略内容。

（3）策略汇总日志：记录所有策略的内容，以及上线、调整和下线信息。

（4）策略线上运行日志：记录所有策略线上运行情况。它可用于波动、异常分析和效果回顾等。

6.4 建立透明的沟通渠道

建立透明的沟通渠道是指建立一整条跨团队的信息传递路径，以确保信贷产品链条上各部分信息对称。全链路的风险管理始于市场端，终于催收端，每一个环节都可能产生影响风险的信息，如市场投放的变动、风控策略的调整和产品 App 的改版等。其他环节的变动会导致模型分数分布的变化和特征分布的波动，从而引起风控通过率、贷后水平的变化，如果信息透明那么，我们能够更早地发现问题并采取行动。反过来，如果我们能够将风险上的任何变动或发现更快地传递到市场营销端，并进行分析判断，然后采取一致的行动措施，那么能够实现整个信贷产品的有效管理，有利于实现很高的盈利目标。

对于信息透明化，我们可以从以下 4 个方面入手。

- 市场、产品、风控等调整变动的**公开通告**：在对各环节中的各项调整后我们需要确保第一时间通知各方，同时制订关键变动的通告检查清单（checklist），以防遗漏。
- 公开的**变动日志**记录：对各环节建立变更日志，如投放调整日志、风控调整日志和催收调整日志等，并通过内部网络让相关成员可以随时访问。
- **市场团队、风控团队和运营团队定期举行会议**：通过共同会议，同步重点调整内容，提出方需要提醒其他各方进行关注。
- **完善的报表体系**：创建针对客户群体、风控转化与贷后变化的监控报表和报警提示工具。

除从制度和工具方面入手以外，我们还需要在企业内部营造信息透明的文化氛围，使部门之间和团队之间愿意共享信息。

6.5 建立工作体系标准

建立工作体系标准是指将一系列工作规范进行定义，明确团队可以参照的最佳实践，形成文档记录。工作体系标准化包括制订相应的制度、流程和标准。建立工作体系标准的目的有以下3个。

- **为了记忆**：标准化保存最佳实践可以提升新人的工作效率，保证有效产出，避免人员变动导致的方法失传。
- **为了推广**：将团队已经探索得到的优秀经验进行统一推广，将个人经验上升为团队共同的经验，极大地减少或避免因个人因素而出现的偏差。
- **为了进步**：站在巨人的肩膀上，我们可以发展得更好，因此我们要避免经常从0开始，重复"造轮子"。

总的来说，对于需要重复执行的工作，我们应该建立工作体系标准。从模型管理的标准化来讲，我们需要制订一套模型标准化方案，包括以下3点。

- **新建和更新模型的制度**：包括规范何时执行、按什么流程执行、按什么标准执行、采用什么工具和达到什么效果。
- **建模流程**：定义建模的具体步骤，以及每个步骤需要完成什么任务或检查。
- **模型标准**：定义建模每个阶段的产出需要达到什么效果。它可以给出标准和通行的执行方法。

工作体系标准化的负面影响是在一定程度上限制了创新，因此，如何避免标准化带来的束缚显得尤为重要。作者认为，我们需要在团队中建立对标准化的认知。标准化的产出是对我们工作的基础要求，或者是每项工作的最低要求，团队实现了标准化的内容，只能算是及格，工作的亮点应该来自对标准化的改良，或者超越标准，实现更好的结果，这就要求团队成员不断挑战和超越标准。当然，不同团队面临的业务阶段不同，标准化的程度应该随着业务的逐渐成熟而不断提升。

6.6 应用团队协作工具

团队协作工具包括代码管理类工具、数据共享类工具和知识管理类工具。这些工具可以帮助团队提高工作效率，并保证信息通畅。常用工具介绍如下。

1. 版本控制系统

版本控制系统（VCS）提供完备的版本管理功能，用于存储、追踪目录（文件夹）和文件的修改历史，是软件开发者的必备工具。版本控制系统可以将选定的文件恢复到以前的状态，或者将整个项目恢复到以前的状态，可以比较随着时间的推移而做的各项更改，可以查看上次是谁修改了可能导致问题的内容，可以查看是谁引入了问题和什么时候引入了问题等。在使用版本控制系统后，如果出现修改错误或丢失文件问题，那么可以轻松恢复。Git 是先进的分布式版本控制系统。使用 Git 和 GitLab 搭建版本控制环境是目前互联网公司流行的版本控制方式。

在智能风控的多种任务中，版本控制系统能够很好地帮助我们管理相关的代码工作，包括建模的标准化代码、特征挖掘的标准化代码、策略分析的标准化代码和监控的标准化代码。版本控制工具能够促进团队协作，方便代码的"传承"。尤其是当团队达到一定的规模时，有必要建立完善的版本控制体系和版本管理规范。

2. 云存储网盘

云存储网盘是为了团队共享数据和文件资料而建立的共享存储中心，是通过自己的私有服务器搭建的仅用于企业内部资料共享的存储环境。云存储网盘的主要作用是实现团队的资料共享和传递。云存储网盘具有以下优势。

- 查询方便：云存储网盘存储的所有文档和数据，以及所有操作信息都可以很快被查到。
- 多人使用：云存储网盘可以满足团队协同办公和文件分享的需求。
- 长期保存和扩容方便：云存储网盘可以长期存储团队数据，存储能力远远超过个人计算机。团队还可以根据自身情况方便地对云存储网盘进行扩容。
- 保证数据安全：云存储网盘能够实现数据的自动备份，大大减轻了个人备份资料的负担。另外，云存储网盘拥有安全机制和加密措施，并且运营稳定，因此，在使用过程中，能够很好地保证数据的安全。

目前，市场中有很多开源云存储网盘，如 Seafile、Nextcloud 和 ownCloud 等。通过在企业中建立云存储网盘，团队可以方便地同步与共享数据、项目文件，以及建模和数据测试结果，留存项目进度资料，实现团队的横向沟通。

3. Wiki 系统

Wiki 系统是一种在网络上开放且可供多人协同创作的超文本系统，由 Ward Cunningham 于 1995 年首先开发。这种超文本系统支持面向社群的协作式写作。Ward Cunningham 将 Wiki 定义为"一种允许一群客户用简单的描述来创建和连接一组网页的社会计算系统"。Wiki 站点可以由多人维护，每个人都可以发表自己的意见，或者对共同的主题进行扩展或探讨。形成企业 Wiki 的好处颇多，我们仅列举下列 3 个好处。

（1）Wiki 系统可以让企业的知识体系化、规范化。通过 Wiki 系统的梳理，企业可以及时发现知识缺口和企业流程的薄弱环节。

（2）企业可以将流程和基础资料放在公共成员可读的 Wiki 中，这会让培训和分享变得简单。

（3）实现文件协同，降低沟通成本，不再需要文件多次往返传递。

当前，开源的 Wiki 系统有很多，如 MediaWiki、DokuWiki 和 minDoc 等。通过建立 Wiki 系统，我们可以搭建团队的知识库，提高团队的知识管理水平。

总体来说，版本控制系统、云存储网盘和 Wiki 系统能够帮助团队提高工作效率，保证知识的有效传递。另外，团队需要在团队内部营造使用工具的氛围。对于好的工具，只有让团队的每个成员都使用起来，才能发挥其最大价值。

6.7 本章小结

本章主要介绍了智能风控的一些团队管理原则。团队想要做好智能风控工作，需要持续积累经验，建立标准体系，有效沟通，提升协作效率，以及预测并应对各种风险。搭建智能风控体系是一个从发现问题、总结经验到优化提升的不断循环、持续进步的过程。遵守好的管理原则，能够加速智能风控的升级迭代。我们希望从事智能风控工作的团队和个人都能够总结出自己的原则，不断优化，打造适合本企业的智能风控体系。

参考文献

[1] 宜信，北京联办财经研究院. 小额信贷：互联网微金融时代 [M]. 北京：中信出版社，2014.

[2] 陈建. 信用评分模型技术与应用 [M]. 北京：中国财政经济出版社，2005.

[3] 陈成，赵金龙，杨光. 中国金融科技风控报告（2020）[OL]. 零壹财经网，2020-07-14.

[4] 上海艾瑞市场咨询股份有限公司. 中国 AI+ 金融行业发展研究报告（2020 年）[J/OL]. 艾瑞咨询系列研究报告，2020（9）：47.

[5] 郝歆雅. 2018 中国智能风控研究报告 [OL]. 亿欧网，2018-11-30.

[6] Sophie Dai. 一文读懂智能风控 [OL]. 知乎网，2018-12-19.

[7] 李小庆. 银行大数据智能风控平台建设及应用 [J]. 中国金融电脑，2019（04）：71-74.

[8] 冯一洲. 人工智能技术在商业银行的应用探讨 [J]. 金融电子化，2019（09）：73-74.

[9] Dua D, Graff C. UCI Machine Learning Repository[OL]. Irvine, CA：University of California, School of Information and Computer Science.

[10] Tom M, Mcgraw H. Machine Learning[M]. San Francisco：Morgan Kaufmann，1997.

[11] Ripley B D. Pattern Recognition and Neural Networks[M]. Cambridge：Cambridge University Press，2007.

[12] Ester M, Kriegel H P, Sander J, et al. A Density-based Algorithm for Discovering Clusters in Large Spatial Databases with Noise[J]. KDD-96 Proceedings，1996，96(34)：226-231.

[13] Liu F T, Ting K M, Zhou Z H. Isolation Forest[C]. In 2008 eighth IEEE International Conference on Data Mining，Dec 15，2008：413-422.

[14] Guyon I, Elisseeff A. An Introduction to Variable and Feature Selection[J]. Journal of Machine Learning Research，2003，3(Mar)：1157-82.

[15] Kim L. Data Exploration with Weight of Evidence and Information Value in R[OL]. San Francisco，CA.

[16] 李航. 统计学习方法 [M]. 2 版. 北京：清华大学出版社，2019.

[17] Bergstra J, Bengio Y. Random Search for Hyper-parameter Optimization[J]. Journal of Machine Learning Research，2012，13(2)：281-305.

[18] Mockus J. Bayesian Approach to Global Optimization：Theory and Applications[M]. Berlin：Springer Science & Business Media，2012.

[19] Celisse A. Optimal Cross-validation in Density Estimation with the L2-loss[J]. Annals of Statistics，2014，42(5)：1879-910.

[20] Molinaro A M, Simon R, Pfeiffer R M. Prediction Error Estimation：A Comparison of Resampling Methods[J]. Bioinformatics，2005，21(15)：3301-3307.

[21] Mamdouh R. 信用风险评分卡研究：基于 SAS 的开发与实施 [M]. 北京：社会科学文献出版社，2013.

[22] Quinlan J R. Induction of Decision Trees[J]. Machine Learning, 1986, Mar, 1（1）: 81-106.

[23] Quinlan J R. C4.5: Programs for Machine Learning[M]. Amsterdam: Elsevier, 2014.

[24] Breiman L, Friedman J H, Olshen R A, et al. Classification And Regression Trees[M]. California: Wadsworth & Brooks/Cole Advanced Books & Software, 1984.

[25] Friedman J H. Greedy Function Approximation: A Gradient Boosting Machine. [J]. Annals of statistics, 2001: 1189-1232.

[26] Tianqi Chen, Carlos Guestrin. XGboost: A Scalable Tree Boosting System[C]. In Proceedings of the 22nd ACM Sigkdd International Conference on Knowledge Discovery and Data Mining, Aug 13, 2016: 785-794.

[27] Goodfellow I, Bengio Y, Courville A, et al. Deep Learning[M]. Cambridge: MIT Press, 2016.

[28] Arik S O, Pfister T. Tabnet: Attentive Interpretable Tabular Learning[OL]. 2020-12-09.

[29] He X, Pan J, Jin O, et al. Practical Lessons from Predicting Clicks on ADs at Facebook[C]. Proceedings of the Eighth International Workshop on Data Mining for Online Advertising, 2014: 1-9.

[30] Mihalcea R, Tarau P. Textrank: Bringing Order into Text[C]. Proceedings of the 2004 Conference on Empirical Methods in Natural Language Processing, 2004: 404-411.

[31] 毛国君，段立娟，王实，等. 数据挖掘原理与算法[M]. 北京: 清华大学出版社, 2005.

[32] Zaki M J, Meira Jr W, Meira W. Data Mining and Analysis: Fundamental Concepts and Algorithms[M]. Cambridge: Cambridge University Press, 2014.

[33] Ozdemir S, Susarla D. Feature Engineering Made Easy: Identify Unique Features from Your Dataset in Order to Build Powerful Machine Learning Systems[M]. Birmingham: Packt Publishing Ltd, 2018.

[34] Mikolov T, Chen K, Corrado G, et al. Efficient Estimation of Word Representations in Vector Space[J]. arXiv preprint arXiv: 1301.3781, 2013.

[35] Joulin A, Grave E, Bojanowski P, et al. Bag of tricks for efficient text classification[J]. arXiv preprint arXiv: 1607.01759, 2016.

[36] Pennington J, Socher R, Manning C. Glove: Global Vectors for Word Representation[C]. Proceedings of the 2014 Conference on Empirical Methods in Natural Language Processing (EMNLP), 2014: 1532-1543.

[37] Bengio Y, Courville A, Vincent P. Representation Learning: A Review and New Perspectives[J]. IEEE Transactions on Pattern Analysis and Machine Intelligence, 2013, 35(8): 1798-1828.

[38] Perozzi B, Al-Rfou R, Skiena S. DeepWalk: Online Learning of Social

Representations[C/OL]// Proceedings of the 20th ACM SIGKDD International Conference on Knowledge Discovery and Data Mining. New York：ACM，2014：701 - 710.

[39] Phanein. DeepWalk[OL]. GitHub，2014-08-23.

[40] Aditya G. node2vec[OL]. GitHub，2017-07-19.

[41] 刘忠雨，李彦霖，周洋. 深入浅出图神经网络：GNN 原理解析 [M]. 北京：机械工业出版社，2020.

[42] Maciej K，Olivier G，Naomi S. glove-python[OL]. GitHub，2016-05-13.

[43] Masbt.mlxtend[J/OL]. GitHub，2016.

[44] Nils Braun.Overview on Extracted Features[OL]，2020-05-18.

[45] Mendenhall W M，Sincich T L. Statistics for Engineering and the Sciences[M]. Boca Raton：CRC Press，2016.

[46] 王军伟. 风控：大数据时代下的信贷风险管理和实践 [M]. 北京：电子工业出版社，2017.

[47] 梅子行，毛鑫宇. 智能风控：Python 金融风险管理与评分卡建模 [M]. 北京：机械工业出版社，2020.

[48] 单良，乔杨. 数据化风控：信用评分建模教程 [M]. 北京：电子工业出版社，2018.

[49] Tang D，Agarwal A，O'Brien D，et al. Overlapping Experiment Infrastructure：More，Better，Faster Experimentation[C]. Proceedings of the 16th ACM SIGKDD International Conference on Knowledge Discovery and Data Mining, 2010：17-26.

[50] Ravichandiran S. Hands-on Reinforcement Learning with Python：Master Reinforcement and Deep Reinforcement Learning Using OpenAI Gym and TensorFlow[M]. Birmingham：Packt Publishing Ltd，2018.

[51] 张海泉. 大数据时代下的信贷风险防控研究 [J]. 中国集体经济，2014，14.

[52] Sutton R S, Barto A G. Reinforcement Learning：An Introduction[M]. Cambridge：MIT Press，2018.

[53] Reuth K. Use of Swap Sets to Measure Impact of Model Changes[OL]. Experian 官网，2018-01-07.

[54] 求是汪在路上. 利用 Swap Set 分析风控模型更替的影响 [OL]. 知乎网，2019-09-28.

[55] 求是汪在路上. PRIM 规则发现算法在风控中的应用 [OL]. 知乎网，2020-11-11

[56] FAL 金科应用研究院. 一文看懂信用额度管理体系 [OL]. 知乎网，2020-05-22.

[57] 过一点画一条直线. 冠军 / 挑战者试验（A/B Test）[OL]. 知乎网，2020-05-31.

[58] Mendenhall W，Sincich T. Statistics for Engineering and the Dciences [M]. 5th ed. London：Dellen Pub. Co.，2006.

[59] miaomimeng666. 浅析信贷业务的风控目标 [OL]. CSDN，2018-03-27.

[60] 中二不佛系. 评分模型——cut-off[OL]. CSDN，2020-11-02.

[61] 肖勇波. 运筹学：原理、工具及应用 [M]. 北京：机械工业出版社，2021.

[62] 程国建，刘连宏. 机器学习的可解释性综述 [J]. 智能计算机与应用，2020，10.

[63] Christoph M. Interpretable Machine Learning：A Guide for Making Black Box Models Explainable[OL]. GitHub，2021-02-18.

[64] Bickel P J，Hammel E A，O'Connell J W. Sex Bias in Graduate Admissions：Data from Berkeley[J]. Science，1975，187(4175).

[65] Kiritz N，Sarfati P. Supervisory Guidance on Model Risk Management (SR 11-7) Versus Enterprise-Wide Model Risk Management for Deposit-Taking Institutions (E-23)：A Detailed Comparative Analysis[J]. Social Science Electronic Publishing，2019.

[66] 余旭鑫. 美国模型风险监管体系介绍以及同盾的建议 [OL]. 微信公众号，2019-10-30.

[67] 风控猎人. 浅析反欺诈体系 [OL]. 知乎网，2020-05-01.

[68] 黄姐姐 HJJ. 互金之套路与反套路 [OL]. 知乎网，2018-05-15.

[69] 曹轶. 压力测试在我国商业银行流动性风险管理中的应用研究 [D]. 山西财经大学，2016.

[70] 陈立华，徐建初. Wiki：网络时代协同工作与知识共享的平台 [J]. 中国信息导报，2005（1）：51-54.

[71] 中文维基百科. wiki[OL]. 维基百科网，2021-02-09.

[72] 中文维基百科. 版本控制 [OL]. 维基百科网，2020-11-13.